역주 금호유고

임형수와 『금호유고』

임형수(林亨秀 1514~1547)는 본관이 평택(平澤)으로 자는 사수(士遂), 호는 금호(錦湖)이다. 7세조 충정공(忠貞公) 언수(彦脩)는 벽상삼한삼중대광(壁上三韓三重大匡) 평성부원군(平城府院君)이며, 6세조 충간공(忠簡公) 성미(成味)는 광정대부(匡靖大夫) 삼사우사(三司右使) 상호군(上護軍)을 지냈으니 고려 말 개경에서는 대대로 세도 있는 집안이었다. 조선에 들어와 5세조 상양(尙陽)이 절충장군(折衝將軍)으로 상장군(上將軍)을 지냈고, 사온서(司醞署) 직장(直長)을 지낸 금호공의 고조 첨(襜)이 상배(喪配) 후 형제를 데리고 처가인 나주 나씨의 집으로 이거하자, 그곳에서 증조 종직(從直)의 외조부인 나설공(羅設公)이 종직(從直) 형제를 키우면서 나주가 세거지가 되었다. 조(祖)는 예빈시(禮賓寺) 첨정(僉正) 만근(萬根)이며, 부(父)는 북도병마절도사(北道兵馬節度使)를 지낸 준(畯)이다.

임형수는 1514년(중종 9) 전라도 나주에서 태어났다. 어머니는 안동 권씨 현감 권석(權錫)의 따님이다. 위로 형 원수(元秀)와 아우 정수(貞秀)·길수(吉秀)가 있다. 대대로 나주의 송현(松峴) 금수(錦水)의 남쪽에 살았기 때문에 금호(錦湖)라고 자호하였다.

금호는 어려서부터 호걸스럽고 비범하였다. 1531년(중종 26) 18세의 나이에 진사시에 합격하고, 1535년(중종 30) 22세에 별시(別試) 문과에 병과(丙科)로 합격한 후 한림(翰林)·설서(說書) 등을 지냈다. 1537년(중종 32) 9월 중종이 서쪽 교외에서 농사일을 시찰하고, 망원정(望遠亭)에서 입시한 문신들에게 '동정모추(洞庭暮秋)'라는 제목으로 칠언율시를 제진(製進)하게 하였는데, 이때 병조판서 소세양(蘇世讓)이 1위, 주서(注書)였던 임형수가 2위를 차지하였다. 이해에 춘추관 기사관·홍문관 박사가 되었다. 이듬해인 1538년 4월 인종이 될 동궁을 모시고 시강원 사서를 지냈으며, 10월 소세양의 추천을 받아 호당(湖堂)에서 사가독서(賜暇讀書)하였다.

1539년(중종 34) 26세에 병조 좌랑이 되고, 4월에 중국 사신 화찰(華察)과 설정총(薛廷寵)을 맞이하기 위해 원접사(遠接使) 소세양의 종사관(從事官)으로 차출되었다. 현재 남아있는 금호의 작품은 대부분 이 당시에 지어진 것이다. 6월에 홍문관 부수찬에 제수되었고, 7월에는 문무를 겸비한 인재로 뽑혀 회령부(會寧府) 판관(判官)이 되었다. 회령판관 재임 중 백성들을 잘 어루만지고 교화하여 호인(胡人)들도 그의 덕을 칭송하였다고 하며, 이 시절에 금호의 호방한 기상이 잘 드러난 〈鰲山歌〉를 지었다. 1542년(중종 37) 3월 임기를 채우고 돌아오는 길에 명천

(明川) 남쪽의 칠보산을 유람하고 〈遊七寶山記〉를 남기기도 하였고, 이후 지평을 거쳐 이조 좌랑·이조 정랑·장령·사간 등을 역임하였다. 1544년(중종 39) 31세에 황해도 재상어사(災傷御史)로 나갔다. 그 해 11월 중종이 승하하자 의정부 사인(舍人)으로서 인종의 명에 따라 시책(諡冊)과 지문(誌文)을 지었다.

1545년(인종 1) 7월 군기시 정(軍器寺正)으로 있다가 인종이 돌아가시자 산릉도감낭청(山陵都監郎廳)이 되어 산릉을 만드는 공사를 맡아보았다. 그러나 8월 을사사화가 일어나니 윤원형(尹元衡)의 무리와 어긋나 9월에 제주 목사로 좌천되었다. 이때 능을 감독하는 일을 마치지 못하고 남해의 섬으로 갈 수밖에 없었던 아픈 심정이 〈仁宗大王挽章〉에 드러나 있다. 〈渡濟海祭瑞石祠〉에는 제주 목사로 좌천될 당시의 소회가 잘 드러나 있으며, 〈耽羅館〉, 〈觀德亭次鄭府院君麟趾韻〉 등은 제주 목사 시절에 지은 것이다. 금호가 제주 목사로 부임하여 1년이 안 되어 정치교화가 크게 펴져 민심이 흡족하였다. 그러나 이듬해인 1546년(명종 1) 8월에 또다시 윤원형의 상소로 삭탈관직이 되고 나주로 귀향하였다. 이때 제주도의 사람들이 그의 은혜를 생각하여 수레를 잡고 울었다고 한다. 1547년(명종 2) 9월 부제학 정언각(鄭彦慤)이 선전관 이노(李櫓)와 함께 양재역(良才驛)에서 발견한 익명의 벽서를 임금께 올려 대윤[尹任]의 잔존 세력이 숙청된 양재역 벽서사건에 무고하게 말려들어 사사(賜死)되었다. 이때 금호의 나이 겨우 34세였다. 김수항(金壽恒)은 〈錦湖林公墓碣銘〉에서, "우리나라 사림(士林)의 화는 을사사화에 이르러 극에 달하고 을사사화에 희생된 여러 현인(賢

人) 중에 오직 금호(錦湖) 임공이 화를 받은 일이 가장 가혹하다. 공의 재주가 가장 뛰어나고 명성이 가장 융성하였으며, 지론(持論)이 가장 준절하였기 때문에 여러 간흉들이 가장 미워하는 바가 되었다."라고 하였다.

그 후 20년의 세월이 흐른 1567년(명종 22) 선조 즉위 후 10월에 신원되어 관직이 회복되고, 1702년(숙종 28) 나주 송재서원(松齋書院)에 배향되고, 1796년(정조 20) 이조 참판에 추증되었다. 묘는 나주의 흥룡동(興龍洞)에 있다.

임형수의 위인(爲人)에 대해서는 김수항이 지은 〈錦湖林公墓碣銘〉의 '척당준위(倜儻儁偉)'·'불구소절(不拘小節)'과 「諸家雜記」 중의 '뇌락헌앙(牢落軒昂)', 허균 『惺叟詩話』의 '풍류호일(風流豪逸)'에 집약돼 있다. 금호는 대범하고 준걸하며 사소한 것에 매이지 않았고, 마음이 넓고 훤칠하며 기개가 한 세상을 덮을 만하였으며, 풍류가 호일(豪逸)하였다. 인물됨이 호방하고 어느 한 곳에 얽매이지 않는 성격임을 짐작할 수 있다. 거기다 문한(文翰)으로서의 명성도 얻었고, 또 활쏘기와 말타기에 뛰어난 재주가 있어 여기저기 시험해 보아도 마땅하지 않음이 없었으니, 풍모가 아름답고 기개가 남과 달라 당세에 '국기(國器)'로 추앙을 받았다. 회령 판관에 임명되어서는 때로는 이틀에 한 끼씩 먹기도 하고 혹 하루에 몇 사람의 식사를 겸하여 먹으면서 말하기를, "장수가 된 자는 이와 같은 습성을 기르지 않아서는 안 된다."하여 장부다운 기개를 보여주었고, 국경 가까이 있는 호인(胡人)들을 편안하게 어루만져 '대야(大爺)'라는 칭호를 얻기도 하였다. 그리하여 퇴계는 금호와 더불어 취향은 달랐지만 친분이 특별히 두터워 매양 '기남자(奇男子)'라 칭하고 만년에 그리워하였으며, 김인후(金麟厚) 또한 그가 억울하게 죽은 것을 가슴 아파하면서 단가(短歌)를 지어 동량의 재목으로 비유하였다.

금호는 일찍이 25세에 호당에서 사가독서하였는데, 이때의 『湖堂修禊錄』을 참고해보면, 최연(崔演)·엄흔(嚴昕)·송기수(宋麒壽)·나세찬(羅世纘)·윤현(尹鉉)·임열(任說)·이황(李滉)·김주(金澍)·이홍남(李洪男) 등의 신진 명사들과 교유하였음을 알 수 있다. 또한 김안국(金安國)·김정국(金正國) 형제와 김인후(金麟厚)·홍언필(洪彦弼)·정사룡(鄭士龍)·홍섬(洪暹)·임억령(林億齡) 등과도 친분이 두터웠다. 특히 이황과 매우 각별한 사이였음을 여러 글에서 확인할 수 있다.

『금호유고』 중의 「諸家雜記」는 이정형(李廷馨)이 지은 『東閣雜記』 가운데 임형수에 대한 기록을 뽑아 엮은 것인데, "임금호는 모든 사람들을 우습게 보아서 아무리 선배라도 말을 함부로 했다. 그러나 퇴계에 대해서만은 깍듯이 존경하고 함부로 하지 않았다."라고 하였고, 퇴계도 금호를 '기남자(奇男子)'로 평가하였다.

> 금호는 사람됨이 마음이 넓고 훤칠하며 기개가 한 세상을 덮을 만하였다. 일찍이 퇴계 선생과 더불어 서당에 들어가 술에 취하여 문득 노래를 부르고 시를 짓고 퇴계 선생의 자를 부르면서 말하기를, "그대가 또한 남자의 기이하고 장대한 일을 아는가? 나는 알고 있노라." 하였다. 선생이 웃으면서 말하기를, "말씀을 해 보시게." 하였다. 임형수가 말하기를, "많은 눈이 산에 가득할 때 검은 담비가죽 옷을

입고, 허리에는 백우장전(白羽長箭)을 차고, 어깨에는 백 근의 각궁(角弓)을 메고, 철총마를 타고 채찍을 휘두르면서 산 계곡으로 들어가면 긴 바람이 골짜기에서 생기고 만 그루의 나무가 진동합니다. 갑자기 큰 멧돼지가 있어 놀라 일어나 길을 잃고 달아나면 재빠르게 화살을 빼어 힘껏 당겨 쏘아 넘어뜨리고 말에서 내려 칼을 빼서 죽여 늙은 상수리나무를 쪼개어 태우면서 긴 꼬챙이에 고기를 꼬여 구우면 기름과 피가 뚝뚝 떨어집니다. 이 때 호상(胡床)에 걸터 앉아 썰어 씹으면서 큰 은주발에 술을 가득히 부어 쾌하게 마시면서 얼근히 취하여 우러러 산을 보면 계곡의 구름이 눈이 되고 조각조각 솜이 되어 날아 취한 얼굴에 달라붙게 됩니다. 이런 재미를 그대가 어찌 알겠는가? 그대가 능한 것은 다만 글이나 짓고 글씨 쓰는 한낱 작은 기능이다."하고 무릎을 치면서 크게 웃었다.

금호의 호탕하고 장부다운 기질과 평소 퇴계와의 교유를 유감없이 드러내주는 일화이다. 금호의 이런 면을 두고 퇴계가 '기남자(奇男子)'라 평한 것이리라.

한편 허균(許筠)의 『惺叟詩話』에, "금호는 풍류가 호탕하여 그의 시도 또한 나는 듯하였다. '고개 숙인 꽃은 술에 취한 옥녀의 얼굴이고, 끊어진 산은 바닷물 마시는 푸른 용의 허리로다. [花底玉女酣觴面, 山斷蒼虬飮海腰]'라는 시는 지금까지 사람들의 입에 오르내린다. 퇴계 선생이 이를 매우 사랑하여 만년까지도 문득 생각하며 말하기를, '어찌하면 임사수(林士遂)와 더불어 서로 대면할 수 있을까?'" 라고 하였다는 기록이 있다. 『금호유고』에는 금호가 퇴계에게 보내는 〈中秋有懷呈李舍人〉, 〈寄答退溪〉 등의 시편과 퇴계가 금호에게 보낸 〈九月獨登書堂後翠微寄林士

遂〉가 실려 있다.

금호의 시문은 대부분 정유년(1597) 난리에 일실되었는데, 둘째 사위 유경진(柳景進)의 아들 참봉 유평(柳玶)이 권필(權韠)을 통해 『동사록(東槎錄)』에 수록된 시 약간 수와 견문을 통해 얻은 글들을 수습하여 1책으로 편차하여 보관하였었다. 『동사록(東槎錄)』은 1539년 중국 사신 화찰(華察)과 설정총(薛廷寵)이 왔을 때 원접사 소세양과 최연·엄흔·임형수 세 종사관이 의주로 중국 사신을 맞으러 나갔을 때 수창한 시들을 모아 놓은 것이다.

그 후 유평의 종손 유응수(柳應壽)가 유평의 수습본을 가지고 간행을 도모, 문곡 김수항에게 교정을 받고 또 유사 성격의 〈行蹟紀略〉을 부탁하여 받아 부록을 추가해서 정고본(定稿本)을 만들어 광주목사 이민서(李敏敍)의 협조를 받아 1677년 광주에서 목판으로 초간본 『금호유고』 1책을 간행하였다. 그 뒤 1907년 임형수의 조카 송파공 임식(林植)의 후손 임상희(林相熙)가 광주 교당(校堂)에 보관되어 있던 구판(舊板)을 집으로 옮겨와 잔결(殘缺)된 부분을 보충하여 목판으로 중간(重刊)하였다. 중간본 『금호유고』는 건·곤 2책으로 임회(林檜)의 『觀海遺稿』가 부집(附集)되어 있다. 책머리에는 기우만(奇宇萬)의 〈錦湖遺稿重刊序〉와 이민서의 초간 서문이 있으며, 책의 말미에는 1681년 송시열이 쓴 발문, 1678년에 김수항이 쓴 발문이 실려 있다.

이 역주본의 국역 대본은 중간본 『금호유고』이다. 부집(附集)인 임회의 『觀海遺稿』는 이번 역주본의 편집 방침에 따라 제외하였다.

『역주 금호유고』는 原集, 附錄, 拾遺 순으로 되어 있다.

맨 앞에 기우만이 쓴 중간서(重刊序)가 있고, 그 뒤에 이민서의 초간서(初刊序)가 있다. 원집에는 詩 110제, 册文 1편, 誌 1편, 雜著 2편이 실려 있다. 시는 오언·칠언 절구, 오언·칠언 율시, 육언, 칠언배율, 오언·칠언 고시 순으로 편차되어 있는데, 1539년 원접사 종사관이 되었을 때 원접사 소세양(蘇世讓), 종사관 엄흔(嚴昕)·최연(崔演)과 영송(迎送)을 위해 왕래하면서 수창한 작품이 거의 대부분이다. 이는 저자의 외손 유평이 권필을 통해 얻은 『東槎錄』에 실린 저자의 시를 옮겨다 실은 것으로, 최연의 『艮齋集』에 실린 「後東槎錄」의 작품과 거의 일치한다. 이 외에 회령 판관으로 있을 때 지은 〈鰲山歌〉와 또한 〈移涉亭〉 등 제주 목사로 있을 때 지은 시도 실려 있다. 册文과 誌文은 中宗에 대한 것으로, 仁宗의 명에 따라 31세의 나이에 지은 것으로 볼 때 당시 저자의 文名을 짐작할 수 있다. 잡저는 〈書關山別曲後〉와 〈遊七寶山記〉이다.

부록은 김수항의 〈錦湖林公墓碣銘〉·유최기(兪最基)의 〈錦湖公墓表陰記〉와 호당에서 사가독서할 때 교유한 인물을 적은 〈湖堂脩稧錄〉, 김수항이 쓴 〈行蹟紀略〉, 이정형(李廷馨)이 지은 『東閣雜記』와 허균의 『惺叟詩話』가운데 저자에 대한 기록을 뽑은 「諸家雜記」, 중국 사신 및 김안국·이황·김인후·소세양 등으로부터 받은 시를 모은 「諸賢酬唱」, 우재(尤齋) 송시열의 〈答李彝仲〉 別紙에서 뽑은 것으로, 평소 해학을 잘 하던 금호의 임종 시 일화와 퇴계와의 일화를 기록한 〈諸家雜記拾遺〉 등이다.

습유는 시 2편으로 금호의 〈題七寶山大藏窟〉과 이에 대한 청음 김상현의 차운시, 그 끝에 시를 수습해서 싣게 된 사연을 적었다. 책의 말미에 송시열과 김수항의 발문(跋文)이 있다.

임형수는 이황·김인후와 교분이 두터웠고 문장에도 뛰어나 많은 사람들의 칭송을 받았다. 그의 시는 영특하고 준수하며 시의 말이 호방하여 당시 시에 능하다고 하는 읍취헌 박은(朴誾)·탁영 김일손(金馹孫)의 시와 견주며, 특히 이황이 더욱 칭찬하여 그와 함께 주고받은 것이 많았다. 임경(任璟)의 『玄湖瑣談』에 김석주(金錫胄)가 최치원부터 정두경까지 40家에 대하여 2句 8字의 시구로 각각 평을 달리했는데, 임형수의 시를 평하기를, '유학청단(幽壑淸湍) 단애층대(斷崖層臺)'라 하였다.

금호의 시문에 대한 평가는 이민서의 서문에 잘 드러나 있다.

> 대체로 공의 시는 영특하고 준수하여 그 사람됨을 닮았고, 재주가 호방하고 기세가 성대하여 꾸미는 일을 일삼지 않지만 율격(律格)이 혼연히 이루어지고 시의 말이 호방하여 그 기세를 막을 수 없고 그 빛을 가릴 수 없었다. 가끔 경우에 따라서는 기특한 말이 나와 사람들이 이를 수 없는 데까지 이르니 때문에 한 때의 알려진 무리 중에 시에 능하다고 하는 자들도 모두 두려워하고 피하여 감히 바라보지도 못하였다. 퇴계 선생이 더욱 칭찬하시어 그와 함께 주고받은 것이 유독 많은데, "바람을 만난 돛대 같고 전쟁터의 말 같다."는 평은 잘 비유했다고 말할 수 있다. 공이 지은 잡문(雜文)이 기록되어 남은 것은 극히 적지만 모두 건실하고 속태를 벗어나 거의 세상에 전해질 것이 의심이 없다.

'시품출우인품(詩品出于人品)', '문즉인(文則人)'이라는 말이 있다.

금호의 시문은 평소 '척당불기(倜儻不羈)'·'뇌락헌앙(牢落軒昂)'·'척당준위(倜儻儁偉)'·'불구소절(不拘小節)'·'풍류호일(風流豪逸)'·'기남자(奇男子)'로 표현된 그의 사람됨이 반영되어 있다. 그리하여 대범하면서 소소한 것에 매이지 않는 장부다운 그의 기질과 호일한 풍류가 돋보이는 작품들이 많다. 특히 회령판관 시기의 작품은 주로 변방의 풍물과 시인의 호기(豪氣)를 주제로 하고 있다. 이 시절에 지은 201구의 칠언장편고시 〈오산가(鰲山歌)〉는 시인의 호방함이 가장 잘 드러난 작품이다.

장차 말을 기르고 군량을 저장하여
선우(單于)의 등을 어루만지면서 그들의 목을 움켜잡아
한나라 조정에서 왕장(王嬙)을 시집보낸 길 없게 하리.
은하수를 기울여 영원히 갑병(甲兵)을 씻고
돌아와 성상을 뵐 날에 쨍그렁 쨍그렁 옥패 울리리.

期將養馬而峙粻, 撫背單于扼其吭,
漢庭無路送王嬙. 永洗甲兵傾天潢,
歸拜北闕玉佩聲瑲瑲.

〈오산가〉의 일부이다. 시의 소재가 되고 있는 오산은 회령 도호부의 서쪽 5리에 있는 산으로 회령의 별호이기도 하다. 역사적으로 여진족의 침탈이 끊이지 않던 곳으로, 이곳 백성들의 생활은 형언할 수 없을 만큼 비참하였다. 〈오산가〉는 오랑캐에게 짓밟힌 회령 땅을 되찾겠다는 치자(治者)로서의 웅장한 포부와 호쾌한 기개를 주제로 한 시이다. 금호는 26세의 젊은 나이에 회령판관이 되어 3년 가까이 그곳에서 지냈다. 이목지관(耳目之官)이 되어 성상의 치세를 돕고 싶은 장한 마음과 젊은 날의 패기가 돋보인다. 『금호유고』 「제현수창」에 심흠(申欽)이 쓴 〈書林錦湖鰲山歌後〉가 있다. 이 글에서 신흠은 〈오산가〉를 평하기를 "그 가사를 읽고 나면 가히 그 사람을 상상할 수 있으니, 영걸한 풍모와 명랑한 기개가 참으로 한 세상을 덮을 만하다. 이 〈오산가〉는 그가 읊은 것 중의 하나이지만, 비유하자면 아름다운 옥이 손에 들어오면 모두 보물이 되는 것과 같으니, 아! 참으로 재주가 있는 사람이 지은 작품이다."라고 한 바 있다. 또한 퇴계도 "시운이 상쾌하여 골짜기에서 퉁소 소리를 듣는 듯하고, 기운이 웅장하여 꿇어앉아 명붕(溟鵬)을 흔드는 것 같다."고 호평하였다.

다음의 〈卽事〉는 회령판관으로 부임해 가면서 지은 시로, 『국조시산』과 『대동시선』에 〈受降亭〉이라는 시제로 거듭 수록되어 인구에 회자되는 금호의 대표작이라 할 만하다.

취하여 걸상에 기대어 무소뿔 술잔을 드니
미인이 가까이 앉아 은아쟁을 타네.
백사장에서 싸움 마치고 늦게 돌아올 때
말 달려 요하에 이르니 칼과 창이 우는구나.

醉倚胡床引兕觥, 佳人狎坐戛銀箏.
沙場戰罷歸來晩, 馳到遼河劍戟鳴.

위의 '취하여 술잔을 들고 미인을 옆에 두고 아쟁을 탄다'는

1,2구는 남아의 풍류가 엿보이며, '전투를 마치고 말을 달려 돌아온다'는 3,4구는 씩씩하고 자신감이 팽배한 기상이 돋보인다. 이 시를 두고 허균은 '극기질탕(極其跌宕)', '협기편편(俠氣翩翩)'이라 비평하였다. '胡床', '兕觥', '沙場', '遼河', '劍戟' 등의 거친 시어가 이 시의 풍격을 더욱 호방하고 활달하게 하고 있다.

이상과 같이 금호의 시에는 16세기 불우한 정치현실 속에서 34세의 짧은 생애를 살다간 임형수의 척당불기(倜儻不羈)한 성품과 호일(豪逸)한 풍류, 호탕한 기상이 잘 드러나 있다. 또한 금호의 시는 『국조시산』, 『속청구풍아』, 『대동시선』 등의 역대 시선집에 두루 선집되었으니, 시인으로서의 금호의 성가(聲價)를 미루어 짐작할 수 있다. 그러나 정유난에 많은 시문이 일실되어 보다 폭넓은 금호의 시문을 접할 수 없는 것이 못내 안타깝다.

2011년 6월

林東喆

| 차 례 |

금호유고

오언율시 五言律詩

칠언율시 七言律詩

육언 六言

오언배율 五言排律

칠언배율 七言排律

오언고시 五言古詩

칠언고시 七言古詩

책문 册文

지 誌

잡저 雜著

금호유고 부록

금호유고 습유

| 일러두기 |

1. 이 책의 국역 대본은 林相熙가 간행한 중간본 『錦湖遺稿』이다.
   부집(附集)인 임회의 『觀海遺稿』는 이번 역주본의 편집 방침에 따라 제외하였다.
2. 국역은 가능한 한 직역을 원칙으로 하되, 직역으로 뜻이 통하지 않은 경우 의역도 하였다.
3. 국역을 앞에 싣고, 원문을 뒤에 첨부하는 것으로 하였다.
4. 원문에는 독자의 편의를 위해 표점을 찍고, 인명·지명·연호 등에는 밑줄을 그어 표시하였다.
5. 한자는 이해를 돕기 위하여 병기하였다.

금호유고

금호유고중간서

『금호선생유고』를 간행한 지 이미 오래 되었다. 우암(尤菴: 송시열)·문곡(文谷: 김수항) 두 분의 선생이 그 자취를 잘 나타내어 미진한 것이 없다. 다시 그 한두 가지를 더 말한다면, 금호(錦湖) 선생은 퇴계(退溪) 선생과 더불어 같지 않은 속에 같은 바가 있다고 하셨으니, 아! 선생에게 할 말을 다 하였도다. 대체로 같은 것은 도의(道義)이고 같지 않은 것은 기상(氣像)이니, 같은 바의 도의가 같다면 같지 않은 기상도 크게 같지 않은 것은 없을 것이다.

선생은 타고난 자질이 호매(豪邁)하여 하찮은 지절[小節]에는 구애됨이 없었다. 비록 소선생(邵先生: 邵雍)[1]과 같은 어진 사람도 임종(臨終)할 때 희롱하는 말이 있었다고 하니, 이런 것으로 [不拘小節] 선생을 논한다면 선생을 아는 자가 아니다. 우리나라의 인재는 중종·명종 때가 가장 많아서 사림을 모범으로 왕의 치적에 보좌한 자들을 헤아릴 수 있는데, 선생이 이 때 걸연(傑然)히 두각을 나타내어 한 자리에서 재주를 겨루고 한 시대에 우뚝하였다. 대체로 퇴계 선생과 같은 바로부터 말미암아 강직

---

1) 소선생(邵先生: 邵雍): 송나라 때의 학자. 자는 요부(堯夫), 호는 안락와(安樂窩), 시호는 강절(康節)이다. 선천 수리의 역학에 능하였다. 소강절은 희롱하기를 좋아하여 죽을 때도 희롱을 하다가 죽었다. 『宋名臣言行錄』 伊川. "堯夫, 臨終時, 只是諧謔, 須臾而去".

하게 똑바로 서서 간사한 자들의 독해[蜮射][2]를 돌아보지 않다가 마침내 기화(奇禍)를 만나 죽음에 임하여 태연함이 평지를 걷는 것과 같았으니 이는 같지 않은 바[氣像]로부터 말미암은 것이다.

그렇다면 같은 바의 도의는 선생의 머리와 배가 되는데 같지 않은 기상을 또 어찌 작게 여길 수 있을까? 이른바 생사가 세도(世道)에 관계되어 살아서도 그를 사랑하고 죽어서도 그를 애석하게 여기는 일 같은 것은 특별히 한 몸을 위해서가 아니라는 것은 또한 지극한 논의가 된다. 이후에 또 어진 사람을 원수로 여겨 화를 만드는 무리들이 조그만 차이인데도 생각지 않고 자기 한 몸을 쾌하게 하려는 사사로운 일로 경계를 시킴이 많은데도 지금까지 쉬지 않아 선량한 사람을 속여 해치는 일이 자취를 이어간다. 아! 가시나무가 있지 않으면 지초와 난초의 귀함을 누가 알겠는가? (자벌레 같은 것이) 오그리는 것은 도리어 뻗치는 소이가 되고 헐뜯는 일은 도리어 온전하게 되는 소이가 될 수도 있으니 선생이 여기에 대하여 무슨 관계가 있을까?

선생의 종자(從子) 송파(松坡: 林楨)와 관해(觀海: 林檜) 두 공은 마음을 잡은 바가 선생과 같아 대대로 풍모가 기이하면서 위대함을 볼 수 있는데 『송파고(松坡稿)』는 단행본으로 간행되고 『관해고(觀海稿)』는 남긴 작품이 더욱 적어 책을 만들 수 없기에 선생 유고의 뒤에 부쳤다. 판본(板本)은 전에 광주 향교에 보관되었

---

2) 간사한 자들의 독해[蜮射]: 역(蜮)은 물여우. 전설에 나오는 동물로 물속에 살면서 사람을 만나면 모래를 물어 사람에게 쏘아 이것을 맞으면 종기가 생겨 죽거나 심한 고통을 받는다고 한다. 곧 간사한 사람이 해를 끼침을 이르는 말로 쓰인다. 歐陽修, 〈自岐江山行至平陵驛〉. "水涉愁蜮射, 林行憂虎猛".

는데 송파공의 후손이 지금까지 등림수주(鄧林秀株)[3]라고 칭한다.

선생의 충혼(忠魂: 化碧)[4]이 묻힌 곳은 대대로 지켜오고 있으며, 또 판본을 집으로 옮겨 그 손상된 것을 보충하고 계속 인쇄하여 세상에 펴내기를 청한 사람은 상희(相熙)인데 온 종중이 함께 승낙하였으니 송파공이 지하에서 말하기를, "나도 후손이 있다."고 말할 것이다. 그 자료를 수집한 전말과 인쇄에 대한 자초지종은 앞 사람이 지은 글에 갖추어졌으니 내가 무슨 말을 덧붙이랴! 임씨(林氏)의 먼 조상을 추모하는 정성은 쓰지 않을 수 없었다.

정미년(1907) 봄 3월 초하루 아침에 행주(幸州) 기우만(奇宇萬)[5]은 삼가 쓰다.

---

3) 등림수주(鄧林秀株): 등림은 전설상의 숲. 과보(夸父)라는 사람이 태양과 달리기를 겨루다가 지쳐서 죽을 때 버린 지팡이가 변하여 이루어진 숲을 말한다. 곧 지극히 귀한 물건을 뜻하는 말이다. 『山海經』 海外北經.

4) 충혼(忠魂: 化碧): 화벽은 피가 벽옥(碧玉)으로 변했다는 말. 주(周)나라 때 장홍(萇弘)이 죽은 뒤 3년에 그의 피가 변하여 푸른 옥이 되었다고 하여 충신의 피를 이르는 말로 쓰였다. 『莊子』 外物.

5) 기우만(奇宇萬 1846~1916): 한말의 의병장이다. 본관은 행주, 자는 회일(會一), 호는 송사(松沙)로 정진(正鎭)의 손자이다. 호남의 거유(巨儒)였던 할아버지의 뒤를 이어 문유(文儒)로 추대되었다. 1881년(고종 18) 김평묵(金平默)과 함께 정부의 행정개혁을 주장하는 만인소(萬人疏)를 올려 호남소수(湖南疏首)라 불렸다. 1894년 갑오농민전쟁 당시 유생들이 농민군에 가담한 것을 부끄럽게 여겼으며, 1895년 나주에 동학당 토평비를 세울 때 비문을 지었다. 을미사변에 이어 단발령이 내려지자 이를 반대하는 극렬한 상소를 올렸다. 1896년 2월 유인석(柳麟錫)의 격문이 이르자 3월에 광주향교에 들어가 거사를 의논했으며, 기삼연(奇參衍)이 장성의 의병을 이끌고 합류하자 광주의 광산관(光山館)을 본영으로 삼고 의병을 일으켰다. 그러나 고종이 신기선(申箕善) 등을 선유사(宣諭使)로 보내어 해산할 것을 명하자 이에 응했다. 5월에 다시 기병했으나 일본군에게 체포되어 투옥되었다가 이듬해 풀려났다. 1908년 순천 조계산의 암자에서 재기를 노리던 중 고종의 강제 퇴위 소식을 듣고 은둔했다. 저서로 『松沙集』이 있다.

錦湖遺稿重刊序

『錦湖先生遺稿』, 刊行旣久. 尤菴・文谷二先生, 發揮無餘蘊. 第言其一二, 則與退溪先生, 不同之中有所同云者, 嗚呼! 盡先生矣. 盖所同者道義, 而所不同者氣象, 所同者同, 則所不同者, 非甚不同也. 天資豪邁, 不拘小節. 雖以邵先生之賢, 猶有臨終諧謔, 以此論先生, 非知先生者也. 我朝人才之盛, 中・明之際爲最, 其柯則士林, 黼黻皇猷者可數, 而先生傑然出頭角, 抗衡於一席, 聳拔於一世. 盖由於所同而骯髒特立, 不顧蜮射, 卒中奇禍, 臨命坦然, 如履平地, 亦由於所不同. 然則所同之道義, 爲先生頭臚, 而所不同之奇氣, 又曷可以少之哉? 若所謂生死關於世道, 而其生而愛之, 死而惜之, 非特爲一身地者, 誠亦至論也. 末又以仇賢逞禍之輩, 莫念毫忽之差, 以快一己之私, 垂戒重複, 而式至今不休, 構誣善良, 踵相接也. 不有荊棘, 孰知芝蘭之爲貴? 詘之者反所以伸之, 毁之者反所以全之, 於先生何預焉. 先生從子松坡・觀海二公, 秉執同先生, 可見世風奇偉, 而『松坡稿』各行,『觀海稿』又畸零, 不能成編, 付于先生稿後. 板本舊藏于光山校堂, 松坡公之孫, 至今稱鄧林秀株. 先生化碧之藏, 旣所世守, 而又請移板於家, 補其殘缺, 繼將印布, 倡之者相熙, 而擧宗咸諾焉, 松坡公亦庶幾曰: “余有後哉”. 其裒稡顚末, 剞劂始終, 前人之述備矣, 小子何贅! 林氏追遠之誠, 不得不書云爾.

歲丁未春三月朔朝, 幸州 奇宇萬, 謹書.

금호유고서

처음에 나는 읍취헌(挹翠軒: 朴誾)[6]과 탁영(濯纓: 金馹孫)[7]의 시문을 보고 그 재주를 가상하게 여기고 그 때를 슬퍼하지 않은 적이 없었다. 지금 금호(錦湖) 임공의 유고를 읽고 또 책을 덮고 탄식하였다. 아! 하늘이 이미 총명 절세의 자질과 박식하고 기특한 문장을 지을 사람을 주셨으면 혹 불행하여 고목처럼 시들고 궁액을 만나 초야에서 죽게 하는 것도 애석한 일인데, 그물과 함정에 걸리고 칼 아래 희생되어 꺾이고 문드러지게 하기를 이 몇 사람과 같이 함은 또한 어찌함인가? 이는 아마도 둥근 것을 좋아하고 모난 것을 싫어하며[8] 기와를 온전히 보존하기 위하여 그 집의 벽을 헐어버리는 일이 아닌가? 조물

---

6) 읍취헌(挹翠軒: 朴誾 1479~1504): 조선 중기의 학자. 자는 중열(仲說). 18세에 식년문과에 올라 홍문관 정자(正字)가 되고 수찬이 되었다. 유자광의 간사함을 탄핵하는 소를 올렸다가 오히려 그들에게 모함을 받았다. 갑자사화 때 동래로 유배되었다가 다시 의금부에 투옥되어 26세에 사형을 당했다.

7) 탁영(濯纓: 金馹孫 1464~1498): 조선시대 문신. 자는 계운(季雲). 문과에 올라 승문원 부정자가 되고 진주교수가 되었다가 사직하고 김종직의 문하에 들어가 학문에 몰두하였다. 다시 벼슬길에 나아가 승정원 주서가 되고 사가독서를 하여 학문과 문장에 깊이를 다졌다. 스승 김종직이 지은 조의제문(弔義帝文)이 사초(史草)에 실린 것이 빌미가 되어 무오사화의 장본이 되고 능지처참을 당하였다. 중종반정 때 복관되었다.

8) 둥근 것을 좋아하고 모난 것을 싫어하며: 대체로 사람의 지식은 둥글어 여기저기 만사에 잘 알아 통해야 하고 행동은 방정하여 좋아하고 싫어함이 사리에 맞아야 한다고 한다. 여기서는 둥글둥글하게 살면서 절제 없이 살아감을 좋아하고 몸을 잘 닦아 부정이나 불합리한 것에 어울림을 싫어한다는 말이다. 『淮南子』 主術訓.

주가 그렇게 만드는 일인가?

우리나라에 인물이 중종·명종 때가 가장 성대하다고 말하여 도학과 절의와 뜻이 있는 선비들이 높은 지위에 등용되어 장차 훌륭한 정치를 하려고 하였지만 일망타진되어 어육이 되어 없어져 버렸다. 돌아보건대 공은 기특한 재주와 정직한 도로 이때를 당하여 한 세상에 우뚝하게 섬에 크게 여러 간신의 무리에게 꺼리는 바 되어 참소를 좋아하는 적도(賊徒)에게 죽임을 당한 것은 진실로 이상할 것도 없지만 세상의 혹독한 화는 참으로 크게 탄식되고 눈물을 흘리게 하였다.

공의 시문(詩文)은 흩어져 수습되지 못하고 죽은 뒤 백년 만에 비록 전배(前輩)의 문집 속에 부쳐 나온 것이 사람들에게 전송되었지만 또한 많지는 않았다. 외손 유평(柳玶)이 전후로 수습하여 한 권의 책을 만들어 집에 보관한 지 오래되었다. 지금 그의 종손 응수(應壽)가 문곡(文谷) 김 정승[金壽恒]에게 가서 물어 정정하여 잘못된 것을 바로잡고 또 여러 선현들의 수창시를 부합하여 간행하게 되었다.

대체로 공의 시는 영특하고 준수하여 그 사람됨을 닮았고, 재주가 호방하고 기세가 성대하여 꾸미는 일을 일삼지 않지만 율격(律格)이 혼연히 이루어지고 시의 말이 호방하여 그 기세를 막을 수 없고 그 빛을 가릴 수 없었다. 가끔 경우에 따라서는 기특한 말이 나와 사람들이 이를 수 없는 데까지 이르니 때문에 한 때의 알려진 무리 중에 시에 능하다고 하는 자들도 모두 두려워하고 피하여 감히 바라보지도 못하였다. 퇴계 선생이 더욱 칭찬하시어 그와 함께 주고받은 것이 유독 많은데, "바람을 만난 돛대 같고 전쟁터의 말 같다."는 평은 잘 비유했다고 말할 수 있다. 공이 지은 잡문(雜文)이 기록되어 남은 것은 극히 적지만 모두 건실하고 속태를 벗어나 거의 세상에 전해질 것이 의심이 없다.

대저 공의 재주로 앞에 말한 두 사람(읍취헌과 탁영)과 비교하면 그 누가 앞서고 뒤인지 알 수 없지만, 이때 공의 나이는 겨우 34세였으니 또 공과 비교할 때 그들이 미치지 못함이 있었다. 내가 홀로 가만히 생각건대 하늘이 이 몇 사람을 낳게 함은 우연한 일이 아닌 것 같은데 모두 젊은 나이에 죽어 그 문장이 크게 성공하여 많이 있게 됨을 보지 못한 것이 한스럽다. 이에 아울러 평소 마음에 느낀 바를 써서 서문으로 한다.

정사년(1677) 7월 하순 완산 후인 이민서(李敏叙[9])는 서문을 쓰다.

9) 이민서(李敏叙 1633~1688): 조선후기의 문신이다. 본관은 전주. 자는 이중(彝中), 호는 서하(西河). 아버지는 영의정 경여(敬輿)이며, 도정(都正) 후여(厚輿)에게 입양되었다. 송시열(宋時烈)의 문인으로, 김수항(金壽恒)·이단하(李端夏)·남구만(南九萬) 등과 교유했다. 1652년(효종 3) 증광문과에 급제한 뒤 당시 정국을 주도하던 서인의 기수로서 활약하며 검열·정언·지평 등을 역임했다. 현종 초 남인 허적(許積)을 탄핵한 까닭으로 병조좌랑으로 좌천되기도 했으나, 복귀하여 검상·헌납·나주목사·이조참의·호조참의 등을 역임했다. 남인이 2차 예송(禮訟)에서 승리하여 정국을 주도하게 되자 1677년(숙종 3) 광주목사(光州牧使)가 되었다. 1680년 경신환국으로 서인이 재집권하자 중앙 정계로 복귀해 승지·대사간·대제학·이조판서·우참찬 등을 거쳐 지돈녕부사가 되었다. 문장과 글씨로 이름이 높았으며 저서로 『西河集』이 있다. 시호는 문간(文簡)이다.

錦湖遺稿序

始吾見挹翠·濯纓之詩文, 未嘗不奇其才而悲其時也. 及今得錦湖林公遺稿而讀之, 尤爲之掩卷而歎也. 烏呼! 天旣畀人以聰明絶異之姿, 博辯奇逸之文矣, 則其或不幸而枯槁阨窮, 老死於草澤, 已可惜矣, 乃使之摧敗糜爛於罟阱挺刃之下, 如數公者, 抑又何也? 豈喜圓而惡方, 全其瓦而毁其壁? 造物者亦然哉. 國朝人物之盛最稱中·明, 而道學持節之士, 登崇發揚, 若將有爲, 則輒又網打, 而魚肉之且盡. 顧公, 以奇才直道, 當斯際也, 鶚立一世, 大爲群奸所忌, 死於讒賊, 固無足怪, 而世禍之烈, 眞可謂太息而流涕者也. 公之詩文, 散逸不收, 歿後且百年, 雖其附見於前輩集中者, 爲人所傳誦, 而亦不能多也. 外孫柳玶前後收拾, 裒爲一編, 藏於家久矣. 今其從孫應壽, 就質于文谷 金相公, 正其訛謬, 且附以諸賢酬唱詩什, 今方刊行. 蓋公之爲詩, 警雋英特, 肖其爲人, 才豪氣盛, 不事雕琢, 而格律渾成, 辭情逸發, 其勢有不可遏, 而其光有不可掩者. 往往緣境出奇, 能造人之所不能到, 是以一時流輩號爲能詩者, 皆畏避而莫敢望焉. 退溪 李先生, 尤亟稱之, 與之酬和者獨多, 而'風檣陣馬'之評, 亦可謂善喩矣. 所著雜文存錄者, 絶少, 皆雅健拔俗, 槪乎可傳於世無疑也. 夫以公之才, 觀於前所稱二子者, 固未知其孰先孰後, 而死時公年僅三十四, 彼二子又視公有不及焉. 余獨竊, 天之生數公, 宜若不偶然者, 而使皆無年而僇死, 不得見其大成而富有之也. 於是幷書其平昔所感於心者, 以爲序.

丁巳七月下旬, 完山後人, 李敏敍, 序.

오언절구

노하와 함께. 사상의 시에 차운하다
同盧河[10]. 次使相韻

들판의 물이 여울을 만나 급히 흐르고
위태한 다리는 빗속에 기울어졌네.
물결 소리 참으로 뜻이 있어
오열하며 사람을 향하여 우는 듯하네.

野水逢灘急, 危橋帶雨傾.
波聲眞有意, 嗚咽向人鳴.

10) 최연(崔演)의 『艮齋集』 권6 「後東槎錄」에 소세양(蘇世讓)의 원시와 최연·엄흔(嚴昕)·임형수의 차운시가 실려 있다. 「後東槎錄」은 1539년(중종 34) 원접사 소세양과 최연·엄흔·임형수 세 종사관이 의주로 중국 사신을 맞으러 나갔을 때의 작품을 모은 것이다.

원운 － 소세양
原韻 － 蘇世讓

다리 끊겨 노하(盧河)의 흐름 급하고
모래 둑 무너지니 바위 벼랑이 기울었네.
외로운 마을에 개 짖는 소리 없고
깊은 나무에 비둘기 울음소리만 있네.

橋斷河流駛, 沙崩石岸傾.
孤村無犬吠, 深樹有鳩鳴.

도중에 우연히 읊다. 회문체로 사상의 시에 차운하다
途中偶吟. 回文體[11], 次使相韻

빈 시내에 노목이 서 있고
무성한 숲에 새만 지저귀네.
벼슬길에 오른 사람 먼 길 걱정하면서
유유히 고금을 생각하네.

澗空藏老樹, 林茂噪暄禽.
宦客愁長路, 悠悠思古今.

---

11) 회문체(回文體): 한시체(漢詩體)의 한 가지. 위에서 읽거나 아래로부터 읽거나 시가 되는 것을 말한다. 전진(前秦) 때 두도(竇滔)의 처 소혜(蘇惠)가 처음 지었다. 『晉書』「烈女傳」竇滔妻 蘇氏.

칠언절구

초현원 가는 길에 성거산을 바라보며. 사상의 시에 차운하다. 3수
招賢院道中, 望聖居山. 次使相韻

구름 안개 깊은 곳 신선의 거처요
옥 봉우리 비 온 끝에 새로운 빛을 발하네.
산신에게 늙어 머물 곳을 빌리려 하니
공명이 나에게 다시 무엇이랴.

雲霞深處是仙居, 玉巘抽新一雨餘.
倘借山靈投老地, 功名於我更何如.

신령한 곳 몇 해 동안 꿈속에서 찾았나?
첩첩한 푸른 산 속 계곡도 깊구나.
역마 타고 와서 갈홍(葛弘)[12]을 만날 뜻 이루지 못하고
부질없이 그윽한 흥취를 높은 산에 기탁하네.

---

12) 갈홍(葛洪): 진(晉) 나라 때 사람. 자는 치천(稚川), 호는 포박자(抱朴子). 신선술을 좋아하였다. 교지(交趾)에서 단사가 난다는 말을 듣고 구루(句漏)령이 되었다. 자질들을 이끌고 광주를 지나다가 나부산에 머물러 단약을 구워 만들어 시해(尸解)하였다. 『晉書』 七十二.

幾年靈境夢中尋, 疊翠層嵐洞壑深.
驛騎未償攀葛志, 空將幽興寄高岑.

먼 길 아득한데 말은 더디 가니
모래 바람 귀밑에 불어 흰 실이 되려 하네.
이런 산이 있어도 돌아가지 못하고
홍진 속에 분주하니 나 또한 어리석네.

長路漫漫馬去遲, 風沙催鬢欲成絲.
有山如此不歸去, 奔走紅塵我亦癡.

동파관에서. 사상의 시에 차운하다
東坡館. 次使相韻

미산(眉山)[13]의 땅은 하늘가에 먼데
부질없이 이름만 가지고 동파의 시를 샀네.
오늘 아침에 우연히 소선(蘇仙)을 만나 지나니
이로부터 이름을 남겨도 무방하리.

地隔眉山天一方, 謾將名號買篇章.
今朝偶值蘇仙過, 自此留名也不妨.

---

13) 미산(眉山): 사천성에 있는 현 이름. 소동파가 살던 곳이다. 여기서는 저자가 동파관에 머물면서 미산은 멀지만 동파관에 느낀 바 있어 그 이름 때문에 동파의 문장을 사서 보았다는 말이다. 『讀史方輿紀要』 四川 眉州.

저탄을 지나다
過猪灘

긴 내에 돌이 깔려 얕은 여울 이루고
산세는 멀리서 안고 돌아 물 구비를 만들었네.
저물녘 물새가 물가를 맴돌며 내리니
마치 이 몸이 그림 속에 있는 듯하네.

長川得石淺成灘, 山勢縈廻抱作灣.
日暮水禽盤渚下, 依然身在畫圖間.

용천관에서. 사상의 시에 차운하다. 3수
龍泉館. 次使相韻

청산에 길이 닿음에 그림 병풍 펴지고
푸른 물 시내에 흘러 맑은 옥빛 나네.
내 낀 마을에 해는 지는데 누가 피리를 부나?
만 리 밖 변방의 정을 생각나게 하네.

趁路靑山展畫屛, 一溪涵碧玉澄淸.
烟村日落誰橫笛, 惹起關山萬里情.

여행 중에 근심은 홀연 만 가지
강산 어느 곳에서 벼슬자리 내놓을까?
시냇가 자리에 앉아 맑은 흥취 즐기니
숲 밖에 하늘 낮게 드리우고 황혼이 지는구나.

客裏愁懷忽萬端, 江山何處可休官.
臨溪一席偸淸興, 林外天低落照殘.

시냇가 역정(驛亭)에서 말을 멈추니
나그네 회포 쓸쓸하여 시도 짓기 어렵네.
만 리의 먼 길 황해도 길에
용천에 이르자 흥취도 식어가네.

溪上郵亭一駐鞍, 客懷蕭索得詩難.
迢迢萬里關西路, 纔到龍泉興已闌.

검수관에서. 사상의 시에 차운하다. 2수
劍水館. 次使相韻

속세의 때를 씻고 맑은 샘을 마시니
잠이 깬 역정(驛亭)은 점심 때가 되려하네.
화산(華山)을 돌아봄에 산은 보이지 않고
미인은 어느 곳에서 구름에 막혀 있나?

塵襟一滌酌淸泉, 睡罷郵亭欲午天.
回首華山山不見, 美人何處隔雲煙.

어렴풋한 봄꿈에 겹겹의 발을 내리니
제비는 동풍에 지저귀네.
만 리 길 용만(龍灣)은 반도 못 왔는데
가고픈 꿈 몇 번이나 고향에 이르렀나?

依依春夢下重簾, 燕子東風語更喃.
萬里龍灣行未半, 幾回歸夢到城南.

저복원(貯福院) 가는 길에. 사상의 시에 차운하다. 3수 貯福院道中. 次使相韻

고향의 꿈은 북두성 가에 달려 있는데
여행 중의 회포는 더욱 쓸쓸하기만 하네.
지금 다시 천추절(千秋節)[14]을 만나니
문득 옥 소리 울리는 관료의 행렬이 떠오르네.

魂夢長懸北斗傍, 客中懷抱轉凄涼.
如今又值千秋節, 却憶鳴珂趁鷺行.

14) 천추절(千秋節): 중국 황제의 생일.

아침저녁으로 중국의 산천은 종횡으로 뻗쳤고
옛 사람은 일찍이 힘든 생애를 탄식했네.
금년 봄도 고향의 흥취를 저버리고
부질없이 관서(關西)의 만 리 여행객 되었네.

朝暮吳山縱復橫, 古人曾亦歎勞生.
一春辜負家山興, 空作關西萬里行.

집이 가난해 임천(林泉)을 살 힘이 없고
생각이 졸렬하여 성 밑의 밭도 경영하기 어렵네.
급급하게 달려서 무슨 일 이루었나
부질없이 말 위에서 흐르는 세월만 허비했네.

家貧無力買林泉, 計拙難營負郭田.
汲汲馳驅成底事, 謾從鞍馬費流年.

숙령 가는 길에. 사상의 시에 차운하다. 2수
肅寧道中. 次使相韻

초원은 넓고 비었는데 들불은 꺼지려 하니
병든 몸이라 봄을 만나도 추위가 겁나는구나.
끝없는 석양은 봄풀의 한을 자아내니
정든 임 어느 곳 난간에 기대섰나?

平蕪空闊野燒殘, 病骨逢春尙怕寒.
無限夕陽芳草恨, 玉人何處倚欄干.

여행 중의 풍경은 점점 쓸쓸한데
막막한 옅은 구름 땅에 닿아 그늘졌네.
조각조각 봄 근심 어느 곳에서 풀어 볼까?
위성(渭城)의 남은 한[15] 고상한 시에 부치리.

客中風物轉蕭森, 冪冪輕雲接地陰.
段段春愁何處寫, 渭城餘恨寄高吟.

숙령관에서 새벽에 읊다. 사상의 시에 차운하다
肅寧館曉吟. 次使相韻

이른 새벽 창 밖에 날이 밝아 오니
꿈꾸던 빈 여관에 술이 막 깨네.
봄날 피곤하여 이불에서 일어나지 않으니
어디서 새 울음소리 나그네의 귀에 들리나?

---

15) 위성(渭城)의 남은 한: 위성은 섬서성 함양의 북동쪽에 있는 지명. 당나라의 왕유(王維)가 이곳에서 친구와 작별한 시는 애절하여 유명하다. 여기서는 옛 친구와 작별한 한을 시를 지어 부쳐주고 싶다는 말이다. 왕유(王維)의 〈送人使安西〉. "渭城朝雨浥輕塵, 客舍靑靑柳色新. 勸君更進一杯酒, 西出陽關無故人".

曙色臨窓報曉明, 夢回空館酒初醒.
擁衾不起緣春惱, 何處啼禽喚客聽.

눈 속에 석문령을 지나며. 2수
雪中過石門嶺

봄 산을 기롱하듯 눈이 밤에 어지럽게 날리니
멀고 가까운 내와 언덕 낮에도 분간 못하겠네.
병든 나그네 추위가 뼈에 스며듦을 근심하는데
고개 위엔 무슨 일로 또 구름 뭉쳤는가?

欺春山雪夜繽紛, 遠近川原晝不分.
病客已愁寒透骨, 嶺頭何事又屯雲.

눈 덮인 계곡과 밭을 한 눈에 바라보니
고운 꽃나무 날이 개어 빛나네.
눈[六花]이 날아 진실로 일 많음을 알았으니
봄날 비와 이슬의 조화를 압도하네.

瑤壑瓊田一望平, 琪花玉樹璨新晴.
從知騰六眞多事, 壓倒東君雨露榮.

운흥관에서. 사상의 시에 차운하다. 2수
雲興館. 次使相韻

정원에 바람은 고요하고 새만 절로 우는데
한낮에 역의 누정에서 나그네 홀로 잠을 자네.
음산한 봄 그늘이 앞마을에 비를 내리니
마치 수묵(水墨)으로 그림을 그려 펼쳐놓은 듯하네.

庭院風微鳥自呼, 驛樓亭午客眠孤.
春陰釀作前村雨, 水墨依然展畫圖.

애끊는 마음을 어디서 불러올까?
구름과 나무 아득하고 들판의 역루(驛樓) 외롭네.
봄 내내 오고 가느라 허벅지에 살 빠지니
슬프고 기쁜 반평생에 웅장한 계획 꺾였네.

斷魂何處可招呼, 雲樹微茫野驛孤.
來往三春消髀肉, 悲歡半世挫雄圖.

동림성. 사상의 시에 차운하다
東林城. 次使相韻

안개 비 내리는 거친 성에 푸른 이끼 자라는데
바람결에 때때로 나그네 배회하네.
옛날 싸우던 일 누구에게 물을까?
만고의 빈산에 달만 홀로 비추네.

烟雨荒城長綠苔, 臨風時有客徘徊.
百年征戰憑誰問, 萬古空山月獨來.

차련관에서 밤에 읊다
車輦館夜吟

처량한 봄밤에 나그네의 베개 차가운데
반산(半山)의 비바람소리 송단(松湍)에 들려오네.
또렷한 근심 속에 잠 못 이루니
꿈 속 혼이 언제나 장안에 이를까?

惻惻春宵客枕寒, 半山風雨聽松湍.
耿耿愁懷渾不寐, 夢魂那得到長安.

고진강을 지나며. 사상의 시에 차운하다
過古津江. 次使相韻

비 개인 강가 들에 풀빛이 새롭고
흰 모래 푸른 물 티 없이 깨끗하네.
봄바람 일지 않고 들에 연기도 없는데
해 저문 강이 사람을 시름케 하네.

雨歇江郊草色新, 沙明水碧淨無塵.
東風不起野烟斷, 日暮蘋洲愁殺人.

원접사가 두 수의 절구를 읊어 세 사람의 종사관을 권면함에 그 시에 차운하여 한 수는 원접사 합하에게 올리고 한 수는 두 종사관에게 보이다. 2수
遠接使吟成兩絶, 以勉三從事, 因次其韻, 一以上遠接使閤下, 一以示二從事

대소(大蘇)[16]의 명성에 그 누가 앞설까?
나의 어린 마음 열어주려고 솔선하여 가르치네.
원컨대 몸을 맡겨 마부[僕御[17])가 되려 하니

16) 대소(大蘇): 소동파를 이르는 말. 소동파 형제는 문장에 능하여 형을 대소(大蘇)라 하고 아우 소철(蘇轍)을 소소(小蘇)라 한다. 여기서는 원접사 소세양이 같은 소씨이면서 소동파처럼 문장에 능함을 말한 것이다.

내 생전에 공의 채찍을 잡고 싶네.

大蘇聲價孰居前, 欲啓顓蒙爲率先.
願卒委身爲僕御, 此生終始執公鞭.

두 종사관의 재주와 생각에 앞설 자 없으니
대소(大蘇)의 문을 향하여 나를 앞에서 인도했네.
돌아보건대 용렬한 나는 뒤에 있는 것도 달게 여기니
조생(祖生)이 나보다 먼저 채찍을 들었네[18].

二君才思固無前, 好向蘇門導我先.
自顧疏庸甘在後, 任敎聯着祖生鞭.

---

17) 마부[僕御]: 복어는 마부가 되는 일. 후한의 순상(荀爽)은 이응(李膺)이 훌륭한 인물임을 알고 그의 말을 몰기를 자청하고 나와 하는 말이, “나는 오늘에 이응의 마부가 되었다.”고 자랑삼아 말하였다. 그렇게 어진 사람을 좋아하였다. 여기서는 금호공이 소세양을 몹시 사모한다는 말이다. 『後漢書』 李膺傳.

18) 조생(祖生)이 나보다 먼저 채찍을 들었네: 조생은 진(晉)나라의 장수 조적(祖狄)을 이른다. 진나라의 유곤(劉琨)은 조적이 등용되었다는 말을 듣고 조적이 나보다 먼저 채찍을 잡았다고 말하였다. 여기서는 최연과 엄흔 두 종사관이 금호공보다 선배요 뛰어나다는 말이다. 『晉書』 劉琨傳.

선천에서 병이 들어 몇 달을 눕다
宣川臥病數月

길 가에 아이와 노인이 모두 눈물 흘리니
가마 타고 성 밖 나감에 마음도 머뭇머뭇.
선천의 성 밖 푸르고 푸른 버들은
모두 내가 병이 난 뒤에 생긴 가지일세.

挾路髦齯淚盡垂, 肩輿出郭意遲遲.
宣州城外靑靑柳, 摠是林郎病後枝.

삼삼파
森森坡

하늘에 오르는 듯 땅에 들어가는 듯 일천 산을 지나니
만목(萬木)의 그늘 속에 오솔길 서리었네.
문득 밥 짓는 연기 실처럼 오르고
모말만한 진터의 보루와 골짜기 신선세계 보겠네.

昇天入地度千巒, 萬木陰中細路盤.
忽見炊煙生若線, 戍墉如斗洞天團.

제주 해협을 건너 서석사(瑞石祠)에 제사지내다
渡濟海, 祭瑞石祠

한 조각 외로운 충정을 천지도 알아
남으로 오면서 귀신이 의심해도 두렵지 않네.
맑은 술 한 잔 쓸쓸한 사당에 올리니
형산(衡山)만이 퇴지(退之)를 아는 것은 아니라네.[19]

一片孤衷天地知, 南來不怕鬼神疑.
淸漿一盞荒祠下, 不獨衡山識退之.

---

19) 형산(衡山)만이 퇴지(退之)를 아는 것은 아니라네: 형산은 호남성에 있는 산. 중국 오악(五嶽) 중의 하나이다. 당나라 헌종이 부처를 좋아하여 불골(佛骨)을 궁중에 들여오니 한퇴지는 〈論佛骨表〉라는 문장을 지어 이를 간하였다. 헌종은 노하여 한퇴지를 조주자사(潮州刺史)로 좌천시켰다. 한퇴지가 조주로 향하다가 형산을 지나게 되었는데 때가 비가 잦은 계절이었다. 형악묘(衡岳廟)에 들어가 제를 올리니 궂은 날이 개여 봉우리를 볼 수 있었다. 여기서는 금호공도 서석의 사당에 제를 올리니 한퇴지처럼 신이 감동하는 듯하였다는 말이다. 蘇軾, 〈潮州韓文公廟碑〉.

우연히 읊다. 신지체(神智體)를 모방하다
偶吟. 效神智體[20]

홀로 앉아 무단히 먼 데 생각나니
맑은 구름 성근 비 해가 기울 때일세.
먼 길 아득하고 지나는 사람 없는데
흰 판자 사립은 대울타리에 비껴 있네.

獨坐無端動遠思, 淡雲疏雨日斜時.
長程望斷無人過, 白板扉橫小竹籬.

이섭정(利涉亭) 제주에 있다
利涉亭 在濟川

조천관 밖 바위턱에
안개 낀 풀밭 무성하고 구름 속 해는 흐리네.
푸른 바다 하늘에 닿고 외로운 돛대 멀리 가니
몇 사람이나 애끊으며 물가에 섰었나?

朝天館外石磯頭, 烟草萋萋雲日幽.
滄海極天孤棹遠, 幾人腸斷立汀洲.

---

20) 신지체(神智體): 글자의 모양에 다양한 변화를 주어 짓는 잡체시의 하나.

즉사. 2수
卽事

용이 좋은 자리 마련함을 질투하여
바람과 비가 무단히 바다에서 불어오네.
사람이 간 뒤에 술상은 어지럽고
하늘의 밝은 달만 빈 누대를 비추네.

龍公應妬勝筵開, 風雨無端過海來.
狼藉盃盤人去後, 一天明月照空臺.

취하여 걸상에 기대어 무소뿔 술잔을 드니
미인이 가까이 앉아 은아쟁을 타네.
백사장에서 싸움을 마치고 늦게 돌아올 때
말 달려 요하(遼河)에 이르니 칼과 창이 우는구나.

醉倚胡床引兕觥, 佳人狎坐戞銀箏.
沙場戰罷歸來晚, 馳到遼河劍戟鳴.

무제
無題

얄미운 이 물건 누가 낳았는가?
세상에 살면서 유독 아랫사람 괴롭히는 재주만 뛰어났네.
식량 떨어지던 해에 어찌 죽지 않고
이미 첨정(僉正)을 지내고 또 다시 왔는가.

憎憎此物孰胚胎, 生世偏長虐下才.
絶穀當年胡不死, 旣經僉正又重來.

지봉 이수광(李粹光)의 『동원총기(東園叢記)』에 이르기를, "금호는 기질이 호걸스럽고 재주가 뛰어났다. 이조좌랑이 되었을 때 어떤 정랑(正郞)이 아랫사람을 단속하기를 심히 엄하게 하였다. 정랑이 밖으로 나간 틈을 타서 시를 지어 그의 책상에 써 놓은 것이 바로 이 시였다. 식량이 떨어졌다는 말은 실지 있던 사실이라고 한다. 정랑이 들어와 보고 크게 노하여 더욱 꾸짖고 벌을 주면서도 말하기를, '시는 좋다.' 고 하였다".

【芝峯 李睟光 『東園叢記』云: "錦湖氣豪才俊. 爲吏曹佐郞時, 有一正郞撿下甚嚴. 値正郞出, 作詩書其案. 云云絶穀, 乃其實事云. 正郞入見大怒, 益加責罰曰: '詩則佳矣'".】

오언율시

청석동. 사상의 시에 차운하다
靑石洞. 次使相韻

한 갈래 길 비스듬히 계곡을 뚫고 지나가니
시내 따라 가느라 말이 이끼를 밟네.
산은 천 겹으로 높이 솟았고
물은 만 번 거듭 돌아오네.
습기에 젖어 나그네 옷 무겁고
구름은 사절(使節)을 맞아 개이네.
채찍을 멈추고 시구(詩句)를 찾나니
역졸(驛卒)은 재촉하지 말게나.

一逕斜穿洞, 谿行馬踏苔.
山紆千疊峻, 水匝萬重回.
嵐濕征袍重, 雲迎使節開.
垂鞭方覔句, 郵卒莫相催.

총수산 비각에서 쉬며. 사상의 시에 차운하다. 2수
憩葱秀山碑閣. 次使相韻

푸른 물은 띠처럼 길게 흐르고
푸른 산은 바위 병풍처럼 둘러 있네.
비에는 동공(董公)[21]이 기문을 짓고
공씨(龔氏)가 다시 명문(銘文)을 남겼네.
명승지의 경내에 사람들 멋대로 따라 놀고
이름난 곳이라 그림으로 형용하기 어렵네.
갈림 길에 거북이 비를 지고 있고
높은 비각은 구름 속에 묻혀 있네.

綠水羅爲帶, 靑山石作屛.
董公曾有記, 龔氏又留銘.
勝境人隨擅, 名區畫不形.
臨岐龜負碣, 高閣鎖雲扃.

양호(羊祜)의 비[22]처럼 오래 된 경물이
물가에 웅장하게 세워져 새롭네.
만지작거리면서 한 번 쉬어 가고

---

21) 동공(董公): 명나라 사람 동월(董越). 조선에 사신으로 왔으며 『圭峯文集』·『使東日錄』 등의 저서를 남겼다.
22) 양호(羊祜)의 비: 양호는 진(晉) 나라 때 사람. 자는 숙자(叔子). 무제 때 형주 도독이 되어 선정을 베풀어 양양 사람들이 타루비(墮淚碑)를 세우고 사당을 짓고 제사를 지냈다. 타루비는 비문을 읽은 사람들이 눈물을 흘리지 않은 사람이 없을 정도였다는 말이다. 『晉書』 三十四.

왕래함에 한 봄을 보냈네.
천지에 오래도록 나그네 되었으나
흙먼지 속에서도 남에게 짐 되지 않았네.
배회하노라니 산의 해는 저물고
높은 산길은 가파르게 기댔네.

雲物羊碑古, 臨流傑構新.
摩挲成一憩, 來往費三春.
天地長爲客, 塵沙不貸人.
徘徊山日暮, 高路倚嶙峋.

말 위에서 2수를 급히 짓다. 연지(演之)의 시에 차운하다.
馬上口占二律. 次演之[23]

바람과 먼지 속을 간 지 며칠인가?
돌아가는 길에 저문 산만 비껴 있네.
해 아래 장안(長安)은 멀고
하늘가에 향기로운 풀만 나네.
변방 천리 길에

23) 연지(演之): 최연(崔演 1503~1549)의 자. 호는 간재(艮齋)이고 본관은 강릉(江陵)이다. 1539년(중종 34) 원접사 소세양의 종사관으로 임형수·엄흔과 함께 의주에 갔다. 이때 차운한 시가 문집에 전한다.

책과 검은 십년의 정이 들었네.
공명에 분주한 속에
전원으로 돌아갈 계획 이루지 못하였네.

風塵行幾日, 歸路暮山橫.
日下長安遠, 天涯芳草生.
關河千里路, 書劍十年情.
奔走功名裡, 歸田計不成.

죽엽(竹葉)은 이미 연분이 없으나
시마(詩魔)는 아직 연분 있구나.
내 모습은 거친 들 밖에 있어
근심은 저문 강가에서 생기네.
말을 타고 부질없이 천리를 가는데
봄을 맞은 지 또 일년이 되었네.
앞마을에 농사일 바쁘니
문득 고향의 밭 생각나네.

竹葉旣無分, 詩魔還有緣.
形容荒野外, 愁緒暮江邊.
鞍馬空千里, 烟花又一年.
前村農務急, 却憶故山田.

3월 3일에 봉산에 뒤쫓아 가서 장난삼아 한 말을 기록하여 답하기를 요구하다. 선위사 성균관 대사성 신광한(申光漢) 한지(漢之)의 시에 차운하다

三月三日, 追到鳳山, 錄奉戱語求和. 次宣慰使成均館大司成申光漢[24)]漢之[25)]

하늘가에 향기로운 풀이 푸르니
좋은 계절에 나그네의 마음 상하네.
꿈속에 고향 산은 멀고
먼지 속에 머리터럭 누렇게 되었네.
봄빛을 즐기면서 붓을 급히 들었고
흥을 돋우느라 술잔을 오래 잡았네.
알맞게 하는 일 늙은 솜씨 기다렸는데
재주가 다 되었다고 망인(芒刃)[26)]을 만날까?

---

24) 신광한(申光漢 1484~1555): 조선중기의 문신이다. 본관은 고령(高靈). 자는 한지(漢之)·시회(時晦), 호는 기재(企齋)·낙봉(駱峰)·석선재(石仙齋)·청성동주(青城洞主). 영의정 숙주(叔舟)의 손자이고 내자시정(內資寺正) 형(泂)의 아들이다. 1507년(중종 2) 사마시를 거쳐 1510년(중종 5) 식년문과에 급제, 1514년(중종 9) 사가독서(賜暇讀書)를 하고 홍문관전교가 되었다. 조광조 등과 함께 신진사류로서 1518년(중종 13) 대사성에 특진되었으나 다음 해 기묘사화에 연좌되어 삭직되었다. 1537년(중종 32) 등용되어 이조판서·홍문관제학을 지냈다. 1545년(명종 즉위) 을사사화 때 윤임 등 대윤(大尹)을 제거하는 데 공을 세워 위사공신(衛社功臣) 3등이 되었다. 같은 해 우찬성으로 양관대제학을 겸임, 영성부원군(靈城府院君)에 봉해졌으며, 1550년(명종 5) 좌찬성이 되었다. 1553년(명종 8) 궤장(几杖)을 하사받고 기로소(耆老所)에 들어갔다. 시호는 문간(文簡)이다.

25) 『艮齋集』 권5 〈次申宣慰韻〉에 최연·소세양·엄흔·임형수의 시가 차례로 실려 있다.

天涯芳草綠, 佳節客魂傷.
夢寐家山遠, 塵埃鬢髮黃.
償春呼筆急, 挑興引盃長.
安排須老手, 才盡敢嬰芒.

3월 3일 나에게 준 시운을 다시 써서 장난삼아 두 종사관의 행차에 주고 감히 원접사 합하에게 말을 하지 못하다. 한지(漢之)의 시에 차운하다 復用三月三日示和之韻, 戲奉二從事行軒, 不敢兼達遠接使閤下. 次漢之[27]

고국에 봄빛은 저무는데
내 낀 강가에 나그네 시름 있네.
포도는 푸른빛을 빚어내고
버들잎은 누런빛을 띠고 늘어졌네.
술통의 술은 기쁜 정을 나누기에 흡족한데
이별의 한은 강물처럼 길구나.
여기에 머물러 돌아가지 못하는데
새 달은 까끄라기처럼 생기네.

---

26) 망인(芒刃): 날카로운 칼. 곧 형벌 또는 질책을 이르는 말이다. 淸 〈都察院左都御史李公神道碑〉. "不事芒刃, 漸摩敎化".

27) 이 시는 『艮齋集』 권5 〈大同江船中. 復次申宣慰韻〉에 최연·소세양·엄흔·임형수의 시가 차례로 실려 있다.

故國春光晩, 烟波客子傷.
葡萄醅漲綠, 楊柳葉垂黃.
樽酒歡情洽, 江流別恨長.
留連歸不得, 新月欲生芒.

운암원에서. 사상의 시에 차운하다
雲巖院. 次使相韻

운암의 옛 역원(驛院)이 황폐하여
새로 짓고 누런 띠풀로 이었네.
말을 재촉하니 봄바람 따뜻하고
수레를 멈추니 한낮의 해가 높이 있네.
평생에 지은 시 상자에 가득하고
나그네의 봇짐에는 칼이 터를 베겠네.[28)]
흐르는 세월에 한만 생겨나니
말의 상을 보는 구방고(九方皐)[29)]를 만나기 어렵네.

雲巖古院廢, 新構盖黃茅.
催騎春風暖, 停驂午日高.

28) 나그네의 봇짐에는 칼이 터를 베겠네: 칼은 남자가 사용하는 물건. 칼날 위에 터럭을 올려놓고 불면 끊어질 정도의 예리한 칼. 여기서는 기개 있는 사나이가 칼을 품고 큰 뜻을 갖는다는 말이다. 유과(劉過)의 〈沁園春〉.
29) 구방고(九方皐): 춘추 시대 진(秦) 나라 사람. 말의 상을 잘 보았다. 여기서는 인재를 잘 알아보는 사람을 만나기 어렵다는 말이다. 『列子』 說符. "臣有所與九方皐, 其相馬, 非臣之比也".

生涯詩滿篋, 行槖劒吹毛.
易作流年恨, 難逢相馬皇.

청강을 지나며. 사상의 시에 차운하다
過淸江. 次使相韻

여기서 가는 길 어디로 향하려 하는가?
말을 세우고 한 번 물어보았네.
봄비 흡족히 내려 냇물 불어 오르니
돌을 포개어 놓은 들 다리 위태하네.
나라에 보답함에 어찌 괴로움 사양할까?
집에 돌아감이 더디다 한하지 말라.
시름을 잊으려고 큰 소리로 시를 읊으며
구름과 안개를 헤치고 걸었네.

此去欲何向, 停驂爲問之.
添波春雨膩, 累石野橋危.
報國寧辭苦, 還家莫恨遲.
遣愁高嘯發, 雲霧不禁披.

소천관에서. 사상의 시에 차운하다
所串館. 次使相韻

나그네 먼 길 힘을 다하는 곳에
가고픈 흥취는 고향의 산천일세.
옛 역사(驛舍)는 천봉 아래에 있고
황량한 마을은 한 줄기 내 앞일세.
관하의 변방에서 몸을 돌이킬 수 없고
중화의 도읍은 꿈속에 오래 보이네.
고향 소식 봄 내내 막히니
구름을 보며 한낮에 잠이 드네.

客程靡盬裡, 歸興故山田.
古驛千峯下, 荒村一水前.
關河身未返, 皇漢夢長懸.
消息三春隔, 看雲白日眠.

운거사에서 자다
宿雲居寺

밤에 운거사에서 자니
깊은 숲엔 새도 울지 않네.
소나무 창에는 스님이 입정(入定)하고

그림 벽에는 나그네가 시를 써 두었네.
불전에는 희미한 등불 빛나는데
부들자리엔 새벽꿈이 희미하여라.
절간엔 사람소리 끊겼는데
산비가 절로 시내를 울리네.

夜宿雲居寺, 林深鳥不啼.
松窓僧入定, 畫壁客留題.
佛殿殘燈炯, 蒲團曉夢迷.
上方人語絶, 山雨自鳴溪.

관음사에 놀면서 술에 취하여 짓다. 연지(演之)의 시에 차운하다
遊觀音寺, 醉題. 次演之

잠깐 시험 삼아 산기슭에 올라
만 길 벼랑을 우러러 보았네.
거친 섬돌에는 푸른 이끼 번져오고
고요한 못에는 청개구리 희롱하네.
명승지에 인간은 나 홀로고
푸른 등 켜진 곳은 모두 절간일세.
돌아가지 못하고 머뭇거리며
나그네의 회포를 풀어 보네.

蹔試登山脚, 攀緣萬丈崖.
階荒移碧蘚, 池靜戲靑蛙.
地勝人間獨, 燈靑佛宇皆.
徘徊歸不得, 消遣客中懷.

신미도
身彌島

한번 신미도에 누우니
석 달 봄날이 어느덧 바뀌어 가네.
꽃을 흔드는 바람 용서하기 싫고
풀을 키우는 비 다정하기만 하구나.
하늘가의 해가 병든 몸을 일으키니
나그네 바다 위 성루에서 시를 읊네.
밤이 되어 부질없이 몸을 뒤척이지만
꿈에서라도 서울[神京][30]에 이를 수 없구나.

一臥身彌島, 三春忽已更.
打花風少恕, 醫草雨多情.
病起天邊日, 覊吟海上城.
夜來空轉輾, 無夢到神京.

---

30) 신경(神京): 신경은 서울의 미칭이다.

송도유감
松都有感

고려의 왕업이 쇠퇴해지니
경관을 멀리 바라볼 뿐이네.
산하는 왕성한 기운을 묻어버렸고
벼와 기장[禾黍][31]은 번화한 거리를 바꾸어 놓았구나.
연이 다니던 길에는 봄풀이 나고
궁궐의 나무 가지에는 저녁 까마귀만 모여 있네.
봄바람 말을 세운 곳에
넋은 나가고 흰 머리만 늘어졌네.

王業蕭條盡, 風煙眺望賒.
山河埋旺氣, 禾黍換繁華.
輦路生春草, 宮枝集暮鴉.
東風立馬處, 魂斷鬢絲斜.

별해관에서 쓰다
題別害館

만 리의 먼 곳에 하늘은 험한 요새를 만들었고
두 갈래의 물은 성을 끼고 흐르네.

---

31) 벼와 기장[禾黍]: 농작물을 이르는 말. 곧 옛날 왕궁의 번화한 터에 궁이 사라지고 농부가 벼와 기장을 심는 밭으로 변하였다는 말이다. 『詩經』 王風 黍離.

판자 집은 모두 북쪽 지방의 풍속이요
수비하는 군사는 반은 남쪽에서 온 병사일세.
교화는 국경의 밖에까지[梯航][32] 미쳐서
변방에도 요사한 기운이 맑아졌다네.
해마다 평화로워 봉화가 끊어지니
무슨 계책을 서울에 올릴까?

萬里天開險, 雙川水夾城.
板家皆北俗, 戍卒半南兵.
化及梯航遠, 邊承氛祲淸.
年年烽火絶, 何策獻王京.

탐라관
耽羅館

제주의 경내는 세 읍[33]으로 나뉘었고
성과 해자는 섬의 동쪽에 있네.
지방 사투리가 갑자기 달라져 놀라우나

---

32) 국경의 밖에까지[梯航]: 옛날 교통이 발달하지 않았을 때 먼 지방에서 중국의 천자에게 조공을 바치러 올 때 산악지대에서는 길이 험하여 사다리를 놓고 올라와 길을 통하고 먼 섬에 사는 사람들은 배를 타고 와서 조공을 바쳤다. 이런 일을 제항(梯航)이라고 하였다. 『宋書』 明帝紀. "日月所照, 梯山航海".

33) 세 읍: 제주도 옛 행정구역의 세 읍을 말한다. 곧 제주・대정(大靜)・정의(旌義)이다.

풍속은 우리와 같아 기쁘네.
해가 지니 숲의 까마귀 고요하고
날은 차가운데 들의 진터는 비어있네.
앉아서 보니 창해의 달이
술잔 가운데 와서 비추어주네.

形勝三分邑, 城池一島東.
方音驚頓別, 風俗喜猶同.
日落林鴉靜, 天寒野戍空.
坐看滄海月, 來照酒尊中.

중종대왕의 만장. 3수
中宗大王挽章

임금 옆에서 주(周)나라의 도를 일으켰는데
돌아가시매 어찌 곽광(霍光)의 충성[34]을 도모할까?
봄날의 날씨는 하늘이 은혜를 내린 것 같았고
때에 맞는 비는 만물을 소생시키는 것 같았네.
백성들이 "제왕의 힘이 무엇이 있는가?"[35] 하였으니

---

34) 곽광(霍光)의 충성: 곽광은 한나라 때 사람. 자는 자맹(子孟). 무제 때 봉거도위(奉車都尉)가 되고 무제가 죽자 유조(遺詔)를 받아 어린 임금을 잘 보필하였다. 소제가 죽고 창읍왕 하(昌邑王賀)를 세웠는데 음행(淫行)이 많아 폐위시키고 선제를 세웠다. 20년을 궁 안에 출입하면서 조그마한 흠도 없었다. 『前漢書』 六十八.
35) 제왕의 힘이 무엇이 있는가?: 요제는 천하를 다스린 지 50년에 미복으로

왕이 하신 일은 덕이 있어 외롭지 않았네.
어떤 이가 반고(班固)와 사마천(司馬遷)의 솜씨를 가지고
다시 대왕의 큰 업적을 기록하리.

身側興周道, 人歸豈霍謨.
陽和天有惠, 時雨物其蘇.
帝力民何有, 王猷德不孤.
何人班 馬手, 能復記鴻圖.

총명한 지혜는 본래 하늘이 주신 것이고
갈고 닦은 학문은 임금께서 애쓴 공이었네.
후손을 위한 계책은 인종을 즉위시킨 데서 보겠고
조종의 법도를 지켜 추앙 받는 자리[宗工][36]에 있었네.
꿈속에서도 근면이 감해질까 걱정하였고
단에 빌었지만 축문이 헛되게 되었네.
세 사람의 어진 신하 있음은 진실로 다행한 일
이로부터 저승 길 막혀버렸구나.

강구(康衢)라는 거리를 지나는데, 어느 노인이 밥을 먹고 배를 두드리면서 노래하기를 “해가 뜨면 일하고 해 지면 쉬도다. 우물을 파서 마시고 밭을 갈아 먹으니 제왕의 힘이 무엇이 나에게 있는가?”라고 하였다. 여기서는 중종대왕이 선정을 베풀어 백성들이 강구의 노인처럼 노래를 하였다는 말이다. 『十八史略』 帝堯陶唐氏.

36) 추앙 받는 자리[宗工]: 종공은 학문에 큰 업적이 있어 여러 사람에게 추앙 받는 사람. 중종대왕의 학문을 칭송한 말이다. 『金史』 元好問. “好問蔚爲一代宗工”.

睿智本天縱, 琢磨仍聖功.
孫謀看嗣服, 彝典在宗工.
夢算憂勤減, 祈壇冊祝空.
三良眞自幸, 從此隔幽宮.

백 대에 훌륭하신 중종대왕은
선조의 큰 업적을 거듭 빛냈네.
백성들은 숭산(嵩山)처럼 높은 수명을 빌었는데
기(杞) 나라 사람의 걱정처럼[37] 갑자기 하늘이 무너졌구나.
은택을 많이 입었는데 욕되게 함이 많았으니
어찌하여 용의 수염을 받들지 못하였나?[38]
평생 대왕을 보필하려던 뜻이 있어
피눈물로 높은 능만 바라보네.

百世中宗廟, 重光祖烈弘.
民方嵩岳祝, 天遽杞人崩.
沐澤曾多忝, 攀髥奈未能.
平生補袞志, 血泣望喬陵.

---

37) 기(杞) 나라 사람의 걱정처럼: 기 나라의 어떤 사람이 항상 하늘이 무너지고 땅이 꺼질까 걱정하는 자가 있었다고 한다. 여기서 하늘은 임금을 상징하는 말이다. 곧 기 나라 사람이 걱정한 것 같이 갑자기 임금이 승하하였다는 말이다. 『列子』 天瑞.

38) 어찌하여 용의 수염을 받들지 못하였나?: 황제가 용을 타고 승천하는데 신하들이 따라가려고 용의 수염에 매달렸다가 황제를 바라보며 통곡하였다. 여기서는 중종대왕을 따라가지 못하였다는 말이다. 『史記』 封禪書.

인종대왕의 만장
仁宗大王挽章

하늘이 사문(斯文)을 상(喪)하게 하니
신이 어찌하여 이런 때를 만났나?
차마 오늘의 눈물을 가지고
거듭 지난해의 수건을 적실 줄이야.
평생의 뜻은 은혜를 갚는 것이었는데
흐느껴 울면서 죽지도 못하는 몸이네.
능을 감독하는 일 마치지 못했으니
남해의 섬 속에서 배나 마음이 아프네.

天欲斯文喪, 臣胡際此辰.
忍將今日淚, 重洒去年巾.
報效平生志, 攀號未死身.
喬山功未就, 南海倍傷神.

중종대왕이 승하하고 1년도 못되어 인종이 돌아가셨다. 이 때 공께서 산릉도감낭청이 되었다가 일을 끝내지도 못하고 제주목사가 되었기 때문에 이렇게 말하였다.

【中廟昇遐未朞, 仁廟昇遐. 公爲山陵都監郎廳, 未訖而爲濟州牧使故云.】

칠언율시

2월 26일에 사은숙배하고 벽제관에 도착하여 잤다. 하루 전날에 상이 인견하여 위로하고 보내는 은혜를 받았다.

가정 기해(1539)년 봄에 한림원 시독관 화찰(華察)과 공부 좌급사중 설정총(薛廷寵)이 천자의 명을 받들고 우리나라에 조서를 전할 때, 의정부 좌찬성 소세양(蘇世讓) 언겸(彥謙)이 원접사가 되고 시강원 필선 최연(崔演) 연지(演之)와 홍문관 부교리 엄흔(嚴昕) 계소(啓昭)가 종사관이 되었는데, 공이 병조좌랑으로 또한 종사관이 되었다.

二月二十六日, 拜辭, 到宿碧蹄館. 前一日, 蒙賜引見, 慰諭而遣

嘉靖己亥春, 翰林院侍讀官華察・工部左給事中薛廷寵, 奉天子命, 頒詔于我國, 時遠接使議政府左贊成蘇世讓彥謙, 從事官侍講院弼善崔演演之・弘文館副校理嚴昕啓昭, 公以兵曹佐郎, 亦爲從事.

재주 없는 내가 이번에 이 행차에 끼어
역마를 타고 감에 도리어 관리들 영접해 줌이 부끄럽네.
객로(客路)의 정회는 북극성까지 이어졌는데
역루의 경관은 청명에 가깝네.
봄 돌아와 방초 우거져 신록 속에 길을 잃고

비가 먼지를 적시니 저물녘 갠 날씨 좋구나.
이날 함께 감은 나도 다행한 일이라
몸이 가벼워 먼 길을 겁내지 않네.

不才今復有斯行, 駟騎還慚館吏迎.
客路情懷連斗極, 驛樓烟景近淸明.
春回芳草迷新綠, 雨浥浮塵喜晩晴.
此日追隨吾自幸, 身輕應不怯脩程.

혜음령을 지나며. 사상의 시에 차운하다
過惠陰嶺. 次使相韻

산세가 남으로 오면서 역을 안고 서렸고
가운데 한 길이 통하여 큰 관문을 이루었네.
미끄러운 돌 밟고 지나니 봄날의 진흙이 많고
바라보니 먼 풀밭은 산으로 이어지네.
흘러가는 봄빛은 잠시도 머물지 않고
바쁜 역마는 괴롭게도 한가함이 없네.
온 종일 눈썹 찡그리고 채찍 들고 가면서
새로운 시를 읊으니 머리는 반백이 되려 하네.

嶺勢南來抱驛盤, 中通一路作雄關.
行經滑石多春濘, 望斷空蕪入亂山.

冉冉韶光渾不住, 忽忽駰騎苦無閑.
纇眉盡日垂鞭去, 吟就新詩鬢欲斑.

임진강을 건너면서. 사상의 시에 차운하다
渡臨津. 次使相韻

두 고을이 이곳에서 남북으로 나누어지니
짧은 노로 강을 가로질러 석양에 기댔네.
나루터에 하늘 낮게 드리우고 노을은 비단 같이 흩어지니
바람 스치자 강물에 비단 무늬 생기네.
봄날의 행차는 돌아가는 기러기를 따르고
만 리 밖 관산(關山)은 어지러운 구름에 막혔네.
나랏일 수행하려 역마를 멈출 경황이 없어
고향 생각 나그네 회포 모두 분분하네.

二州南北此中分, 短棹橫江倚夕曛.
渡口天低霞散綺, 波心風過錦生紋.
三春旌節隨歸雁, 萬里關山隔亂雲.
靡盬不遑停驛騎, 鄕情羈思兩紛紛.

임진강으로 가는 길에
臨津道中

성상의 조정에서 재주 없는 나를 버리지 않아
5년 동안 왕실에서 임금을 가까이 뫼셨네.
길을 감에 험한 곳을 피하는 지혜 없음이 한이 되고
강에 임하여 물을 건너는 재목 없음이 부끄럽네.
십년 동안의 일이 두 살쩍에 남았으니
만 리의 봄 시름 한잔 술로 달래네.
지난 날 임금 모시고 의장을 따르던 곳에
오늘은 객이 되어 또 다시 왔네.

聖朝無棄錄非才, 五載鑾帷忝職陪.
行路恨無違險智, 臨流愧乏濟川材.
十年心事雙蓬鬢, 萬里春愁一酒杯.
昔日龍舟隨仗處, 如今賓幕又重來.

송도에서 『동사집(東槎集)』의 시에 차운하다
松都, 次『東槎集』韻

흥망이 절로 때가 있다고 누가 말했나?
사치하고 음란하면 망한다는 것을 이미 알았네.
산하는 조용한데 새로운 사람들이 왔고
궁궐터 황량하여 버려진 터임을 알겠네.
곳곳의 소나무 가래나무는 오래도록 한을 머금고
더부룩한 벼와 기장 몇 번이나 시의 재료 되었나?
객이 와서 옛 생각에 청산은 저물어 가는데
동풍에 말을 세우니 감회가 끝이 없네.

誰道興亡自有時, 奢淫取敗可前知.
山河寥落輸新籍, 城闕荒涼認廢基.
處處松楸長繞恨, 離離禾黍幾供詩.
客來弔古靑山暮, 立馬東風不盡思.

천수(天壽) 가는 길에 벽제관의 운을 써서 계소(啓昭)에게 보여주다
天壽道中, 用碧蹄韻, 示啓昭

동풍이 나를 불어 서쪽으로 향하게 하니
산빛과 강물 소리가 절로 보내고 맞이하네.
취적봉(吹笛峰)에는 부질없이 구름이 머물러 뭉치고
대(臺)에 올랐던 사람은 떠나니 달빛만 하염없이 밝네.
의관을 했던 사람 적막하게 거친 무덤으로 돌아갔고
아득한 경관은 저물어가는 계절 속에 개였네.
백 년 전 옛 절은 빈 터만 남았고
버들은 전날처럼 먼 길가에 서 있네.

東風吹我作西行, 嶽色江聲自送迎.
吹笛峰留雲漫結, 登臺人去月空明.
衣冠寂寞歸荒壟, 烟景蒼茫屬晩晴.
古寺百年餘舊地, 依然楊柳傍長程.

금교(金郊)에서. 장성(張城)[39]의 시에 차운하다
金郊. 次張天使城韻

역정(驛亭)의 버들에 다시 동풍이 불어오니
가는 곳마다 산천 경물이 같구나.
저녁 비 잔디를 적시니 처음으로 푸른 빛 나고
봄 추위가 살구나무를 속여 붉은 꽃 피지 않았네.
세월은 시를 읊는 속에 늙어가기 쉽고
고향 소식은 자주 꿈속에 전해 오네.
저물녘 술 깨어 문을 다시 닫으니
끝없는 시름 하늘가에 가득하네.

郵亭楊柳又東風, 隨處溪山景物同.
晩雨浥莎初展綠, 春寒欺杏未舒紅.
光陰易老吟哦裡, 消息頻傳夢寐中.
日暮酒醒門更掩, 無端愁思滿層空.

---

39) 중국 사신.

금교 가는 길에 큰 안개가 끼다
金郊道中大霧

겹겹이 아침 안개 구름보다 어두워
말머리의 산봉우리도 분간할 수 없네.
만 리 길 함께 달리며 정은 더욱 깊어져
한 봄을 서로 따름에 덕이 향기롭네.
십년의 사업은 구복(口腹)을 채우는 데 돌아갔으니
어느 곳의 산령(山靈)이 문장을 새기려 하였나?[40)]
나의 속된 음악이 백설가(白雪歌)[41)]에 응함이 부끄러우니
하찮은 시[雕蟲][42)]가 바람을 내는 자귀의 솜씨[43)] 앞에 어이하나?

---

40) 어느 곳 산령(山靈)이 문장을 새기려 하였나?: 남제(南齊)의 주옹(周顒)이 종산(鍾山)에 은거하다가 천자의 부름을 받고 나가 해염현령이 되었다. 뒤에 이산을 지나다가 찾으려 하는데 공치규(孔稚珪)가 산령(山靈)의 권위를 빌어 글을 지어 산마루에 새기고 안개를 잔뜩 끼게 히여 신을 옮거 놓고 들어오지 못하게 하였다. 그 글이 유명한 북산이문(北山移文)이다. 곧 속세에 오염되었으니 이 깨끗한 산에 다시 들어오지 못하게 하였다는 말이다. 여기서는 금교로 가는 길에 안개가 심하여 종산의 산령이 글을 새겨놓아 우리를 지나지 못하게 하는 것이 아닌가? 하고 이른 말이다. 〈北山移文〉. "鍾山之英, 草堂之靈, 馳煙驛路, 勒移山庭".

41) 백설가(白雪歌): 옛날 초나라의 수도 영(郢)에서 어떤 사람이 하리파인(下俚巴人)이라는 비속한 노래를 불렀는데 답하는 자가 수천 명이었다. 다음에 조금 고상한 노래인 양아채릉(陽阿採菱)이란 노래를 부르니 답하는 자가 수백 명 밖에 되지 않았고, 마지막에 백설양춘(白雪陽春)이란 노래를 부르니 답하는 자가 몇 사람에 불과하였다. 여기서는 상대편의 시가 백설가와 같이 고급문장인데 하찮은 내 글이 부끄럽다는 말이다.

42) 하찮은 시[雕蟲]: 조충은 벌레 같은 것을 새기는 하찮은 기술을 이르는 말. 시와 부 따위의 하찮음을 비유하는 말로 사용되었다. 『文心雕龍』詮賦.

43) 바람을 내는 자귀의 솜씨: 신묘한 기능을 이르는 말. 옛날 초나라의 수도 영(郢)이란 곳에 어떤 사람이 코끝에 파리의 날개만 하게 백토를 바르고 장석(匠石)에게 깎아내도록 하였는데 장석이 자귀로 백토를 깎아내는데 바람소리가 나고 코는 다치지 않았다. 여기서는 훌륭한 시를 이른 말이다. 『莊子』徐無鬼.

重重朝霧暗於雲, 馬首峰巒不可分.
萬里同驅情更密, 一春相逐德應薰.
十年事業歸謀口, 幾處山靈擬勒文.
俚曲却慚酧白雪, 雕蟲其奈運風斤.

보산 가는 길에. 사상의 시에 차운하다
寶山道中. 次使相韻

해 뜰 무렵 맑은 햇살 안개 뚫고 올라오니
거친 산 험한 모습 모서리를 감추지 못하네.
20년을 왕래함에 공은 실증날 것이요
만 리 길 나도 일찍이 애를 쓰며 다녔네.
멀고 먼 보산은 들 가[蒼莽][44]에 임했고
구불구불 흐르는 신수(神水) 험한 산을 둘렀네.
누런 먼지 얼굴에 잔뜩 끼어도 오히려 분주히 가니
문득 벼슬살이 내놓지 못한 것이 부끄럽네.

淸旭曈曈隔霧昇, 亂峰嶒崒未藏稜.
廿年來往公應厭, 萬里間關我亦曾.
迢遞寶山臨蒼莽, 逶迤神水帶峻嶒.
黃塵滿面猶奔走, 却愧簪纓謝不能.

---

44) 들 가[蒼莽]: 본래는 '莽蒼'으로 쓴다. 여기서는 시를 짓는 데 염(簾) 때문에 바꾼 것으로 보인다. 망창은 교외를 이르는 말이다. 『莊子』 逍遙遊. "適莽蒼者, 三飡而反, 腹猶果然".

봉산군에서 자다가 서울로 돌아가 일찍 조회에 나가는 꿈을 꾸고 일어나 이 시를 짓다. 연아체(演雅體)를 사용하여 연지(演之)의 시에 차운하다

宿鳳山郡，夢歸京國趨早朝，起而有作．用演雅體，45) 次演之

봉주의 서쪽으로 가면서 큰 관문을 지나니
기러기 너머 하늘 멀어 산을 분변 못하겠네.
만 리 길 꾀꼬리와 꽃이 나그네의 눈을 어지럽히고
이경(二更)의 나비 꿈은 조정의 반열에 참여했네.
당선(螳蟬)의 세상 일46)은 잠깐 사이에 지나갔고
자규(子規) 새의 봄빛도 잠깐 사이일세.
말 위에서 시를 읊음에 넋은 끊어지려 하는데
새 옆에 남은 해가 푸른 바다에 내리네.

鳳州西去度雄關，雁外天遙不辨山．
萬里鸎花迷客眼，二更蝶夢繞朝班．
螳蟬世事須臾裡，鶗鴂春光取次間．
馬上吟哦魂欲斷，鳥邊殘日下蒼灣．

---

45) 연아체(演雅體): 詩體의 하나. 송나라의 황정견(黃庭堅)으로부터 시작되었다. 시 안에 새나 짐승, 곤충 등을 소재로 삼아서, 각 구절마다 한 종류 혹은 두 종류의 物名을 넣는다.

46) 당선(螳蟬)의 세상 일: 사마귀가 매미를 잡는 데만 마음이 쏠리는데 뒤에 황작(黃雀)이 사마귀를 노리고 있음을 몰랐다는 일. 곧 눈앞의 이익에만 빠져 후환을 알지 못함을 이르는 말로 세상일이 모두 그와 같은 속에 산다는 말이다.『莊子』山木.

3월 3일 동선령에서 잠시 쉬다. 급사(給事) 장령(張寧)의 시에 차운하다

三月三日, 少憩洞仙嶺. 次張給事寧韻

고국의 화사한 봄 객이 되어 못 가보니
꿈속의 소식 깨어보면 허전하네.
만 리의 관산 길 선장(仙仗)[47]을 떠났고
변방에서 삼 년 동안 어버이를 뫼시지 못했네.
좋은 날 술잔 앞에서 제왕의 힘을 알겠고
몸에 걸친 옷에도 봄 햇볕 느끼겠네.
좋은 때 경관을 대하여 눈물이 나니
고향의 좋은 모임에 나 홀로 가지 못해서라네.

舊國烟花客未歸, 夢中消息覺來非.
關山萬里離仙仗, 塞北三年隔綵衣.
勝日尊前知帝力, 密縫身上感春暉.
良辰對景還垂淚, 佳會家山我獨違.

47) 선장(仙仗): 천자의 의장. 작자가 사신으로 갔다 오면서 지은 시이기 때문에 이렇게 이른 말로 보인다. 岑參의 〈奉和賈至舍人早朝大明宮〉. “金闕曉鍾開萬戶, 玉階仙仗擁千官”.

황해감사 공희성(孔希聖)이 술과 풍류로 족금계(簇錦溪) 가에서 우리를 맞아 흥취가 다한 뒤에 파하다
黃海監司孔希聖, 將酒樂迎于簇錦溪邊, 興極而罷

멀고 가까운 역정(驛亭)에 길은 점점 혼미한데
손님 맞는 운막(雲幕)이 문득 시냇가에 있네.
십년 동안 가고 머물며 사람은 늙어가고
삼월의 봄 경관 속에 객은 서쪽으로 가네.
향기로운 풀 맑은 냇물 하늘 밖에 멀리 있고
지는 노을 외로운 오리 해 곁에 함께 가네.
맑은 술 좋은 친구 아름다운 계절 만나
취한 몸 부축하고 가는 길에 어두운 빛 스며드네.

長短郵亭路轉迷, 迎賓雲幕忽臨溪.
十年去住人將老, 三月烟花客向西.
芳草晴川天外遠, 落霞孤鶩日邊齊.
淸尊勝友還佳節, 扶醉歸程暝色低.

3월 3일 봉산에 이르러 장난삼아 지은 시를 기록하여 선위사 성균관 대사성 신광한(申光漢) 한지(漢之)에게 올려 차운하여 짓기를 요구하다. 2수

三月三日，追到鳳山，錄奉戲語求和，次宣慰使成均館大司成申光漢漢之

푸른 버들에 동풍 부는 삼월 삼일인데
긴 들판 향기로운 풀에 흥취가 솟네.
아름다운 때 좋은 경관 시채(詩債)만 더해지고
먼 길 긴 여행에 병을 견디지 못하겠네.
나그네 끌리는 곳 많음에 시를 버리지 못하고
봄 근심 재촉하니 술로 이기기 어렵네.
그대의 새로운 시구에 속세의 눈이 놀라워
일대의 높은 명성 두남(斗南)[48]에서 으뜸일세.
'詩' 자가 이중으로 들어 있으니 아마도 오자인 듯하다.

楊柳東風三月三，長郊芳草興初酣.
佳辰勝景詩添債，遠路長程病不堪.
客况牽多詩未遣，春愁圍急酒難戡.
荷公新句驚塵眼，一代高名擅斗南.
【詩字連疊恐誤】

48) 두남(斗南): 북두칠성의 남쪽. 천하를 이르는 말. 여기서는 우리나라를 뜻한 말로 보인다. 『新唐書』狄仁傑傳. "狄公之賢，北斗以南，一人而已".

ㅏ서 좋은 경관 시에 부치니
주머니에 가득하여 붓은 꽃을 토하네.
리를 마련하여 사절(使節)을 멈추게 하니
- 자태를 간직하여 시인에게 나누어주네.
따뜻한 햇살로 버들은 막 늘어졌으나
구엔 쌀쌀한 날씨로 차 싹도 나지 않네.
애 멀리 가는 길 싫진 않지만
길 곳에 따라 나이에 관계 되네.

來烟景屬吟哦, 物象盈囊筆吐花.
地開筵淹使節, 東君藏艶讓詩葩.
溪邊暖日楊初嚲, 谷口輕寒茗未芽.
此去天涯知不倦, 客程隨處管年華.

3월 초5일 임금의 탄일에 망궐례를 행하다. 사상의 시에 차운하다

三月初五日, 行誕日望闕禮. 次使相韻

지난 해 오늘은 오색의 구름 아래
옥을 차고 비녀 꽂고 궁중에서 하례를 올렸었지.
북궐(北闕)의 새벽 종소리에 만호(萬戶)가 열리고
천년의 남산처럼 장수를 빌었었네.
소신[雲龍[49]]이 이역 멀리 떨어져 있으니

견마(犬馬)의 작은 정성 가련하여라.
맑은 새벽 객사에서 호배(虎拜)[50]를 올리니
눈에 가득한 기운 향연(香煙)을 생각나게 하네.

去年今日五雲邊, 玉珮瑤簪賀九天.
北闕曉鍾開萬戶, 南山神算頌千年.
雲龍異域違相遠, 犬馬微誠竊自憐.
客舍淸晨陳虎拜, 氤氳滿眼想香煙.

3월 3일에 나에게 준 시운을 다시 써서 장난삼아 두 종사관의 행차에 받들어 올리면서 감히 원접사 합하에게는 말씀드리지 않았다. 한지(漢之)의 시에 차운하다. 2수
復用三月三示和之韻, 戲奉二從事行軒, 不敢兼達遠接使閤下. 次漢之

신선 사는 봉래도 바다 속 삼신산에
동풍에 노를 저어 가니 술이 반은 취하였네.

---

49) 소신[雲龍]: 운룡은 본래 '雲從龍'의 준말로 훌륭한 임금과 훌륭한 신하를 이르는 말로 쓰인다. 여기서는 다만 신하를 가리킨 말로 보인다. 『周易』 乾卦 文言. "雲從龍, 風從虎".
50) 호배(虎拜): 신하가 임금을 배알하는 예. 호(虎)는 소목공(召穆公)의 이름으로 회이(淮夷)의 난을 평정하고 주선왕으로부터 상을 받음에 머리를 조아려 절을 한데서 나온 말이다. 『詩經』 大雅 江漢. "虎拜稽首, 天子萬年".

멀리 바라보니 봄은 이미 저물고
고향 어찌 견디랴.
이는 내 능한 일이지만
우는 일은 본래 내가 이길 바 아닐세.
하여 시를 지음에 마음이 어지러워
심은 강남에 가득하네.

蓬島海中三, 緩棹東風酒半酣.
烟波春已晚, 夢遙鄉國意何堪.
自是吾能事, 白戰元非我所戡.
吟哦魂欲斷, 無端愁思滿江南.

강산은 원래 그림 같아
람이 감에 봄꽃에 붉은 분을 바른 듯하네.
은 만 길의 불꽃이 생기는 듯 하고
편의 아름다운 시는 어지러운 꽃송이 같네.
비늘 회를 치니 흰 실이 나는 듯 하고
운 손에 채소를 전해오니 청아채 보내온 듯.
해에서 성절사(聖節使)와 함께 술잔을 기울이니
읊는 자리에서 살쩍이 희다고 말하지 말게.

舊國江山元似畫, 三行紅粉當春花.
文章萬丈生長焰, 咳唾千篇吐亂葩.
膾斫細鱗飛白縷, 菜傳纖手送青芽.
尊傾東海方酣節, 莫道吟邊鬢欲華.

대동강의 배 안에서
大同江舟中

강 위의 봄바람에 화려한 배를 보내오니
붉은 하늘에 피리와 북소리 울려 잠자는 용을 일으키네.
십리에 들어선 누대는 선경을 열었고
주취(珠翠)[51]의 많은 대열 수선(水仙)을 맞은 듯
여행의 세월 속에 나는 늙으려 하고
객지의 시와 술은 흥취를 끌었네.
그대는 흥망의 일을 말하지 말라
동해의 상전(桑田)[52]이 몇 번이나 바뀌었나?

江上東風送畫船, 殷天簫鼓起龍眠.
樓臺十里開靈境, 珠翠千行迓水仙.
客裡光陰吾欲老, 天涯詩酒興相牽.
憑君莫說興亡事, 東海桑田問幾遷.

---

51) 주취(珠翠): 잘 차려 입은 여자를 이르는 말. 陸龜蒙의 〈雜伎〉. "珠翠三千擁赭袍".

52) 동해의 상전(桑田): 뽕밭이 바다로 변하는 일. 세상의 큰 변화를 이르는 말이다. 어떤 세 노인이 만나 나이를 물었는데 한 노인이 답하기를 "뽕밭이 바다로 변하면 산대 하나를 내려놓았는데 지금 열 칸 집에 가득하다"고 하였다. 이 말은 수(壽)를 비는 말로도 쓰이는데 여기서는 세상의 변화를 이른 말로 보인다. 『東坡志林』.

서. 계소(啓昭)의 시에 차운하다
次啓昭[53]

물결 바라보니 푸른데
향기로운 풀 이별의 정을 느끼게 하네.
는 부질없이 기린굴(麒麟窟)[54]에 합쳐서 푸르고
늘 금수산(錦繡山)[55]에 임하여 밝네.
안개와 바람에 술집 깃발 흐릿하고
거문고 소리 강물 소리와 어우러지네.
해 저물고 새도 날지 않는데
에 사람은 없고 조수만 생기네.

頃澄波一望青, 孤舟芳草感離情.
苔謾合麒麟綠, 片月長臨錦繡明.
柳風烟迷酒旆, 樓臺絃管雜江聲.
洲日暮鳥飛盡, 野渡無人潮自生.

---

3) 계소(啓昭)는 십성당(十省堂) 엄흔(嚴昕)의 자이다.
4) 기린굴(麒麟窟): 평양의 부벽루 아래에 있다. 전설에 동명왕이 기린마를 타고 이 굴로 들어갔다가 땅에서 솟아나와 조천석(朝天石)에서 하늘로 올라갔다고 한다. 『東國輿地勝覽』 平壤府.
55) 금수산(錦繡山): 평양의 북쪽 5리에 있다. 『東國輿地勝覽』 平壤府.

부벽루 위에서 급히 지어 사람들을 웃기다
浮碧樓席上走筆, 又博一粲

구름 안개 속에 오래된 영명사 있고
바람과 달빛 아래 천추의 부벽루 있네.
백 번이나 변한 흥망 물을 곳이 없고
한 지역의 산수는 단구(丹丘)[56]가 되려 하네.
봄꽃이 다시 좋은 계절을 만나니
시와 술이 어찌 흥겨운 놀이에 방해 될까?
해 지는 창주에서 촛불 켜고 노니
이 몸은 원래 뜬 거품과 같다네.

雲霞萬古永明寺, 風月千秋浮碧樓.
百變興亡問無處, 一區山水擬丹丘.
烟花況復逢佳節, 詩酒何妨作勝遊.
日落滄洲須秉燭, 此身元自等浮漚.

---

56) 단구(丹丘): 신선이 산다는 곳. 밤이나 낮이 늘 밝다고 한다. 『楚辭』 遠遊. "仍羽人於丹丘兮. (注) 丹丘, 晝夜常明也".

오늘 아침에 영감께서 화태(花駄: 기녀의 이름인 듯)로 하여금 뒤에 처지게 하니 내 마음이 자못 영감에게 서운하였다. 그는 화태로 하여금 펴지도 못하게 하고 또 뒤에 처지게 하였다. 옛 사람의 시에 이르기를, "그대를 위하여 떨어지고 그대를 위하여 핀다"고 하였으니, 지금 떨어지게 하였다면 가하지만 피게 하였다고는 말할 수 없다. 도중에 한 수의 율시(律詩)를 지어 영감 정대갹(丁大噱)과 함께 웃기내기를 하고 한지(漢之)의 시에 차운하다

今朝令花駄落後, 心頗歸恨於令. 前旣使花不開, 又令落後. 昔人有句云, "爲君零落爲君開", 今者謂之零落則可, 不可謂之能使開也. 途中口號一律, 旣與丁令公大噱, 復博一粲, 次漢之

관산 백 리에 자주 머리를 돌리나
이제는 마음이 죽어 이미 재가 되었네.
오경의 나그네 마음 희미하게 술이 깨고
일 년의 봄 흥취 꽃필 때를 저버렸네.
겹겹의 주렴 고요한데 날은 저물고
약수(弱水)[57]는 깊은데 청조(青鳥)[58]도 오지 않네.

57) 약수(弱水): 신선이 살았다는 중국의 서쪽에 있는 전설적인 강 이름. 부력(浮力)이 없는 물이라고 한다.

58) 청조(青鳥): 서왕모에게 음식과 편지를 전해주었다는 신화상의 새. 후세에 편지를 전하는 사람을 뜻하는 말로 쓰였다. 여기서는 그 기녀에게 소식

이 사람의 풍류가 본래 박하지는 않으나
아름다운 인연에 좋은 중매 없으니 어이하리.

關山百里首頻回, 心死如今已着灰.
五夜客懷迷酒醒, 一年春興負花開.
重簾寂寂天將暮, 弱水沈沈鳥未來.
此子風流元不薄, 芳緣其奈欠良媒.

백상루에서 벽에 걸린 시에 차운하다. 10수
百祥樓, 次板上韻

강 위의 외로운 성 누대에 있으니
눈앞의 경관이 앉아 있어도 들어오네.
산은 멀어 하늘 끝을 분변할 수 없고
들도 넓어 땅 끝을 구분하기 어렵네.
푸른 풀 섬 가에 물새가 날고
붉은 난간 그림자 속에 고기 잡는 배 있네.
풍류를 즐기는 이날에 소선(蘇仙)[59]이 지나가니

을 전할 만한 사람도 오지 않는다는 말이다. 李商隱의 〈無題〉. "靑鳥殷勤爲探看".

59) 소선(蘇仙): 소동파를 이르는 말. 소동파는 10월에 적벽강에서 놀다가 학이 날아와 배 곁을 스치고 지나가더니 그날 밤 꿈에 어떤 도사가 나타나 말을 주고받다가 그가 바로 저녁에 배를 스치고 간 학인 줄을 알았다. 〈後赤壁賦〉.

생학(笙鶴)[60]은 전날처럼 십주(十洲)[61]에 내리네.
위는 고려 충숙왕의 운을 따서 지은 것이다

江上孤城城上樓, 眼中雲物坐來收.
山遙不辨天窮處, 野闊難分地盡頭.
青草島邊飛水鳥, 朱欄影裡泛漁舟.
風流此日蘇仙過, 笙鶴依然下十洲.
【右高麗 忠肅王韻】

아름다운 경관 좋은 때 여행 중에 알맞고
바람도 달도 모두 맑아 사시가 기이하네.
엷고 짙은 화장은 설당(雪堂)[62]의 시구이고
황학과 백운은 최호(崔顥)[63]의 시일세.
산은 묘향산을 대했는데 상투처럼 작고
조수는 바다와 통함에 객의 돛대 더디 오네.
난간에 기대어 경관을 보면서 오래도록 읊으니
해는 저물고 슬픈 피리 소리에 고향 생각 떠오르네.
위는 중국 사신 기순(祈順)의 운을 따서 지은 것이다.

---

60) 생학(笙鶴): 신선이 탄다는 선학(仙鶴). 두보(杜甫)의 〈玉臺觀〉. "人傳有笙鶴, 時過北山頭".

61) 십주(十洲): 바다 가운데 신선이 산다는 열 곳의 섬. 곧 선경을 이르는 말이다. 『海內十洲記』.

62) 설당(雪堂): 소식(蘇軾)의 별호. 소식은 〈西湖〉에서 "만일 서호를 西子[西施]에 비하면 엷은 화장과 진한 화장이 모두 서로 마땅하네[若把西湖比西子, 淡粧濃抹總相宜]"라 하였는데, 여기서 이 시를 인용한 것이다. 『事文類聚』 湖.

63) 최호(崔顥): 당나라 때 문장. 그의 〈黃鶴樓〉 시는 이백에게 격찬을 받았다. 〈황학루〉에 "黃鶴一去不復返, 白雲千載空悠悠"란 구가 있는데, 여기서 이 시를 인용한 것이다. 『新唐書』 二百三.

勝景良辰客裡宜, 雙淸風月四時奇.
淡粧濃抹雪堂句, 黃鶴白雲崔顥詩.
山對妙香螺髻小, 潮通滄海客帆遲.
憑欄凝睇吟哦久, 日暮悲笳動遠思.
【右華使祈順韻】

나그네 한은 어찌하여 강물처럼 깊은가?
평생에 품은 바 있어 이 누대에 올랐네.
가는 구름 지나는 새 먼 하늘이 눈에 들어오고
그리운 궁궐과 집 생각은 해 질 때의 마음일세.
세 곳의 물가에 풀이 둘렀으니 비단을 펼친 듯 하고
일곱 부처에 이끼가 번지니 이미 금빛은 사라졌네.
술잔 앞에 흥망의 한이 자꾸만 떠오르니
난간에 기대어 다시 괴롭게 시를 읊네.

客恨何如江水深, 百年懷抱此登臨.
奔雲度鳥長天眼, 戀闕思家落日心.
草繞三洲初展錦, 苔封七佛已銷金.
尊前袞袞興亡恨, 徙倚欄干更苦吟.

도도히 흐르는 강물은 멀리 하늘에 닿았는데
주렴과 난간의 그림자 물결에 비추어 붉구나.
강나루 외로운 배는 옛 절 아래에 있고
개인 내 향기로운 풀은 석양 속에 아름답네.
맑고 차가움에 어렴풋이 풍이(馮夷)[64]의 굴을 접하는 듯

아득히 멀리 열어구(列禦寇)65)의 바람을 따라가는 듯.
긴 흥취 끝나지 않았는데 고향 생각나니
서울의 먼 길 나무만 겹겹이 서 있네.
위는 중국 사신 진감(陳鑑)의 운을 따서 지은 것이다.

溶溶春水遠浮空, 簾影欄光入浪紅.
野渡孤舟荒寺下, 晴川芳草夕陽中.
淸泠怳接馮夷窟, 汗漫將追禦寇風.
長興未收鄕思動, 路遙京國樹重重.
【右華使陳鑑韻】

강 머리 버드나무에 솜은 날지 않고
나그네는 푸른 하늘에 솟은 홍루(紅樓)에 있네.
천추의 경관 좋은 곳에 부질없이 웅장하게 서 있어
백 번 싸운 성곽과 해자에는 푸른 내만 끼어 있네.
우거진 봄풀에 객의 살쩍엔 시름만 생겨
갠 물결에 눈을 돌려 어선만 보냈네.
내일 또 말을 재촉하여 갈 것이니
물가의 갈매기 가장 그리우리.
위는 중국 사신 장근(張瑾)의 운을 따서 지은 것이다.

---

64) 풍이(馮夷): 물귀신. 여기서 풍이의 굴은 물속에 물귀신이 사는 굴을 말한다. 『莊子』 大宗師.

65) 열어구(列禦寇): 전국 시대 정나라 사람. 그의 학문은 황제와 노자의 설에 근거하였다. 저서에 『列子』가 있다. 그는 바람을 타고 15일을 다니다가 돌아왔다고 한다. 여기서는 먼 여행이 마치 열자가 바람을 타고 다니는 듯하였다는 말이다. 『莊子』 逍遙遊.

江頭楊柳未吹綿, 人在紅樓倚碧天.
雲物千秋空傑構, 城池百戰但蒼烟.
愁侵客鬢迷春草, 目極晴波送釣船.
明日又催鞍馬去, 汀洲鷗鳥最堪憐.

【右華使張瑾韻】

백 척의 높은 누대 강물을 누르고
다섯 해 동안 다섯 번을 지났네.
북녘 마을 바람이 가벼워 버들이 처음 날리고
서쪽 논에는 봄이 일러 벼를 심지 않았네.
먼 타향에서 경관을 대하지만 즐거움은 적고
객중에 좋은 때 만남에 감개한 마음 많았다네.
머리 돌리니 장안은 어느 곳에 있는가?
아득히 구름과 해는 내 낀 물결을 접하였네.
위는 중국 사신 김식(金湜)의 운을 따서 지은 것이다.

高樓百尺壓江沱, 五載如今五度過.
北里風輕初颺柳, 西疇春早未生禾.
天涯對景歡娛少, 客裡逢辰感慨多.
回首長安何處是, 蒼茫雲日接烟波.

【右華使金湜韻】

누가 명승지를 보고 멋지게 집을 지었나?
위태한 난간에 기대니 객의 시름 사라지네.

약수(弱水) 삼천리에 청조(靑鳥)는 오지 않고[66)]
열두 층 난간에 푸른 창 잠겨 있네.
어느 곳이 인간이 사는 진토(塵土)의 세계인가?
이 몸은 황홀하여 광한궁에 있는 듯하네.
올라와 노는 흥취 술잔 앞에 끝나지 않으니
말이 길 가운데 있는 줄도 문득 잊어버렸네.
위는 중국 사신 장성(張珹)의 운을 따서 지은 것이다.

誰覷名區結構工, 危欄憑處客愁空.
三千弱水迷靑鳥, 十二朱簾鎖碧櫳.
何處人間塵土界, 恍然身世廣寒宮.
尊前不盡登臨興, 鞍馬渾忘在路中.
【右華使張珹韻】

만 리의 긴 강물 유유히 흘러가니
누가 이 풍광을 보내 병든 눈 비비게 했나?
훈업행장(勳業行藏)은 두공부(杜工部)의 시구요[67)]
진퇴우락(進退憂樂)은 범공(范公)의 악양루기(岳陽樓記)일세.[68)]

---

66) 약수(弱水) 삼천리: 약수는 부력(浮力)이 없어 깃털도 가라앉는다는 전설상의 강. 주위가 삼천리라고 한다. 여기서는 약수가 있는 선경 같은데 청조가 오지 않는다는 말이다. 〈西遊記〉 二十二回. "八百流沙界, 三千弱水深".

67) 훈업행장(勳業行藏)은 두공부(杜工部)의 시구요: 두공부는 두보를 이르는 말. 그는 공부원외랑(工部員外郞)이라는 벼슬을 하여 두공부라고 칭한다. 그의 〈강상(江上)〉이란 시에 "勳業頻看鏡, 行藏獨依樓"가 있다. 저자가 백상루에 올라가 지었기 때문에 두시에서 이 시를 인용한 것이다.

68) 진퇴우락(進退憂樂)은 범공(范公)의 악양루기(岳陽樓記)일세: 범공은 송나라의 명재상 범중엄(范仲淹)이다. 그의 〈악양루기〉에, "조정에 있으면 백성

구름은 돛대 그림자 따라 앞 포구로 가고
바람은 조수의 소리를 보내어 저문 물가에 오게 하네.
하늘가에 해 지는데 몸은 멀리 있으니
눈썹 끝에 부질없이 고향 생각 이르네.
위는 중국 사신 왕창(王敞)의 운을 따서 지은 것이다.

長江萬里去悠悠, 誰遣風烟刮病眸.
勳業行藏工部句, 進退憂樂范公樓.
雲隨帆影歸前浦, 風送潮聲落晚洲.
日暮天涯身已遠, 眉端空蹙故鄕愁.

【右華使王敞韻】

석대(石臺)를 의지한 백 척의 붉은 난간
올라 보니 하루 저녁의 마음이 한가하였네.
누대 곁의 경관은 꾀꼬리와 꽃이 아직 이르고
여행 중에 세월 흘러 제비가 왔네.
명승지의 감상은 시구(詩句)로써 답하고
나그네의 회포는 술잔을 향하여 열었네.
인생에서 좋은 만남 두 번 갖기 어려워
손을 잡고 태백(太白)의 술잔을 재촉했네.

들을 근심하고 시골에 있으면 임금을 걱정한다. 그렇다면 어느 때 즐거워하는가? 천하의 걱정을 먼저하고 천하의 즐거워할 일은 다른 사람보다 뒤에 한다."고 하였다. 백상루에서 시를 지음에 〈악양루기〉에 이런 명구가 있다는 말이다. 范仲淹 〈岳陽樓記〉.

百尺朱欄倚石臺, 登臨一夕意悠哉.
樓頭烟景鶯花早, 客裡光陰燕子來.
勝賞聊憑詩句答, 羈懷還向酒尊開.
浮生佳會知難再, 握手頻催太白杯.

푸른 산 어느 곳이 박천(博川)인가?
눈이 뚫어져라 보아도 아득하기만 하네.
긴 강의 풍랑은 천 층의 눈 같고
옛 성곽의 봄꽃은 십 리의 연기일세.
흰 빛의 작은 생선 객의 반찬에 올라오니
버들 길게 늘어진 곳에 어선을 매어 놓았네.
마음은 궐에 있는데 몸은 서쪽 변방에 있으니
저녁놀에 푸른 바닷물이 하늘에 치솟았네.
위는 중국 사신 당고(唐皐)의 운을 따서 지은 것이다.

何處靑山是博川, 眼穿開路更茫然.
長江風浪千層雪, 古郭春花十里烟.
白白細鱗供客饌, 長長垂柳繫漁船.
心懸北闕身西塞, 碧海霞殘水拍天.
【右華使唐皐韻】

정동지 인보가 북경으로 가는데 작별하여 주다. 사상의 시에 차운하다. 이름은 만종(萬鍾)[69] 이다

贈別鄭同知仁甫赴京. 次使相韻 萬鍾

궁수(宮樹)는 천년동안 자라서 해와 달도 낮게 보여
푸르스레한 아름다운 기운 노하(潞河)의 서쪽일세.
이 몸 나라를 떠남에 봄 생각이 깊고
만 리 길 채찍을 날리니 말의 걸음 빠르구나.
꿈 속 같은 우리 인생 떠다니는 듯 하고
여행 중에 작별하니 배나 서운하네.
용만 길에 그대를 쫓아가려 하나 따라가지 못하여
신안에 도착하여 멀리 편지를 부쳤네.

宮樹千年日月低, 葱葱佳氣潞河西.
一身去國深春思, 萬里揚鞭快馬蹄.
夢裡浮生元泛泛, 客中相送倍悽悽.
追君不及龍灣路, 行到新安寄遠題.

---

69) 정만종(鄭萬鍾): 생몰년 미상. 조선 중기의 문신. 본관은 광주(光州). 자는 인보(仁甫), 호는 조계(棗溪). 윤적(允績)의 아들이다. 1516년(중종 11) 별시문과에 을과로 급제, 1520년 경연기사관(經筵記事官)으로 사관의 올바른 임무수행을 건의하였다. 1536년부터 사간·응교·집의·전한 등의 청요직(淸要職)을 역임한 뒤, 승정원우부승지·형조참판을 거쳤다. 1547년(명종 2) 동지중추부사에 보임되었다가 1550년에 부총관으로 동지춘추관사를 겸하여 『중종실록』의 편찬에 참여하였다. 그 뒤 함경도관찰사·경상도관찰사 등 외직을 역임하였다.

원운 – 소세양

原韻 – 蘇世讓

요동과 계주(薊州)[70]의 하늘이 이어지고 들빛은 낮은데
장안을 멀리 바라보니 오색구름의 서쪽일세.
일 년의 절서(節序)가 늦은 봄임에 놀랍고
만 리의 풍광 말을 좇아 완상하네.
젊은 날 먼 여행은 참으로 만족하였거늘
늙은 나이 작별의 한은 홀로 애처로워라.
문장은 본래 그대의 능한 일이라
누대가 있는 곳마다 옛 시제를 이었네.

遼薊天連野色低, 長安遙望五雲西.
一年節序驚春晩, 萬里風烟逐馬蹄.
少日遠遊眞得得, 暮年離恨獨悽悽.
文章自是君能事, 隨處樓臺續舊題.

70) 계주(薊州): 산해관의 남쪽 천진시의 북쪽에 있다. 우리나라 사신들이 북경에 갈 때 요동을 지나 계주를 거쳐 북경에 도착하였다. 일명 계문(薊門) 또는 계구(薊丘)라고도 한다.

또 심첨추 맹용(沈孟容)이 북경에 감을 작별하면서. 사상의 시에 차운하다. 이름은 연원(連源)[71]이다

又別沈僉樞孟容赴京. 次使相韻 連源

오색구름 곁으로 가는 그대를 보내니
동풍이 부는 늦은 봄에 도착하리.
삼춘의 어지러운 풀 요동들의 길이요
거센 물결에 압록강의 배는 하나의 갈대 잎만 하겠지.
나그네 회포 객의 꿈은 함께 먼 곳에 있고
높은 궁궐 고향 산천 모두 아득하네.
좋은 경관은 장길(長吉)[72]의 시구로 보답할 것이지
황금을 어찌하여 육생(陸生)의 주머니에 들어가게 하였나?[73]

---

71) 심연원(沈連源 1491~1558): 조선 중기의 문신. 본관은 청송(青松). 자는 맹용(孟容), 호는 보암(保庵). 영의정 회(澮)의 증손이며, 사인 순문(順門)의 아들이다. 김안국(金安國)의 문인으로, 1522년 식년문과에 을과로 급제한 뒤, 승문원권지정자(承文院權知正字)를 거쳐 예문관에 들어가 검열・대교・봉교를 역임하였다. 1537년에는 동부승지가 되고, 2년 뒤 예조참판으로 진향사(進香使)가 되어 명나라에 다녀와 병조참의・대사간을 역임하였다. 1545년 호조판서로 지경연사(知經筵事)를 겸임하였다. 이해 을사사화가 일어나 위사공신(衛社功臣) 2등에 녹훈되고, 청성군(青城君)에 봉해진 뒤 감춘추관사(監春秋館事)로 『인종실록』편찬에 참여하였다. 1551년 영의정이 되었으며 청성부원군(青城府院君)에 진봉되었다. 문장에 능하고 일처리에 세밀하였으며, 특히 중국과 우리나라의 지리에 밝았다. 명종묘정에 배향되었다. 시호는 충혜(忠惠)이다.

72) 장길(長吉): 당나라 이하(李賀)의 자. 그는 7살에 사장(詞章)을 지어 한유・황보식에게 인정을 받았다. 시재가 있어 낮에는 비루먹은 말을 타고 좋은 산수를 찾아다니면서 좋은 시가 생각나면 써서 금낭(錦囊)에 넣었다가 집에 와 정돈하였다.『舊唐書』百三十七.

73) 황금을 어찌하여 육생(陸生)의 주머니에 들어가게 하였나?: 육생은 한나라의 육가(陸賈)를 이르는 말. 육가는 유방을 도와 천하를 평정하고 남

送君歸去五雲傍, 行趁東風正艶陽.
亂卉三春遼野路, 層波一葦鴨江航.
羈懷客夢俱迢遞, 魏闕鄉山兩杳茫.
景物會輸長吉句, 黃金那逐陸生囊.

진하사 홍중숙에게 부쳐주다. 이름은 신(愼)[74]이다
寄贈進賀使洪重叔 愼

함께 만 리의 하늘가 나그네 되니
북경[燕山]은 지금 난리 속에 막혀 있네.
변방의 성 달밤에 괴롭게 그대 생각나고
이역 땅의 그대 얼굴 자주 꿈에 들어오네.
산이 계문(薊門)[75]을 둘러 오래도록 변방을 막고
풀이 진성(秦城)에서 자라 봄이 몇 번 지났는가?
하늘가에 거듭되는 석별의 한은
늙어 좋은 경관 물리치고 타향의 몸 되었네.

월왕 조타(趙佗)를 복속시켰다. 그가 월나라에서 돌아갈 때 월왕은 천금을 주어 보냈다. 이 금을 보존하였다가 만년에 아들 5형제에게 고루 나누어 주었다. 여기서는 좋은 경관을 만나면 좋은 시나 지어 갈 일이지 구태여 금을 많이 얻어 자손에게 줄 필요가 있는가? 라는 말이다. 『史記』 九十七.

74) 홍신(洪愼): 자는 중숙(重叔), 본관은 남양(南陽)이다. 조부는 홍계강(洪係江), 부는 홍경창(洪慶昌)이다. 1519년 식년시(式年試) 병과(丙科)에 급제하여 부윤(府尹)을 지냈다.

75) 계문(薊門): 북경의 서문 밖에 있던 옛 지명. 『長安客話』 古薊門.

同作天涯萬里人, 燕山今又隔風塵.
邊城夜月思君苦, 異地容顔入夢頻.
山擁薊門長護塞, 草生秦堞幾經春.
天涯惜別重重恨, 老却烟花客裡身.

납청정에서 감회가 있어
納清亭有感

가마하(加麻河)는 작은 정자를 둘러 맑게 흐르고
나그네는 늘 청산을 마주하여 길가에 서 있네.
만 리 먼 곳에서 와서 이제 멍에를 푸니
십년을 멀리 바라보면서 오래도록 이름을 들었네.
봄 차를 시험 삼아 마시니 속세의 마음 상쾌하고
들녘에 엉긴 눈빛으로 병든 눈이 환해졌네.
이날 하늘가 명승지로 돌아와
서성이며 애오라지 고향 생각 위로하네.

加麻河帶小亭清, 長對青山傍客程.
萬里遠來今稅駕, 十年遙望久聞名.
春茶甌試塵襟爽, 野雪光凝病眼明.
此日天涯還勝地, 逍遙聊可慰鄉情.

객중에 옥련환체(玉連環體)[76]를 본받아 짓다
客中, 效玉連環體

눈은 봄 경관에 취하여 흥취가 한창이고
봄바람 부는 곳 난간에 기대었네.
십년의 객지 생활 봄이 다하려 하는데
하룻밤 나그네 회포에 술은 넉넉지 못하네.
달을 보며 집을 그리워하니 근심은 얼굴에 들어오고
머리 돌려 궁궐을 바라보니 눈이 산에 가득하네.
산천은 멀고 흙먼지 살쩍에 들어오니
빈관(賓館)에서 때때로 거울 잡고 본다네.

目斷烟花興已闌, 東風隨處倚闌干.
十年客況春垂盡, 一夜羈懷酒未寬.
見月思家愁入面, 回頭望闕雪封巒.
山川迢遞塵侵鬢, 賓館時時把鏡看.

---

76) 옥련환체(玉連環體): 시체의 하나. 옥을 연결한듯하다 하여 옥련환(玉連環)이라고 하고 일명 장두체(藏頭體)라고도 하는데 유희시(遊戲詩)이다. 작법은 제1구의 끝 자에서 위 부분을 제거한 후(머리 부분을 감추고) 남은 글자로 제2구의 첫 글자로 삼아 짓고, 이어서 제2구의 마지막 자에서 위 부분을 제거하고 남은 글자로 제3구의 첫 글자로 삼아 짓는다. 이런 식으로 계속하여 짓되, 마지막 구의 끝 자를 역시 위 부분을 제거하고 남은 글자로 제1구의 첫 자로 시를 짓는다.

사상의 애일당 시에 차운하다
次使相愛日堂韻

최군의 효성과 우애 하늘을 감동시키니
(형제간에) 화목하고 즐김에 어찌 담 안에서 싸웠겠는가?
기뻐하고 두려워하는 정성[77]은 백발의 부모가 계시기 때문이니
즐거워하는 곳은 높은 마루 부모 있는 곳일세.
채색 옷 춤추는 곳에 연로하신 부모님
수연을 열 때에 해와 달은 길었네.
만 리 밖에서 시를 쓰면서 도리어 탄식하니
관산이 막혀 있어 십년을 뵙지 못했네.
아버님께서 10여년을 변방 수비에 종사하셨다. 하늘가에서 또 어머님 생각이 나서 최군에게도 감회가 없지 않기 때문에 끝에 이런 말을 한 것이다.

崔君孝友感穹蒼, 愉樂何曾更鬩墻.
喜懼深誠雙白髮, 歡娛有地一高堂.
綵衣舞處桑榆晩, 壽席開時日月長.
萬里題詩還自歎, 關山阻隔十年强.
【家君戍邊, 十餘年于茲. 天涯今日, 又懷萱堂之念, 不能無感於崔君, 故及之.】

---

77) 기뻐하고 두려워하는 정성: 공자는 말하기를, "부모의 나이는 꼭 알아야 한다. 한편으로는 기쁘고 한편으로는 두렵다."라고 하였다. 이 말은 부모가 이제까지 살아오신 것이 기쁘고 또 연세가 많아 살 날이 많지 않음을 두려워하는 것이다. 『論語』 里仁.

원운과 서문을 함께 쓰다 - 양곡 소세양
原韻幷序 - 陽谷 蘇世讓

애일당(愛日堂)[78]은 최군 응삼(崔應三) 씨의 편액이다. 군은 부모님이 계신데 수(壽)가 모두 80세였다. 대대로 호남의 금구현(金溝縣)에 살았다. 군의 부친은 휘가 식(湜)이니 효행으로 위에 보고되어 증직의 벼슬을 받고 정표(旌表)를 봉하니 향리에서 경탄(敬歎)하였다. 금년 초봄에 내가 남도로 부모님을 뵈러 갈 때 길이 금구현을 거쳐 가는데 마침 군의 어머니 수신(壽辰)이었다. 성대한 잔치를 베풀고 음악을 갖추고 나와 전주부윤 이공 언적(李彦迪)과 김제군수 하군 팽로(河彭老)·무장군수 유군 사(柳泗)를 맞아 수(壽)를 올리니 나의 중씨 세검(世儉) 약이(約而)는 이때 이 고을의 수령으로 가서 참여하였다.

술이 이미 취하였는데 잔을 들고 청하기를, "나의 부모님이 연세가 늦은 나이에 임박함에 부모님을 위하여 한 칸의 집을 짓고 편액하기를 '애일당(愛日堂)'이라고 하고 항상 좋은 때 수일(壽日)을 만나면 반드시 잔치를 베풀고 마을 사람과 종족을 불러 모아 어버이의 기쁨을 극진하게 하면서 집 살림의 유무는 돌아보고 따지지 않

---

78) 애일(愛日): 어버이를 섬길 시일이 얼마 남지 않았음을 안타까워하는 효자의 마음을 뜻한다. 한나라 양웅(揚雄)의 〈법언(法言)〉에 "어버이를 섬기되 스스로 부족한 줄 아는 이는 순(舜)이로다. 오래 할 수 없는 것이란 어버이를 섬기는 것을 이르니, 효자는 부모를 모실 시일이 적음을 안타까워한다." 하였다.

으려 하였습니다. 그대는 아상(亞相: 판서)의 귀한 몸으로 조석에 경악(經幄)에서 임금을 모시면서 성상의 치세를 보좌하다가 이번에 특별히 은혜를 입어 영광스럽게 고향으로 근친(覲親)하러 가니 궁하게 지내고 현달함이 비록 같지 않으나 부모를 사랑하는 마음은 같을 것이니 어찌 시를 지어 전해서 우리 집을 영광스럽게 하지 않겠습니까?" 라고 하였다. 내가 일어나 탄식하면서 말하기를, "이렇게 말을 하는가? 부모를 사랑하는 마음은 사람 마다 다 있지만 부모가 살아계실 때 사랑하는 자는 세상에 드므니 그대의 집에 '애일당'이라고 편액을 한 것이 어찌 홀로 나의 마음에만 감동이 있겠는가? 천하의 사람마다 함께 감동되는 바니 한 마디의 말을 기록하여 남기고자 한다."라고 하였다. 나는 취흥이 도도하고 여행의 일이 바빠 붓을 잡을 여유도 없이 흩어졌다.

그 뒤 서울에 도착하여 관아의 일이 바빠 자꾸만 미루고 짓지 못했더니 홀로 가슴 속에 잊지 못하여 마음이 여기에 있지 않은 적이 없었다. 이러던 중 중국에서 태자를 봉하는 경사를 만나 한림원 시독관 화찰(華察)과 공부 좌급사중 설정총(薛廷寵)이 천자의 명을 받들고 우리나라에 조서를 반포하러 옴에 내가 원접사로 압록강에서 맞으려고 정주(定州)의 신안관에 도착하였는데 마침 최군의 백씨인 상상(上庠: 성균 생원) 응두(應斗)를 요행히 만나게 되었다. 서로 인사를 나눈 뒤에 다른 말은 하지 않고 먼저 이 일을 이야기하였다. 상상 응두씨가 부모를 뵈러 간다고 고하기에 드디어 등불을 켜고 붓을 들어 장률 한 편을 읊고 동행에게 주니 세 분의 학사가 함께 화운(和韻)을 하고 아울러 '애일당' 세 자를 전자로 써서 상상의 행차에 부쳐주었다.

후일에 일을 마치고 돌아와 또 남쪽 고향으로 부모님을 뵈러 가게 되면 다시 이 집에 올라 그대와 함께 소매를 나란히 하고 춤을 추면서 부모님의 장수의 기쁨을 다할 것이다. 전자(篆字)는 따라온 전의감 부정 신분(申濆)의 글씨다.

가정 기원 18년 기해년 봄이 끝나기 전 17일에 정주의 신안관에서 쓰다.

愛日堂者, 崔君應參氏所扁也. 君有兩親, 壽皆八十. 世居湖南之金溝縣. 君之父親諱湜, 以孝行聞, 贈爵封表, 鄕里敬歎. 今年春孟, 余省親于南, 道經金縣, 適君慈氏壽辰. 張盛宴, 具絲竹, 邀余及完山尹李公彦迪, 金堤守河君彭老, 茂長守柳君泗以壽之, 余仲氏世儉 約而, 時宰是縣, 亦往參焉. 酒既酣, 擧觴而請曰: "吾之雙親, 年迫桑榆, 爲搆一堂, 額曰愛日, 每値良辰壽日, 必設宴席, 召會鄕黨宗族, 極親歡乃已, 若夫家貲之有無, 顧不暇計也. 子以亞相之貴, 朝夕侍經幄, 以輔佐聖明之治, 而今也特紆恩眷, 榮覲桑梓, 雖窮顯不同, 而愛親之心則同, 盍垂歌詠以侈吾堂". 余起而歎曰: "有是哉, 言乎? 愛親之心, 人皆有之, 然有親而能愛之者, 人世鮮矣, 則君堂之愛日爲扁者, 豈獨有感於余心? 亦天下人人之所同感也, 欲留一言而紀之". 醉興闌跚, 行李告忙, 無暇搦筆而散. 及到京師, 官務倥傯, 遷延未就, 獨介介懷抱中者, 未嘗不在於斯. 玆者, 遇封皇嗣之慶, 翰林院侍讀官華察, 工部左給事中薛廷寵, 奉天子命, 頒詔于我國, 余以遠接使, 迓于江上, 行到定州之新安館, 適君之伯氏上庠應斗, 惠然相遇. 問寒暄後, 不及他語, 先說此事. 上庠告將歸寧, 遂張燈奮筆, 吟成長律一篇, 屬諸同竹三學士共和, 并篆愛日堂三字, 付于上庠之行. 他日竣事而還, 又得歸省于南, 則將更登斯堂, 與君連袂婆娑, 以盡壽歡. 篆卽從來典醫監副正申瀆筆也.
嘉靖紀元之十八年歲在己亥春盡前十七日, 書于定州之新安館.

동천에 송죽은 무성하게 푸르고
구름은 문을 호위하고 물은 담장을 둘러 흐르네.
부모님의 장수에 지극한 정성으로 잔치를 열고
날을 사랑하는 정이 깊어 집에 편액을 하였네.
저문 해 짧은 처마에 지나감이 밉고
봄빛이 집안을 오래 비춰줌을 기뻐했네.
온화한 얼굴로 부모님을 모셔도 함께 장수하기 어려우니
몇 사람이나 머리를 돌려 강건하심을 부러워하였겠나?

洞天松竹藹蒼蒼, 雲護窓扉水繞墻.
誠極壽親開宴席, 情深愛日扁高堂.
生憎暮景經簷短, 却喜春暉照屋長.
色養向來難具慶, 幾人回首歎康強.

앞의 시에 차운하다 – 간재 최연
次韻 – 艮齋 崔演

시냇물 뜰을 따라 흐르고 나무는 늙어 푸른데
부모님 위하여 집을 짓고 가까이 담장을 연하였네.
대대로 내려온[靑氈][79] 아름다운 덕은 순수한 효를 전하고
날을 아끼는 깊은 정은 편액을 집에 걸게 했네.
기뻐하고 두려워하는 마음은 나이 많음에 놀랍고
강릉(岡陵)의 장수[80]를 빌어 하늘처럼 오래 살기를 바랐네.
최빈(崔邠)의 가법[81] 같아 시골에서 부러워 하니
팔십의 부모는 오히려 건강하시다네.

溪水循除樹老蒼, 爲營精舍近連墻.
靑氈懿德傳純孝, 白日深情揭小堂.
喜懼關心驚歲晩, 岡陵祝壽配天長.
崔邠家法鄕閭羨, 八耋雙親尙健強.

---

79) 대대로 내려온[靑氈]: 청전의 본래 뜻은 푸른색의 모직물이다. 왕자경이란 사람이 방 안에서 누웠는데 도둑이 들어 방안 물건을 다 취하여도 꼼짝도 않았다. 도둑이 걸상에 올라와 모직물을 가지고 가려고 하자 자경이 호령을 하면서 말하기를, "저 청전(靑氈)은 우리 집에 대대로 내려오는 물건이니 특별히 남겨두지 않겠느냐?" 하니 여러 도적들이 물건을 놔두고 달아났다. 이리하여 대대로 내려오는 말로 해석하였다. 『太平御覽』 七百八, 語林.

80) 강릉(岡陵)의 장수: 강릉은 산을 가리킨 말. 곧 산처럼 변함없이 오래 살기를 비는 축하의 말. 『詩經』 小雅 天保. "如山如阜, 如岡如陵".

81) 최빈(崔邠)의 가법: 최빈은 당나라 사람. 효성이 지극하였다. 일찍이 태상경(太常卿)이 되었을 때 처음 부임하게 되면 악관들이 음악을 연주하는 것이 예였다. 최빈은 이것을 어머니에게 보여주기 위하여 모자도 벗고 어머니가 탄 가마를 앞에서 인도하니 공경들이 길에서 만나면 회피하였다. 그러나 길에서 구경하는 자들은 모두 영광으로 여겼다. 여기서는 주인이 최씨이기 때문에 최빈을 인용한 것이다. 『舊唐書』 壹百五十五.

앞의 시에 차운하다 – 십성헌 엄흔

次韻 – 十省軒 嚴昕

팔십 세가 되어도 두 살쩍이 푸른 것을 보겠으니
육아(蓼莪)[82]의 시만 부모를 사모하는 일 아닐세.
노래자의 옷[83] 모의(毛義)의 격(檄)[84]은 천고에 같고
춘(椿) 나무와[85] 원추리 떨기[86]가 한 집에 함께 있네.
늦은 나이[桑榆][87] 남은 인생 어찌 괴롭게 임박해 오나
세월 속에 정성 깊어 자주 수를 연장했네.
그대 따라 남해곡(南陔曲)[88]의 노래를 파하고
문득 하늘의 만 리 밖에서 두 어른의 건강을 바랬네.

---

82) 육아(蓼莪): 시경의 편명. 부모를 사모하는 시다.

83) 노래자의 옷: 노래자는 춘추시대 초나라 사람으로 효자였다. 그는 나이 70에 때때옷을 입고 부모의 곁에서 부모를 즐겁게 하기 위하여 춤을 추고 새 새끼를 가지고 놀았다고 한다. 「高士傳」.

84) 모의(毛義)의 격(檄): 모의는 후한 때 사람. 효자로 이름났다. 장봉이란 사람이 소문을 듣고 찾아갔는데 마침 관부에서 공문이 와서 모의를 수령으로 삼는다고 하였다. 모의는 이 공문을 안고 부임하면서 좋아 뛰듯 하였다. 이를 본 장의는 속으로 비루하게 여겼다. 그러나 어머니가 죽자 벼슬을 그만두고 숨어 살았다. 이것을 본 장의는 그가 기뻐한 것은 어머니를 위하여 얕은 지위도 사양하지 않고 나간 것을 알고 훌륭하게 여겼다. 격은 공문을 뜻한다. 곧 노래자의 효성이나 모의의 효성이 같다는 말이다. 蒙求의 〈毛義奉檄〉.

85) 춘(椿)나무: 전설상의 나무. 만년 이상을 살았다고 하여 오래 살기를 비는 뜻에서 남의 아버지를 춘부장(椿府丈)이라고 경칭하는 말로 쓰인다. 『莊子』 逍遙遊.

86) 원추리 떨기: 어머니를 뜻하는 말. 원추리는 일명 망우초(忘憂草)라고 한다. 옛날 북당(北堂)에 망우초를 심어 어머니의 근심을 잊게 하였다는 데서 온 말이다. 『詩經』 衛風 伯兮. "焉得諼草, 焉樹之背".

87) 늦은 나이[桑榆]: 상유는 석양빛이 뽕나무와 느릅나무를 비추는 황혼의 풍경. 곧 인생의 만년을 뜻하는 말이다. 曺植의 〈贈白馬王彪〉. "年在桑榆間, 影響不能追".

88) 남해곡(南陔曲): 시경의 소아(小雅) 편명. 연향에 사용하던 음악으로 효자가 어버이를 봉양하는 일을 읊은 것인데 지금 가사는 전하지 않는다.

八十留看兩鬢蒼, 「蓼莪」非復慕羹墻.
萊衣毛檄同千載, 椿樹萱叢共一堂.
景短桑楡何苦迫, 誠深日月屢添長.
憑公和罷「南陔曲」, 却望湖天萬里強.

새벽에 읊다. 사상이 진 급사(陳給事)[89]의 운을 쓴 시에 차운하다. 이름은 가유(嘉猷)이다

曉吟. 次使相用陳給事韻 嘉猷

온화한 날 봄꽃을 대하니 눈이 몽롱해지고
엷은 구름 피어올라 멀리 공중을 비추네.
변방 밖 누대에는 해와 달이 잠겨 있고
하늘가에 꾀꼬리 제비 발 친 창 너머에 있네.
아름다운 그대의 머리 푸른 구름인가 의심했고
객지의 나그네 얼굴 술을 빌어 붉어졌네.
오후에 걸상에 기대어 잠깐 낮잠을 이루다가
차 한사발로 졸음을 쫓으려 하네.

春花氣暖眼朦朧, 靄靄晴雲遠映空.
塞外樓臺淹日月, 天涯鶯燕共簾櫳.
佳人鬢髮雲欺綠, 遠客容顔酒借紅.
憑几午來成小睡, 驅魔一椀試茶功.

---

89) 세조 5년(1459)에 사신으로 나온 형과 급사중(刑科給事中) 진가유(陳嘉猷)를 가리킨다.

임반관에서. 사상의 시에 차운하다
林畔館. 次使相韻

계절이 바뀌는 하늘가에 신이 날지 못하여[90]
역루(驛樓) 오르는 곳에 어느덧 석양일세.
시냇가 구름 생겨나니 봄 모습 이르고
흩어진 머리 쓸쓸함에 나그네의 흥취 적구나.
걸상 곁 가벼운 바람 짧은 소매에 불어오고
주렴 밖 궂은비에 사립을 거듭 닫았네.
어머니 계신 만 리 밖 청산은 저문데
나그네 베개에 때때로 꿈속에 돌아가네.

節換天涯舃未飛, 驛樓登處易殘暉.
溪雲沁沁春容薄, 鬢髮蕭蕭客興微.
一榻輕風吹短褐, 半簾疏雨鎖重扉.
庭闈萬里靑山暮, 旅枕時時借夢歸.

---

90) 신이 날지 못하여: 후한 때 왕교(王喬)는 섭현령(葉縣令)이 되었는데 조회할 때가 되면 꼭 참여하였다. 임금이 이상하게 생각하여 사람을 시켜 몰래 보게 하니 조회할 때면 한 쌍의 물오리를 타고 와 입조하였다. 그물을 쳐서 오리를 잡고 보니 한 쌍의 신만 있었다. 이는 선술(仙術)에 통한 사람이었다. 여기서는 왕교처럼 오리의 신발을 신고 날아 고향에 가지 못한다는 말이다. 『後漢書』「方術傳」上 王喬.

임반관 가는 길에. 사상이 공 천사(龔天使)의 운을 쓴 시에 차운하다. 이름은 용경(用卿)이다
林畔道中. 次使相用龔天使韻 用卿

병들어 침침한 눈으로 활짝 핀 꽃을 보니
피곤하여 모자는 제멋대로 비스듬하네.
버들 언덕에 이른 꾀꼬리는 자다가 깨고
살구꽃 핀 주막에 봄 깊으니 술을 살만도 하네.
방아 소리 어찌 백설(白雪)의 노래와 수작할까?
모과로 경옥(瓊玉)의 선물에 보답함이 부끄럽네.[91]
시를 읊음에 서산이 어두운 줄 미처 몰랐는데
저녁 비에 시냇물 불어 모래 기슭 잠겼네.

病眼昏昏已着花, 倦來征帽任欹斜.
楊堤鶯早眠初醒, 杏店春深酒可賒.
舂相詎堪酧白雪, 木瓜多愧報瓊華.
吟哦不覺西山暝, 暮雨添波沒岸沙.

91) 모과로 경옥(瓊玉)의 선물에 보답함이 부끄럽네: 모과는 보잘 것 없는 과일. 경옥은 값비싼 물건. 곧 상대가 경옥으로 선물을 주는데 모과로 보답한다면 이는 부끄러운 일이란 말이다. 모과는 자기의 시를 가리킨 말이고 경옥은 공천사(龔天使)의 시를 가리킨 말로 곧 자기의 하찮은 시가 공천사의 시에 답함이 부끄럽다는 말이다. 『詩經』「衛風」木瓜.

양책관에서. 공 천사의 시에 차운하다
良策館. 次龔天使韻

늦은 봄 역정(驛亭)에 객의 흥취 시들한데
말은 다시 진흙 뚫고 가기를 겁을 내네.
구름이 깊어 마루 앞의 봉우리도 보이지 않고
다리가 끊겨 다시 들 밖의 시내를 걱정했네.
성근 비 내려 살구꽃은 원근의 마을에 피었고
쇠약한 말은 높고 낮은 돌길을 달리네.
용만이 여기서 얼마나 남았는지 아는가?
황양(黃粱)의 꿈[92] 깨니 해는 아직 서쪽에 기울지 않았네.

春晩郵亭客興迷, 征鞍聊復怯衝泥.
雲深已失軒前峀, 橋斷還愁野外溪.
疎雨杏花村遠近, 羸驂石磴路高低.
龍灣此去知何許, 睡罷黃粱日未西.

92) 황양(黃粱)의 꿈: 당나라 때 노생(盧生)이 한단(邯鄲)의 객점에서 도사 여옹(呂翁)이 빌려준 베개를 베고 잠이 들어 80세 동안 온갖 부귀영화를 누렸는데 깨고 보니 주인이 짓고 있던 조밥이 아직도 익지 않았다고 한다. 范成大의 〈邯鄲道〉.

3월 15일에 의주의 취승정에 와서
三月十五日, 來寓義州之聚勝亭

지척에서 항아(嫦娥)를 부르면 응할 듯한데
구름 곁 창가의 나그네는 잠이 일찍 들었네.
비단 주머니 속에 풍월이 삼천 수요
옥새(玉塞)[93]의 봄 경치는 일만 층이나 되네.
긴 칼 차고 올라 와 시를 읊었고
향기로운 술 따르는 곳에 바람 따라 올랐네.
변방에 경보 일지 않고 노래 소리 흥을 다하니
한가한 정취는 바로 결하승(結夏僧)[94]과도 같네.

咫尺嫦娥喚可膺, 雲窓客睡着何曾.
錦囊風月三千首, 玉塞烟花一萬層.
長釰倚來舒嘯上, 芳尊開處躡風登.
邊聲不起笙歌盡, 閑趣還同結夏僧.

93) 옥새(玉塞): 옥문관(玉門關)의 별칭. 옥문관은 감숙성 돈황시의 북서쪽에 있는 관문이다. 따라서 변방의 요새지로 쓰이는 말이다. 陸游의 〈芳華樓夜宴〉. "少日壯心輕玉塞".

94) 결하승(結夏僧): 음력 4월 15일부터 7월 중순까지 90일 동안 절 문 밖으로 나가지 않고 수도하는 스님. 曹松의 〈送僧入蜀過夏〉. "師言結夏入巴峰".

재차 앞 시의 운을 써서 사상과 주고받다
再用前韻, 酬使相

하늘의 선인(仙人)들이 머리 위에서 말을 주고받으니
명승지를 감상한 해에 일찍 하지 못함이 한스러웠네.
압록강의 차가운 물빛 누대의 자리에 들어오고
골봉(鶻峯)의 푸른빛 날아 층루(層樓)에 들어오네.
관산(關山)의 지는 해 저물어 감에 놀라
동풍 속에 시와 술로 함께 오르기를 허락했네.
주옥같이 좋은 시[咳唾[95]]를 잡고 완미하니
읊는 자리에서 도리어 정생(鄭生)의 스님[96]을 환기시키네.

天仙頭上語相膺, 勝賞當年恨未曾.
鴨水寒光侵席次, 鶻峯飛翠入樓層.
關山落日驚遲暮, 詩酒東風許共登.
咳唾珠璣堪把玩, 吟壇還惹鄭生僧.

---

95) 주옥같은 좋은 시[咳唾]: 해타는 남의 시에 대한 미칭. 여기서는 타인의 시가 주옥같다는 말이다. 『莊子』 秋水. "咳唾成珠".

96) 정생(鄭生)의 스님: 정생은 당나라의 정곡(鄭谷). 그는 그의 친구 황손(黃損)과 스님 제기(齊己)와 함께 전체시격(全體詩格)을 정하였다. 그들이 시를 짓는 데는 몇 가지의 운자를 사용하는 격식이 있다고 하였다. 『事文類聚』 別集, 九 詩下.

세 번째로 앞 시의 운을 써서 짓다
三用前韻

처마 앞 지저귀는 새 서로 주고받으니
옛날부터 소동파(蘇東坡)를 알아서 친했나보네.[97]
화려한 문에는 멀리 거친 들빛이 들어오고
붉은 용마루는 높이 솟아 어지러운 구름 속에 들어갔네.
노복(奴僕)이 촛불을 바꾸어 줌에 밤새도록 이야기 하고
쇠 화로에 불기운 끊어짐에 해가 다하도록 숯을 올리네.
남은 일은 시 짓는 일 밖에 없으니
쓸쓸히 이 몸은 선승(禪僧)과 같네.

簷前語雀自相譍, 應解蘇仙昔日曾.
綉闥迥呑荒野色, 朱甍高入亂雲層.
僕更蠟燭通宵話, 烟斷金鑪盡日登.
餘事更無吟嘯外, 蕭然身世一禪僧.

---

97) 소동파(蘇東坡)를 알아서 친했나보네: 소동파는 젊었을 때 그의 서실 앞에 대나무, 잣나무, 잡화가 뜰에 가득하고 새들이 그 위에 둥지를 틀었다. 그의 어머니가 살생을 싫어하여 아이들이나 비복들이 새를 잡지 못하게 하니 수년 사이에 새들이 낮이 익어 같은 가지에도 둥지를 틀어 그 새끼를 엿볼 수 있었다.『東坡志林』.

낮잠을 자다. 사상의 시에 차운하다
晝眠. 次使相韻

변방에서 노는 나그네 흰 머리 되려 하니
발을 걷고 종일토록 강루(江樓)에 기댔네.
희미한 낮 꿈은 참으로 기억하기 어렵고
막막한 봄 구름 걷히려 하지 않네.
작은 복숭아나무의 붉은 빛은 비 속에 벌어지고
늘어진 버들의 푸른 빛은 바람 맞아 부드럽네.
아득한 세상길에 몸은 정한 곳 없어
앉아서 갈매기 가볍게 떴다 잠기는 모습 보네.

塞上遊人欲白頭, 捲簾終日倚江樓.
依依午夢眞難記, 漠漠春陰不肯收.
紅入小桃迎雨綻, 綠歸垂柳帶風柔.
悠悠世路身無定, 坐看輕鷗沒更浮.

여관에서 무료하여. 연아체(演雅體)를 얻어 연지(演之)의 시에 차운하다. 2수

旅館無聊. 得演雅體[98], 次演之

금압(金鴨)[99]에 향기 사라져 손으로 향을 더 넣으니
청라봉은 멀리 섬의 산을 대하여 뾰족하네.
미풍에 제비 소리 겹겹의 주렴 밖에서 들려오고
늦은 봄 벌의 수염 지는 꽃에 붙었네.
호접(蝴蝶)의 꿈[100] 꾸니 집은 더욱 멀고
거미가 거미줄 치는데 나그네는 부질없이 머물고 있네.
성문은 낮에도 닫히고 군사[貔貅][101]들은 조용하여
누워 빈 행랑 처마에서 새가 다투는 것을 보네.

金鴨香殘手自添, 青螺遙對海岑尖.
風微燕語重簾隔, 春晚蜂鬚落蕊黏.
蝴蝶夢回家更遠, 蟰蛸網結客空淹.
城門晝閉貔貅靜, 臥看空廊雀鬪簷.

---

98) 연아체(演雅體): 주 45) 참조.

99) 금압(金鴨): 도금한 오리 모양의 구리 향로. 戴叔倫의 〈春怨〉. "金鴨香消欲斷魂".

100) 호접(蝴蝶)의 꿈: 장주(莊周)가 꿈에 나비가 되어 내가 나비가 된 것인지 나비의 몸이 내가 된 것인지 모르고 즐겼다는 고사. 여기서는 그냥 꿈이란 말이다. 『莊子』 齊物論.

101) 군사[貔貅]: 비휴는 본래 맹수 이름. 후세에 용맹한 장수나 군사를 일컫는 말로 쓰였다.

검은 걸상 방석 위에 나그네 한은 더해지고
진달래꽃은 피고 풀잎은 뾰족하게 돋아나네.
바람 앞 버들 숲에 꾀꼬리 소리 들려오고
빗속의 거미줄에는 나비 날개가 붙었네.
안주곡(雁柱曲)[102]이 끝나자 붉은 소매 걷히고
아미가(蛾眉歌)[103]가 끝나자 흰 구름 잠겼네.
성 머리에 해 지고 까마귀 다 돌아가니
압록강 차가운 물빛 짧은 처마에 들어오네.

烏几蒲團客恨添, 杜鵑花發草抽尖.
風前柳幕鶯聲囀, 雨裡蛛絲蝶翅黏.
雁柱曲終紅袖斂, 蛾眉歌罷白雲淹.
城頭日暮鴉歸盡, 鴨水寒光入短簷.

102) 안주곡(雁柱曲): 노래 이름. 저자 미상.
103) 아미가(蛾眉歌): 노래 이름. 저자 미상.

취승정에서 벽에 걸린 시에 차운하다
정자는 의주에 있다. 노필원(盧弼元)의 시운이다

聚勝亭, 次板上韻
亭在義州. 盧公弼元韻

봄빛을 다 보내고 먼 시골에 머무니
나그네 시름 깊은 곳에 벼슬살이도 흥미 없네.
한가한 세상 맛 희미한 꿈을 깨고
적막한 시름 속에 석양을 대하였네.
용산의 꽃 시들고 어린 고사리 향기롭고
금강의 따뜻한 물결에 흰 물고기 살쪘으리.
고향 산에 머리를 돌리나 남쪽 하늘 멀고
베개 위에 노는 혼 밤마다 날아가네.
용산과 금강은 모두 호남의 시골에 있다.

送盡春光滯遠陲, 覊懷深處宦情微.
幽閑一味醒殘夢, 錯莫重愁對落暉.
龍岳花殘香蕨嫩, 錦江波暖白魚肥.
故園回首南天遠, 枕上遊魂夜夜飛.
【龍山 錦江, 在湖南鄕】

통군정에 올라 취중에 급히 짓다. 각각 한 수의 율을 지어 각기 화운(和韻)하다
登統軍亭, 醉中走筆. 各賦一律, 仍各和之

수항성(受降城)이 바다 하늘가에 우뚝 솟아 있고
머리를 매단 것은 이제 보니 말갈(靺鞨)의 추장일세.
붓 끝에 넘치는 힘 취한 속에 글씨가 세차고
가슴 속에 복잡한 일 기묘한 모의를 구했네.
미인의 절창 시름을 쫓을 만하고
명승지의 향기로운 술 즐겁게 마실 만하네.
긴 휘파람 한 소리에 오랑캐 기병 물러가니
호두(虎頭)[104]는 본래 반초(班超)에 못하지 않네.

受降城矗海天陬, 係頸今看靺鞨酋.
筆下淋漓橫醉墨, 胸中盤錯鬱奇謀.
佳人妙唱愁堪遣, 勝地芳樽樂可偸.
長嘯一聲胡騎退, 虎頭元不讓班超.

---

104) 호두(虎頭): 호두연함(虎頭燕頷)의 준말. 곧 제비의 턱에 범의 머리를 한 상(相)으로 위엄 있는 귀인의 상이란 말이다. 후한의 반초(班超)는 처음에는 문학에 종사하였다가 큰 뜻을 품고 무관이 되어 서역을 토벌하였다. 그가 어렸을 때 상을 보는 사람에게 상을 보이니 제비의 턱에 범의 목으로 날아서 고기를 먹을 상이니 이는 만리 밖에서 후(候)에 봉할 사람이라고 하였다. 여기서는 통군정에서 호령하는 장수가 반초와 못하지 않은 사람이 오랑캐에게 호령을 하였다는 말로 보인다. 『後漢書』 班梁列傳.

계소(啓昭)의 시에 차운하다
次啓昭

백 척의 높은 성 푸른 바다를 안고 있으니
요동의 산봉우리를 가리키는 사이일세.
겨드랑이 바람을 타고 넓은 바다에 뛰려 하였고
뾰족한 신을 신고 곧바로 음산(陰山)을 뛰어넘으려 하였네.
명승지에 누대 있어 서생은 취하였고
조두(刁斗)[105]는 놀랄 일 없어 늙은 장수 한가하네.
장한 지략(智略)이 가슴 속에 서려 있으니
훗날 긴 칼 차고 서관(西關)에 임하리라.

高城百尺擁蒼灣, 遼左峰巒指點間.
風腋擬將超瀚海, 靴尖直欲趯陰山.
樓臺有勝書生醉, 刁斗無驚老將閑.
蟠屈胸襟多壯略, 他年長劒控西關.

105) 조두(刁斗): 구리로 만든 솥 같은 기구. 진중에서 낮에는 솥처럼 음식을 만들고 밤에는 두드려 경계시키거나 신호를 알리는 데 사용하였다.

연지(演之)의 시에 차운하다
次演之

석자 용천검으로 높은 정자에 의지하니
천지가 열리면서 나를 맞아주네.
요해(遼海)의 높은 파도에 붉은 해 목욕하고
전성(氈城)[106]의 살기는 검은 구름이 드리워 있네.
웅대한 계략 낭거(狼居)[107]에 공을 새기지 못하였고
먼 변방에서는 부질없이 좀도둑질 하는 소리만 들리네.
음산(陰山)[108]의 적을 물리칠 뜻은 일찍 있었는데
유관(儒冠)을 쓰고 여태 이룬 일 없음이 부끄럽구나.

龍泉三尺倚高亭, 地闢天開爲我迎.
遼海老波紅日浴, 氈城殺氣黑雲平.
雄圖未勒狼居績, 絶塞空聞鼠竊聲.
剗却陰山曾有志, 儒冠此日愧無成.

---

106) 전성(氈城): 북방의 유목민족이 거주하는 둥근 천막이 모여 있는 곳. 곧 그들의 왕정(王庭)을 이른다. 張籍의 〈送和蕃公主〉. "氈城南望無迴日".

107) 낭거(狼居): 산 이름. 몽고의 경내에 있는데 후한의 곽거병이 흉노를 격파하고 이곳에서 봉제를 지냈다. 여기서는 곽거병처럼 흉노를 격파하는 공을 세우지 못했다는 말이다. 『漢書』 郭去病傳.

108) 음산(陰山): 내몽고의 남쪽에 있는 산 이름. 王昌齡의 〈出塞〉. "不敎胡馬度陰山".

압록강에서 두 사람의 사신과 작별하고 겸하여 서장관에게 써 주다

이때에 진위사 정만종 인보(鄭萬鍾 仁甫)와 진향사 심연원 맹용(沈連源 孟容)과 서장관 박자영 국화(朴自英 國華)가 북경으로 가니 여러 사람들이 압록강 위에서 전별하였다

鴨江別兩使, 兼贈書狀官

時陳慰使鄭萬鐘仁甫・進香使沈連源孟容・書狀官朴自英國華赴京, 諸公追餞于江上

강 머리에서 서로 작별함에 혼이 끊어질 듯하니
달 밤 변방의 성루(城樓)에서 그대 생각나면 어이하나.
오늘은 한 잔 술로 압록강에 임하였으나
내일 아침이면 한 필의 말은 연경 구름에 막혀 있으리.
작별의 자리에 시름이 깊어 시도 이루기 어렵고
양관(陽關)[109]에서 한이 맺혀 술도 취하지 않네.
이어지는 여로(旅路)에 정은 끝이 없는데
세찬 모래바람 속 변방의 풀에 석양은 쉬 오네.

江頭相送斷離魂, 夜月邊城奈憶君.
今日一尊臨鴨水, 明朝匹馬隔燕雲.
愁深祖席詩難就, 恨結陽關酒未醺.
袞袞天涯情不盡, 驚沙塞草易斜曛.

---

109) 양관(陽關): 관 이름. 감숙성 돈황시의 남서쪽에 있다. 여기서는 먼 지방을 가리키는 말로 쓰였다. 王維의 〈渭城曲〉. "勸君更進一杯酒, 西出陽關無故人".

병중에 제공들이 구룡연(九龍淵)에서 놀았다는 소식을 듣고 가슴 속의 회포를 써서 올리다. 한지(漢之)의 시에 차운하다
病中, 聞諸公遊九龍淵, 書懷奉呈. 次漢之

높은 소리로 시를 읊어 자는 용을 깨우면서
봄빛을 모아 거두어 화려한 자리에 들어왔네.
옥잔을 주고받을 꽃이 머리에 가득하고
금 안장 가는 곳에 해는 못에 잠겼으리.
함께 취한 흥취로 아름다운 경관을 읊으니
누가 여행의 회포를 써서 단편에 부쳤나?
하늘가에서 좋게 만남은 참으로 다행한 일이니
성상의 은혜가 이 강가에도 이르렀네.

高吟驚破老龍眠, 收取春光入綺筵.
玉斝飛時花滿首, 金鞍歸處日沈淵.
共將醉興酧佳景, 誰寫羈懷寄短篇.
勝會天涯眞幸耳, 天恩還到此江邊.

자리 위에서 급히 써 재차 앞의 시에 차운하다
席上走筆, 再次前韻

강의 새와 꽃이 함께 취해 자고
석 줄의 예쁜 여인[珠翠][110] 화려한 잔치에 끼었네.
옥피리 소리는 봉황이 천 길의 절벽에서 내려오는 듯
철피리 소리는 용이 만 길 못 속에서 우는 듯.
간드러진 봄바람 짧은 머리 위에 불고
푸른 안개 자욱한 경치는 새 시에 들어오네.
천지 사이에서 한껏 즐기니 흥취가 많아
춤추는 소매는 석양 가에 펄럭이네.

江鳥江花伴醉眠, 三行珠翠擁華筵.
玉簫鳳下千尋壁, 鐵笛龍吟萬丈淵.
嫋嫋春風吹短髮, 蒼蒼烟景入新篇.
乾坤跌宕還多興, 舞袖翩翻落照邊.

---

110) 화려한 여인[珠翠]: 주취는 잘 차려 입은 여인을 이르는 말. 陸龜蒙의 〈雜伎〉. "六宮爭近乘輿望, 珠翠三千擁赭袍".

운암원에서. 사상의 시에 차운하다
雲巖院. 次使相韻

말과 나그네 함께 가볍게 동쪽으로 가다가
잠시 산 정자에 올라 걸상에 기대어 자네.
해 그림자 뜰에 옮기니 새가 지저귀고
아득한 들판 비에 젖어 경관이 변했네.
막부(幕府)로 달려가 마음을 의탁하고
상사를 모시고 술을 나누면서 뜻을 전하였네.
졸렬한 내가 임금을 돕기 어려움을 부끄러워하면서
새 시 지어 진중하게 영전을 축하했네.

東歸鞍馬共翩翩, 蹔倚山亭對榻眠.
日影移庭喧鳥雀, 雨痕迷野變雲烟.
叨趨幕府心還托, 忝侍尊罍意已傳.
迂拙自慚難補袞, 新詩珍重賀官遷.

안정관의 시에 차운하여 사상과 주고받다
次安定館韻, 酧使相

늘어진 버들 옛길에 저문 까마귀 날려 하는데
석양의 마을길은 이민(吏民)의 집이 늘어섰네.
노란 꾀꼬리 바람에 울음소리 보내오고
붉은 작약은 비온 뒤에 더 예쁘네.
만 리 밖의 나그네 회포 고국이 아득하고
삼경의 꿈속에서 조정에 나아갔네.
말 달리면서 갈증을 참지 못해
맑은 샘물 길어다가 찻잎을 달였네.

古道垂楊欲暮鴉, 夕陽村巷吏民家.
黃鸝囀送風前語, 紅藥開添雨後花.
萬里愁懷迷故國, 三更歸夢趁朝衙.
馳驅不禁喉生渴, 爲汲淸泉煮茗芽.

평안도사 이응화(李應華)를 작별하면서
이름은 몽윤(夢尹)[111]이다
奉別平安都事李應華 夢尹

강 머리 버들은 푸른 실이 늘어진 듯
긴 가지 떨치며 작별을 도와주네.
평생의 마음을 바꾸지 않으니
천리의 꿈속에서 그리움을 어이하나?
이렇듯 기쁘게 만날 날이 많지 않을 것이니
술잔을 잡고 다시 만남이 몇 때나 될까?
섭섭하게 우정에서 작별을 한 뒤에
먼 길에 고삐를 만지며 누구를 위해 더디게 하였던가?

江頭楊柳綠成絲, 爲拂長枝管別離.
襟抱百年應不改, 夢魂千里奈相思.
歡娛此會無多日, 樽酒重逢定幾時.
悄悵郵亭分手後, 長程按轡爲誰遲.

---

111) 이몽윤(李夢尹): 자는 응화(應華), 본관은 경주(慶州)이다. 부는 이예신(李禮臣), 제(弟)는 이몽량(李夢亮)이다. 1528년 식년시(式年試) 병과에 급제하였다.

흠문사(欽問使) 참의 이계아(李季雅)가 북경에 감을 작별하면서. 사상의 시에 차운하다
贈別欽問使李參議季雅赴京. 次使相韻

이십 년간 세상길에 살아오면서
북경의 조회에 가는 의기는 상쾌하였네.
바람과 달을 즐기면서 새로운 시를 읊었고
몇 곳의 누대에서 화려한 자리에 참여했나?
멀고 먼 변방은 요동의 길이요
희미한 풀과 나무는 계문(薊門)의 연기 속일세.
한 잔 술로 상대함에 우정(郵亭)은 저물어 가는데
어느 곳 객지의 걸상 앞에서 그대를 다시 그리워하나?

世路浮沈二十年, 朝天意氣却飄然.
多時風月吟新句, 幾處樓臺踏勝筵.
迢遞關河遼塞路, 依微草樹薊門烟.
一尊相對郵亭暮, 何處遙思客榻前.

성절사 첨추 정자인(鄭子仁)이 북경으로 감을 작별하면서 이름은 세호(世虎)[112]이다

贈別聖節使鄭僉樞子仁赴京 世虎

역마 탄 손님 변방의 성 위에 돌아오니
중국에 조회하러 가는 공은 또 서쪽으로 향해 가네.
부평초처럼 모이고 흩어지니 작별의 마음 아프고
의관을 한 사람 이어짐에 송별과 환영에 익숙하네.
길은 옥경(玉京)을 향함에 천리나 멀고
달은 우정(郵亭)에 떠서 몇 번이나 밝았나?
중국을 관광함에 기이한 명승지를 실컷 보리니
관산(關山)에서의 원정(遠情)은 일지 않으리.

驛騎初回塞上城, 朝天公又向西行.
萍蓬聚散傷離別, 冠盖聯翩慣送迎.
路指玉京千里逈, 月臨郵館幾回明.
觀周亦自饒奇勝, 不用關山起遠情.

---

112) 정세호(鄭世虎 1486~1563): 조선 중기의 문신. 본관은 하동(河東). 자는 자인(子仁), 호는 서계(西溪). 인지(麟趾)의 손자로, 호군 상조(尙祖)의 아들이다. 1519년 식년문과에 병과로 급제하고 의정부사인에 재직 중, 홍우룡(洪遇龍)을 심문할 때 담당관인 사헌부집의 오결(吳潔)의 집에까지 가서 구제하다가 1531년 경상도 곤양에 장류(杖流)되었다. 이듬해 성균관대사성이 되었으며, 다음해 성절사(聖節使)가 되어 명나라에 다녀왔다. 그 뒤 부승지·홍문관부제학을 거쳐 1552년 호조판서가 되었다. 1559년 지중추부사에 오르고, 수릉(守陵)의 공로가 있다 하여 숭정대부에 승자(陞資)되었다.

박연폭포 가는 길에
朴淵道中

구름 깊고 나무는 조밀하고 계곡도 깊은데
새어나오는 신령한 물 한 줄기로 흐르네.
맑은 경쇠 소리 숲에서 나와 절이 있는 줄 알겠고
저문 연기 언덕에 잠기니 소도 자취를 감췄네.
선인의 옥 등자 아름다운 수레가 연하고
신선의 거문고를 지니고 밀치끈을 매었네.
성근 비가 도롱이 삿갓의 정취를 더하니
용도 응당 사신이 놀러왔음을 알리라.

雲深樹密洞門幽, 漏洩靈源一水流.
淸磬出林知有寺, 暮烟沈壟忽藏牛.
仙曺玉鐙聯鸞駕, 羽客瑤琴繫馬鞦.
疏雨更添簑笠趣, 龍公應識使華遊.

박연에서 폭포를 보며. 사상의 시에 차운하다
朴淵觀瀑. 次使相韻

거령(巨靈)[113]이 벽을 쪼개고 여와씨(女媧氏)[114]가 조각하여
은하수를 멀리서 나누어 흘려 백 척이 매달리게 하였네.
땅에 진동하는 우레 소리 계곡 밑에서 울고
공중에 뿌려 흩날리는 우박 산 앞에 가득하네.
괴로운 우리 인생 잠시 속세의 갓끈을 씻게 하고
취한 얼굴을 눈 같은 물결로 씻게 하네.
서자(徐子)처럼 졸렬한 시 내 절로 부끄럽나니
훗날에 노파(老坡)의 시가 있을까 두렵기 때문일세.[115]

巨靈擗壁女媧鐫, 銀漢遙分百尺懸.
殷地驚雷鳴壑底, 灑空飛雹滿山前.
勞生蹔許塵纓濯, 醉面從敎雪浪湔.
徐子惡詩吾自愧, 他時恐有老坡篇.

---

113) 거령(巨靈): 황하의 신. 하신(河神).

114) 여와씨(女媧氏): 중국 전설상 인류의 시조. 복희씨의 누이라고 한다. 공공씨(共工氏)가 머리로 불주산을 받아 천주(天柱)가 부러짐으로 여와씨가 오색의 돌을 단련하여 하늘을 깁고 자라의 발을 잘라 땅의 4극을 지탱하게 하였으며 홍수를 다스리고 맹수를 몰아내어 사람들이 편히 살게 하였다고 한다.『史記』三皇本紀.

115) 서자(徐子)처럼 졸렬한 시 내 절로 부끄럽나니 훗날에 노파(老坡)의 시가 있을까 두렵기 때문일세: 서자는 송나라 서응(徐凝)을 이르는 말. 서응이 폭포를 보고 지은 시에 "瀑布瀑布千丈直, 雷奔入江無暫息. 萬古長如白練飛, 一條界破青山色"이라고 하니 소동파가 이를 보고 이 시는 지극히 비루하다고 말하고 자기가 다시 시를 짓기를 "帝遣銀河一派垂, 古來惟有謫仙詞. 飛流濺沫知多少, 不爲徐凝洗惡詩"라고 하였다. 곧 작자도 서응의 시처럼 잘 짓지는 못하였는데 뒤에 자기 시보다 잘 지은 시가 나올까 두렵다는 말이다. 노파(老坡)는 동파를 이르는 말이다.『東坡志林』.

사상이 화헌(華軒)의 시운을 써서 지은 시에 차운하여 김언빈(金彥彬)의 시권에 쓰다
次使相用華軒韻, 書金生彥彬詩卷

일찍이 무예를 던져 버리고 의술을 섭렵하고
만년에 못가에 임하여[116] 다시 글씨를 배웠네.
새로운 시를 읊어옴에 가을 서탑(書榻)이 조용하고
옛 처방을 한가히 읽자니 밤 창이 고요하네.
관산 밖에서 의관한 사람들을 따라 놀고
찌는 더위에 수레를 타고 돌아다니네.
벼슬살이 점점 익어가는 데 내 몸 병이 드니
뒷날 모름지기 그대에게 약을 구하리라.

早抛弓劒趨醫局, 晩歲臨池更學書.
新句謾哦秋榻靜, 舊方閒讀夜牕虛.
追隨冠盖關山外, 跋涉輪蹄溽暑初.
宦和漸闌吾已病, 他年投劑會須渠.

116) 못가에 임하여: 글씨를 배운다는 말이다. 후한의 장지(張芝)가 연못에 임하여 열심히 글씨를 익혀 못물이 온통 먹빛으로 변했다고 한다. 『晉書』 衛恒傳.

중국 사신 장승헌(張承憲)의 동선관(洞仙館) 시에 차운하다
次張天使承憲洞仙館韻

구천(九天: 중국)에서 기와 부절이 청구(靑丘: 우리나라)에 내려오니
생학(笙鶴)[117]이 분명히 십주(十洲)[118]에 온 것일세.
평생의 지기 늦게 만남을 한하고
둔한 재주를 한번 돌아보고 헛된 명예를 부끄러워했네.
좋은 경관 감상하면서 선경에 머물고
그림 같은 누각은 트여 손님들이 술을 주고받네.
만고의 조선 땅을 두루 돌아다니지만
이 놀이가 어찌 자장(子長)의 놀이[119]와 같을까?

九天旌節下靑丘, 笙鶴分明到十洲.
知己百年嗟遇晩, 駑才一顧愧名浮.
煙霞勝賞留靈境, 尊俎賓筵敞畫樓.
萬古箕封探歷盡, 玆遊何似子長遊.

---

117) 생학(笙鶴): 신선이 타는 학. 여기서는 장승헌을 가리킨 말이다. 杜甫의 〈玉臺觀〉. "人傳有笙鶴, 時過北山頭".
118) 십주(十洲): 신선이 산다는 바다 가운데의 열 곳의 섬. 곧 선경을 이르는 말이다. 『海內十洲記』.
119) 자장(子長)의 놀이: 자장은 한나라 사마천의 자. 사마천은 20세에 각지의 도읍지를 관람하기 위하여 남쪽으로 가서 놀면서 지리를 살펴보았다. 『史要聚選』 文章 司馬遷.

삼수관에서 우연히 읊어 남도 병사 민제인(閔齊仁)에게 올리다. 2수
三水館偶吟, 奉呈南道兵使閔齊仁

백두 번 겹겹의 관에 자물쇠 굳게 닫힘에
큰 장수 나가 살피면서 깃발을 앞세웠네.
일만 구비 강의 흐름은 험한 구당(瞿塘)[120] 같고
천 층의 고갯길은 높은 검각(劍閣)[121] 길 같네.
눈을 띤 산봉우리는 사절을 맞이하고
봄을 맞은 꽃과 새는 시객을 괴롭히네.
곳곳마다 난간에 기대어 봄의 흥취 탈만 하니
나랏일에 종사함에 나 홀로 고생한다고 말하지 말라.

百二重館鎖鑰牢, 元戎出按擁旌旄.
江流萬轉瞿塘險, 嶺路千層劍閣高.
帶雪林巒迎使節, 領春花鳥惱詩豪.
倚欄處處堪乘興, 從事休言我獨勞.

---

120) 구당(瞿塘): 사천성 봉절현 동쪽에 있는 협곡. 구당협. 장강 삼협(三峽)의 하나로 깎아지른 듯한 절벽 사이로 장강이 관통하고 산세가 험준하다. 『讀史方輿紀要』 四川 瞿塘峽.

121) 검각(劍閣) 길: 장안(長安)에서 촉에 들어가는 길. 잔도(棧道)가 있는 요새지이다. 『水經注』 漾水.

앞의 시에 차운하다 – 입암 민제인

次韻 – 立巖 閔齊仁

봄 산에 고삐를 늦추니 깊은 잠 오려는데
신령한 바람은 길을 쓸고 깃발을 맞이하네.
만학에 얼음 녹으니 강물이 불어나고
천 봉우리에 길이 뚫리니 돌 잔도 높네.
몸은 멀리 있어 이미 속세 밖의 나그네 되었고
취한 흥은 술 속의 호걸이 되었네.
평생을 나라에 허락한 몸 일편단심만 있으니
몸이 다하도록 말 위의 수고를 어찌 사양할까?

信轡春山睡欲牢, 靈飇淸道迓旗旄.
氷消萬壑江流漲, 路割千峰石棧高.
身遠已成塵外客, 興酣須作酒中豪.
平生許國丹心在, 盡瘁寧辭馬上勞.

곳곳의 산 빛은 푸른 빛 짙게 물들어 가는데
따뜻한 압록강의 봄 물결 도도히 흘러가네.
수척한 말 변방 길 삼천리를 왔고
옛 진터의 경관은 만 번이나 거듭되었네.
서울을 떠나 먼 곳의 벼슬살이 슬퍼하지 않았고
채찍을 잡고 높은 자리에 오름을 기뻐하였네.

시단의 무고(武庫)에 청상(青霜)·자전(紫電) 같은 무기를 열어 놓아[122]
명문(銘文)이 있는 칼을 시험하려 하면서 이미 선봉을 양보하였네.

面面山光翠欲濃, 鴨江春浪暖溶溶.
羸驂關路三千里, 古塞烟花一萬重.
去國不須悲遠宦, 執鞭聊喜躡高蹤.
詩壇武庫開霜電, 欲試銘刀已退鋒.

---

122) 시단의 무고(武庫)에 청상(青霜)·자전(紫電) 같은 무기를 열어놓아: 육조의 양(梁)나라 때 왕승변(王僧辯)은 무장으로 후경(侯景)의 반란을 진압하고 태위가 되었다. 그의 무기고에는 각종 무기가 많았으니 청상·자전도 역시 무기를 말한다. 여기서는 작자가 시단에서 있는 재주를 다 내놓아 시험하려고 하는데 선봉은 상사에게 양보한다는 뜻으로 보인다. 王勃의 〈滕王閣序〉. "紫電青霜, 王將軍之武庫".

앞의 시에 차운하다 - 민제인
次韻 - 閔齊仁

깊은 계곡 숲은 붉고 푸른 빛 짙어가고
산은 높아 우뚝하고 물은 도도히 흐르네.
군복 입고 말을 타니 몸은 천리 밖에 있고
돌길과 구름사다리 길은 몇 구비인가?
변방의 옥토에서 사람들은 곡식을 얻고
북쪽과 남쪽[朔南]의 풍성한 풀에 말은 자취가 없네.
장군은 창을 곁에 두고 한가한 흥취에 취하여
다시 시 짓는 부하와 함께 필봉을 다투네.

邃谷深林紫翠濃, 山高矗矗水溶溶.
戎衣馹騎身千里, 石棧雲梯路幾重.
塞下良田人有粟, 朔南豊草馬無蹤.
將軍橫槊渾閑興, 更與詞臣鬪筆鋒.

어떤 사람에게 주다
贈人

외로운 마루에 발을 걷으니 달빛은 몽롱한데
다행히도 하루 저녁을 함께 즐겼네.
병든 나그네 모습은 바다 위의 달 같고
옛 친구의 마음은 술잔 속에 있네.
만금 같은 서찰은 봄날 기러기가 전하고
천리 밖의 나그네 시름 두 살쩍이 쑥처럼 날리네.
내일이면 또 일 년의 작별을 하리니
대동강의 안개비가 동서를 막아 놓으리라.

孤軒褰箔月曚朧, 何幸淸歡一夕同.
病客形容滄海上, 故人心事酒杯中.
萬金書札三春雁, 千里羈愁兩鬢蓬.
明日又成經歲別, 浿江烟雨隔西東.

퇴계(退溪)에게 답을 써 부치다

寄答退溪[123)]

높은 의리를 가진 그대여 나는 그대만 못하니
편지가 옴에 너그러운 마음 말 밖에 넘치네.
본디 변화(卞和)가 옥 때문에 월형(刖刑) 당한 줄 알고[124)]
양장(羊腸)의 길이라 하여 꼭 수레를 엎는 것이 아님을 안다네.
떠도는 벼슬살이 이제는 괴롭기만 해
산을 사서 돌아갈 계획 응당 소홀하지 않으려네.
강매화 피고 짐을 누구와 얘기하리
만 리 밖에서 부질없이 편지만 전해 왔네.

高義吾君我不如, 書來誠款溢言餘.
本知卞玉能成刖, 未必羊腸可覆車.
浮海宦情今已苦, 買山歸計未應疏.
江梅開落誰相問, 萬里空傳尺素書.

---

123) 이 시는 제주에서 퇴계의 편지에 시로써 화답한 것으로 『月汀漫筆』에 실려 있다.

124) 본디 변화(卞和)가 옥 때문에 월형(刖刑) 당한 줄 알고: 변화는 초나라 사람. 그는 초산(楚山)에서 옥돌을 얻어 이 옥돌을 여왕(厲王)에게 올렸는데 왕을 속였다는 죄명으로 왼쪽 다리를 잘렸다. 뒤에 무왕(武王)에게 올렸으나 역시 같은 죄명으로 오른 쪽 다리를 잘렸다. 문왕(文王) 때 이 옥돌을 안고 초산 밑에서 사흘 밤낮을 운 뒤에야 왕이 이 옥돌의 진가를 알아보았다고 한다. 여기서는 퇴계 선생이 참된 옥과 같은 줄을 안다는 말이다. 『韓非子』 和氏.

중추에 그리운 생각 있어 사인(舍人) 이황(李滉)에게 보내다. 2수
中秋有懷, 呈李舍人滉

지난 해 아름다운 달이 오늘 저녁에 또 비추니
만고의 맑은 서리 푸른 하늘에서 얼었네.
천지가 장구하게 흐르니 항아(姮娥)도 늙었고
황하가 흐르고 구름이 갈라짐에 계수나무 잎도 떨어지네.[125]
초구(貂裘) 입고 겨를 없어 밝은 달을 즐길 여유도 없고
선인처럼 초월하여 그대를 찾기는 어려웠네.
평생 동안 마음에는 항상 잊지 못했는데
살아오면서 희게 변한 살쩍만 얻었네.

隔年佳月又今宵, 萬古淸霜凍碧霄.
地久天長娥亦老, 河流雲晝桂空飄.
戀貂未暇銀蟾憶, 擲杖難同羽客超.
心事百年長耿耿, 爾來嬴得鬢蕭蕭.

아름다운 계절 중추절(中秋節) 돌아오니
달을 감상하는 사람들은 이 밤을 함께 즐기리라.
만고의 달빛이 부질없이 우주를 비추고

---

125) 황하가 흐르고 구름이 갈라짐에 계수나무 잎도 떨어지네: 계수나무는 상록수. 곧 황하가 흐르고 구름도 합했다가 떨어졌다 하면서 세월이 흘러감에 자연도 변한다는 말로 보인다.

한 잔 술로 근심을 없앤 사람 몇몇의 영웅인가?
해가 저물자 나의 몸은 시로 인해 수척하고
날이 차가움에 나의 가슴 술에 의해 더워지네.
지난 해 관산에서 만난 일 생각하니
변방의 기러기 외롭게 빈 수루(戍樓)에서 우네.

佳期天上中秋至, 淸賞人間此夕同.
萬古光輝空宇宙, 一尊消歇幾英雄.
形容歲暮生詩瘦, 襟抱天寒仗酒功.
遙想去年關外看, 塞鴻孤叫戍樓空.

이 서장관을 북경으로 보내며
奉送李書狀赴京

타향 길 가을비 먼지를 씻어버리니
압록강 연관에서 역마를 재촉했네.
요동의 산세는 발해를 이었고
노강(潞江)[126]의 안개비는 누대를 가리었네.
금낭(錦囊) 속에 시는 삼천 수나 되고
연경(燕京: 帝里)의 노래 속에 백 잔을 마셨네.
문자를 짓는 일 장차 빛을 보려하니
멀리 여행함에 자장(子長)[127]처럼 하고 돌아오기를 기대하네.

客程秋雨洗塵埃, 鴨塞燕關驛騎催.
遼左峰巒連渤海, 潞江烟雨鎖樓臺.
錦囊風月三千首, 帝里笙歌一百杯.
文字欲將看發越, 遠遊須待子長迴.

---

126) 노강(潞江): 노(潞)는 춘추시대 북방 소수민족의 하나인 적적(赤狄)의 별종이 세운 나라. 노강은 노나라를 경유하여 흐르는 강으로 보인다. 『左傳』 文公 十一年. "晉之滅潞也, 獲僑如之弟焚如".

127) 자장(子長): 주 119) 참조.

송규암의 유거(幽居) 시에 차운하다
次宋圭庵幽居韻

몸에 금색의 관인을 매고 또한 고요히 지내니
맹생(孟生)이 병이 많아 찾는 친구 드무네.[128]
오늘날 닭의 무리 속에 학처럼 머물고
못 가에 서성이는 당년에 강 물고기의 뱃속에 장사지내지 않았네.[129]
잠을 깨우는 골짜기 새는 창문을 엿보고
발에 들어오는 산 빛은 거문고와 책을 적시네.
조회에서 돌아와 날마다 향을 태우고 앉았으니
소나무에 걸린 달이 창에 다다라 밤 휘장을 비추네.

身綰金章且索居, 故人多病孟生疏.
雞群此日還留鶴, 澤畔當年未葬魚.
喚睡谷禽窺戶牖, 入簾山翠潤琴書.
朝迴日日燒香坐, 松月臨窓夜幌虛.

---

128) 맹생(孟生)은 맹호연(孟皓然)을 이르는 말로 당나라 사람이다. 녹문산에 은거하다가 40세에 서울에 와서 명사들과 교유하였다. 오언고시(五言古詩)에 뛰어났다. 그의 〈歲暮歸南山〉에 "不才明主棄, 多病故人疏"란 시가 있다. 『事文類聚』 前集, 隱逸.

129) 못 가에 서성이는 당년에 강어(江魚)의 뱃속에 장사지내지 않았네: 상수(湘水)의 물가에서 서성이다가 강어의 뱃속에 장사를 지낸 사람은 굴원(屈原)이다. 굴원은 초나라 사람으로 회왕(懷王) 때 삼려대부가 되어 정사를 주관하고 왕의 신임을 받았으나 다른 대부들의 참소를 받자 〈이소경〉을 지어 왕이 깨닫기를 바랐고 양왕(襄王) 때 다시 참소를 받아 장사(長沙)로 유배되자 〈어부사〉 등의 글을 짓고 멱라수(汨羅水)에 투신하여 죽었다. 여기서는 송규암이 시골에 와서 못가에 서성이지만 좋은 때를 만나 굴원과 같이 물에 빠져 죽지는 않는다는 말이다. 『史記』 八十四, 〈漁父辭〉.

원운 – 규암 송인수
原韻 – 圭庵 宋麟壽

옥인(玉人)[130]이 달빛을 타고 그윽한 거처 찾아와
가시 사립 밀고 오니 나무 그림자 성기네.
집에 빚은 천일주(千日酒)[131]를 잠시 열었고
소반에는 우연히 팔초어(八梢魚)[132]를 얻었네.
미친 시는 전하여 세속을 놀랠 것 없지만
맑은 이야기가 글을 읽는 것보다 나은 줄을 알겠네.
내일 산 아래 길에서 그대를 보내고 나면
작은 집은 조용하여 텅 빈 것 같으리.

玉人乘月訪幽居, 柴戶推來樹影疏.
山釀暫開千日酒, 盤看偶得八梢魚.
狂詩不用傳驚俗, 淸話方知勝讀書.
明日送君山下路, 小堂寥落似逃虛.

---

130) 옥인(玉人): 친한 사람이나 사랑하는 사람에 대한 애칭. 權德輿의 〈送盧評事婺州省覲〉. "客愁靑眼別, 家喜玉人歸".

131) 천일주(千日酒): 술 이름. 적희(狄希)란 사람이 만들었고, 이 술을 마시면 천일 동안 깨지 않는다고 한다. 여기서는 좋은 술을 뜻한다. 『博物志』 五.

132) 팔초어(八梢魚): 문어. 문어는 다리가 여덟이 있어 팔초어라는 이름이 붙었다. 『東醫寶鑑』 湯液.

앞의 시에 차운하다 – 임당 정유길

次韻 – 林塘 鄭惟吉

집무를 마치고 돌아와 홀로 있는 것 좋아하니
뜰에 가득한 숲에 달빛이 듬성듬성.
아침 해 뜨는 동산[朝陽]에 봉황이 우는 것을 알겠으니
큰물에는 큰 고기를 놓아주어야 하리.
소나무는 일산처럼 문 앞에서 손님을 맞고
대나무 창에 눈이 남아 있어 책 읽기 좋구나.
배 타고 산음에서 친구 찾아온 흥취[133]가 남아 있으니
험한 돌길 구름사다리에서 허공에 솟은 듯.

衙罷歸來喜索居, 一庭林月正扶疏.
朝陽已覺鳴祥鳳, 大壑還須縱巨魚.
松盖當門能迓客, 竹窓留雪好看書.
孤舟不盡山陰興, 絶磴雲梯擬跨虛.

133) 진(晉) 나라 왕자유(王子猷)가 산음(山陰)에 살았는데 설월(雪月)의 밤에 홀연히 흥취가 나서 섬계(剡溪)에 있는 친구 대안도(戴安道)를 생각하고 곧 배를 타고 밤새도록 찾아갔다가 흥이 깨자 그냥 되돌아간 일이 있었다.

앞의 시에 차운하다 – 호음 정사룡

次韻 – 湖陰 鄭士龍

대사헌이 옛 정승 살던 집에 와서 사니
풍성(風聲)이 한 세상에 생소하지 않구나.
문에 오르자 화려한 수레 모였던 일 생각나고
술자리 벌이니 허리에 찼던 금어(金魚) 전당잡힌 것[134]
지금도 보겠네.
운치는 서청(西淸)[135]보다 나으니 걸작을 지었고
벼슬은 동관(東觀)[136]에 통하여 기이한 책을 빌리네.
외람되게 글을 논하는 일에 나를 비루하다 아니하나
그림의 떡으로 주림을 견딤과 같아 사실은 허사일세.

都憲來僑故相居, 風聲一世未應疏.
登門却憶攢華轂, 置酒今逢換佩魚.
韻勝西淸聯傑作, 籍通東觀借奇書.
猥蒙不鄙論文事, 畫餠克飢實亦虛.

---

134) 당(唐) 나라 하지장(賀知章)이 이태백(李太白)을 처음 만나 술집에 가서 찼던 금귀(金龜: 金魚)를 잡히고 술을 사서 대접하였다.
135) 서청(西淸): 궁궐의 서쪽에 있는 맑고 깨끗한 건물. 『文選』, 司馬相如 〈上林賦〉.
136) 동관(東觀): 궁중의 서고.

앞의 시에 차운하다 – 기재 신광한
次韻 – 企齋 申光漢

성남의 외진 땅이 내 사는 곳과 비슷하니
벼슬살이[朱門]에 생소함을 또한 알겠네.
술을 사랑함에 자주 달에게 물을 뿐이요[137]
산을 사랑하나 어찌 은어(銀魚)까지 불사를 필요 있으리[138].
조정에 들어가 몇 번이나 새로운 정무(政務)를 들었나?
방에 들어와서는 오직 옛 책을 뒤적거리네.
피차에 취미가 같음을 논하려 한다면
작은 당 맑은 밤에 자리를 비워두소.

城南地僻類吾居, 亦識朱門生事疏.
愛酒只宜頻問月, 耽山何用更焚魚.
歸朝幾度聞新政, 入室惟應檢舊書.
彼此欲論同氣味, 小堂淸夜座須虛.

---

137) 술을 사랑함에 자주 달에게 물을 뿐이요: 이태백은 술을 좋아하고 달을 사랑하여 술잔을 잡고 시로써 달에게 설문을 하였다. 李白의 〈把酒問月〉. "靑天有月來幾時, 我今停杯一問之".

138) 은어(銀魚)까지 불사를 필요 있으리: 두보(杜甫)의 시에 "벽산 학사가 은어(銀魚)를 불태웠다[碧山學士焚銀魚]."란 글귀가 있는데, 은어는 당 나라 때에 5품 이상의 관원이 차는 것이다. 그것을 불태운다는 것은 벼슬을 버리고 왔다는 말이다.

앞의 시에 차운하다 – 영천 신잠
次韻 – 靈川 申潛

땅이 구석져 도리어 작은 은거지 같아
앉아보니 마음이 절로 맑기만 하네.
뜰 앞에 소나무 늙어 학이 깃들만 하고
난간 밖에 못이 맑아 물고기 기르는 데 적합하네.
벼슬을 버리고 물러나 몇 번이나 글로써 벗을 모았던고
향을 피우면서 다시 밤에 책 보는 것이 기쁘네.
그대가 고요한 속에서 터득한 공부를 보니
마음에 티끌 없어 수면에 비친 달처럼 비어 있네.

地僻還如小隱居, 坐來心事自蕭疏.
庭前松老應棲鶴, 檻外池淸合養魚.
退食幾回文會友, 焚香更喜夜觀書.
看君靜裡工夫得, 方寸無塵月水虛.

앞의 시에 차운하다 - 하서 김인후

次韻 - 河西 金麟厚

조회에서 돌아와 한방에 엄연히 한가롭게 지내니
남은 일은 때때로 긴장이 풀리는 것 무방하네.
붓 아래는 삼협(三峽)의 물이 거꾸로 쏟아지는 듯[139)]
묵지(墨池)[140)]에는 북명(北溟)의 고기[141)]가 날아오르는 듯.
사람이 저문 길에 돌아감에 달이 자리를 엿보고
문은 지는 꽃 속에 닫혔는데 바람이 책장을 말아 놓네.
누가 이곳에 처음으로 집을 지었나
지금도 경내가 청허함만 깨닫겠네.

朝迴一室儼閑居, 餘事無妨時放疏.
筆下倒傾三峽水, 墨池飛出北溟魚.
人歸暮逕月窺榻, 門掩落花風捲書.
誰向此間初卜築, 祗今偏覺境淸虛.

---

139) 삼협(三峽)의 물이 거꾸로 쏟아지는 듯: 삼협은 양자강 상류의 세 협곡. 구당협(瞿塘峽)・서릉협(西陵峽)・무산협(巫山峽). 이곳은 좁은 협곡으로 물이 세차게 흐른다. 여기서는 붓끝의 글씨가 삼협의 물이 쏟아지듯 자유롭게 나온다는 말이다. 『讀史方輿紀要』.

140) 묵지(墨池): 묵지는 왕희지(王羲之)가 글씨를 배울 때에 연못에 붓을 씻어 물이 검었다 한다.

141) 북명(北溟)의 고기: 전설상의 곤어(鯤魚)를 말한 것임. 몹시 커서 등이 몇 천리라고 한다. 여기서는 글씨가 힘차 나는 듯하다는 말이다. 『莊子』 逍遙遊.

앞의 시에 차운하다 – 석천 임억령

次韻 – 石川 林億齡

서재[寒齋]가 적적하여 스님의 거처와 같고
땅이 구석져 문 앞에 말의 자취도 드므네.
뜻이 벼슬[公侯]에 있지 않아 증점(曾點)과 함께 하고
싶고[142]
꿈에 강해(江海)에 노니 물고기 즐거움을 아네.[143]
천하에 둘도 없는 선비가 되려면
어찌 인간 세상에서 성인의 글이 아닌 것을 읽을 수 있나?
술 한 병을 품고 세상일 논하려고
멀리서 빠른 바람에 허공을 타고 왔네.

---

142) 뜻이 벼슬에 있지 않아 증점(曾點)과 함께 하고 싶고: 공후는 본래 제후를 뜻하는 말이지만 여기서는 고급 관료를 말한 것이다. 점(點)은 증자의 아버지. 공자가 몇몇 제자를 불러 놓고 각자의 뜻을 말하라고 하니, 자로는 백성들의 용기를 돋우고 싶다 하고, 염구는 좋은 정치를 하여 백성들이 풍족하게 살게 하고 싶다 고하고, 공서화는 외국 사신을 접대하고 싶다고 하였다. 그러나 증점은 봄날 봄옷이 이루어지면 몇몇의 어른과 동자를 데리고 봄나들이를 하고 싶다고 하니, 공자는 말하기를 "나는 증점과 함께 하겠다"고 하였다. 여기서는 규암공의 뜻이 큰 벼슬에 있지 않음에 나의 뜻과 같아 규암공처럼 자신도 은거하고 싶다는 말이다. 『論語』 先進.

143) 꿈에 강해(江海)에 노니 물고기 즐거움을 아네: 강해는 강과 바다를 가리키는 말이지만 여기서는 시골을 뜻하는 말이다. 장자의 우화(寓話)에 장자가 혜자(惠子)와 함께 호양(濠梁)이라는 내 위에서 놀다가 장자가 말하기를 "저 피라미가 조용히 나와 노니 이는 고기의 즐거움이다."라고 하니, 혜자가 말하기를 "그대는 고기가 아닌데 어떻게 고기가 즐거워하는지를 아는가?" 하였다. 고기는 규암공을 가리킨 말이다. 곧 석천공이 시골에서 놀면서 규암공이 시골에 와서 은거하는 뜻을 안다는 말이다. 『莊子』 秋水.

寒齋寂寂比僧居, 地僻門前馬跡疏.
志不公侯吾與點, 夢遊江海我知魚.
欲爲天下無雙士, 肯讀人間非聖書.
思抱一尊論世事, 遠來風疾正乘虛.

앞의 시에 차운하다 – 박충원

次韻 – 朴忠元

한 계곡을 마음대로 차지하고자 거처를 옮겼으니
종남산을 길이 대하여 창문[碧疏][144]을 열었네.
바쁜 속에 조회에 참여하느라 관복을 단정히 하고
한가함 속에 하는 일은 솔개와 고기를 살피는 일일세[145].
몸이 건강하니 주머니에 약이 없고
순후한 세상 만들려고 뱃속에 글이 있네.
시를 서로 주고받으면서 우러러 사모함을 묘사하니
비로소 이름 있는 선비 헛되지 않음을 알겠네.

欲專丘壑爲移居, 長對終南捲碧疏.
忙裡朝參齊紱冕, 閑中事業察鳶魚.

144) 벽소(碧疏)는 푸른빛의 비단을 바른 창. 韋應物의 〈酒肆行〉. "碧疏玲瓏含春風, 銀題采幟邀上客".

145) 한가한 속에 하는 일은 솔개와 고기를 살피는 일일세: 『시경』에 이르기를 "솔개는 날아 하늘에 이르고 고기는 못에서 뛴다."고 하니 이는 자연의 조화가 위아래로 잘 나타나는 것이다. 여기서는 주인공이 자연에 묻혀 천지의 이치를 살피며 살아감을 이른 말이다. 『中庸』 第十二章.

將身傳健囊無藥, 挽世歸淳腹有書.
屬和篇章描景仰, 始知名下士非虛.

『동각잡기(東閣雜記)』에 이르기를, "창산(昌山) 성희안(成希顔)의 옛 집이 종남산 아래에 있어 계곡이 그윽하고 깊었다. 가정(嘉靖) 신축년에 규암(圭庵) 송인수가 세를 들어 살았다. 임당(林塘) 정유길이 찾아감에 규암이 시로써 감사하다는 인사를 하고 임당이 이에 차운(次韻)을 하니 일시의 문사들이 화운(和韻)을 하는 자가 많아 거질(巨帙)이 되었다". 부질없이 거기에 기록된 것을 기록한 것이다.

【『東閣雜記』云: "成昌山希顔舊第, 在終南山下, 洞壑幽邃. 嘉靖辛丑年間, 宋圭庵麟壽賃居之. 鄭林塘惟吉往訪, 圭庵謝以詩, 林塘次之, 一時文人多酬和巨秩". 漫錄其所記者.】

유나재(柳懶齋)의 시에 차운하여 섬 상인(蟾上人)에게 주다

次柳懶齋韻, 贈蟾上人

당년에 석장(錫杖)을 날리면서 내 낀 담쟁이 속에 살더니
묻건대 절집 창에 즐거움이 얼마나 되나?
아침에 푸른 산을 대함에 맑은 정취가 지극하고
밤에 차가운 달을 이웃함에 깨끗한 마음이 많겠네.
실컷 산수를 즐기면서 일찍이 벗으로 삼았고
하늘과 땅을 가리키며 집으로 삼았네.
자연 밖에 살펴 아는 일[冥觀][146] 응당 많으리니
한 몸의 생사는 자연에 맡겼네.

當年飛錫住烟蘿, 借問禪窓樂幾何.
朝對碧峰淸趣極, 夜隣寒月淨心多.
贏將山水曾爲友, 剩指乾坤更作家.
象外冥觀應有富, 一身生死付雲霞.

---

146) 살펴 아는 일[冥觀]: 명관은 마음속으로 살펴 아는 일. 『文選』 孫綽, 〈遊天台山賦〉. "渾萬象以冥觀, 兀同體於自然".

관덕정에서 부원군 정인지의 시에 차운하다 정자가 제주에 있다
觀德亭, 次鄭府院君麟趾韻 亭在濟州

일찍이 학문과 덕을 닦고 또 병법을 논하면서
항상 백성의 고락의 정을 생각했네.
송사를 들으면 항상 공자의 말[147)]을 생각하고
몸가짐은 매양 백이(伯夷)[148)]의 맑음을 본받았네.
사람이 재주 있고 둔함은 활 쏘는 장소에서 볼 수 있고
정교(政教)의 사정(邪正)은 음악으로 살필 수 있네.
우뚝한 높은 정자 예부터 서 있으니
어진 목사의 치평(治平)을 누리는 일 몇 번이나 겪었나?

曾修文德又論兵, 長念民間苦樂情.
聽訟常懷夫子語, 典刑每效伯夷淸.
觀人才否御帿處, 審政正邪絃管聲.
突兀高亭今古立, 幾經仁牧享治平.

---

147) 공자의 말: 공자는 말씀하기를 "송사를 들음이 나도 다른 사람 같지만 반드시 송사의 일이 없게 해야 한다"고 하였다. 곧 송사를 하는 일은 시비곡직을 따지는 일이니 덕을 펴서 시비를 다 잊어버리게 해야 한다고 하였다. 『論語』 顔淵. "聽訟, 吾猶人也, 必也使無訟乎".

148) 백이(伯夷): 은나라 말기 고죽국(孤竹國) 왕의 맏아들. 아버지가 죽을 때 왕위를 아우인 숙제(叔齊)에게 주기로 하고 죽었다. 아버지가 죽자 부왕의 뜻대로 왕위를 아우에게 주니 숙제는 형이 계신데 아버지의 명령이라 하더라도 오를 수 없다 하여 형 백이에게 양보하였으나 백이는 받지 않았다. 결국에는 둘이 서로 양보하다가 가운데 동생에게 주었다. 맹자는 말하기를 "백이는 성인의 맑은 사람이라"고 칭찬하였다. 『孟子』 萬章下.

용두석 제주에 있다
龍頭石磯 在濟州

깊은 굴에 용이 서려 머리를 드니
절제사(節制使)의 좋은 풍류를 탐하기 때문일세.
푸른 물결에 해 지니 새로운 흥이 생기고
푸른 술 잔에 가득하니 분함과 근심 사라지네.
만고에 구름만 떠 있는 모흥혈(毛興穴)149)이요
천추의 달밤 황독탄(黃犢灘)에 여울 소리 울리네.
사군(使君)은 즐기고 마시기 위해서가 아니라
풍광을 아껴 잠시 머문 거라네.

幽窟龍盤爲擧頭, 應耽節制好風流.
滄波日落生新興, 綠酒杯深蕩奮愁.
穴老毛興雲萬古, 灘鳴黃犢月千秋.
使君不是流連飮, 爲惜風光却少留.

---

149) 모흥혈(毛興穴): 제주에는 본래 사람이 없었는데 세 사람의 신인(神人)이 제주 북쪽에 있는 모흥혈로부터 나오니 양을나(良乙那)・고을나(高乙那)・부을나(夫乙那) 세 사람이다. 『新增東國輿地勝覽』 濟州牧.

죽도에서 전 목사 김충렬(金忠烈)의 시에 차운하다
죽도는 제주에 있다

竹島, 次前牧使金忠烈韻 竹島在濟州

낡은 누대 무너진 성곽 거친 언덕 언저리에
변방의 안개비 언뜻 걷히지 않네.
나그네 세월에 느티나무 벌써 여름 되고
농가의 어려운 살림 보리 더딘 가을이구나.
타향의 친척 중 누가 청안(青眼)150) 인가?
훈명(勳名) 말로에 절로 백발이 되었네.
병이 많아 근력이 쇠함을 탄식하니
이 생애에 어떻게 성상의 은혜에 보답할까?

殘樓崩堞介荒丘, 瘴雨蠻烟未肯收.
客子光陰槐已夏, 田家契闊麥遲秋.
殊方骨肉誰青眼, 末路勳名自白頭.
多病漸嗟筋力減, 此生那復聖恩酬.

---

150) 청안(青眼): 서로 기뻐하는 눈. 진(晉)나라의 완적(阮籍)은 눈시울을 희게도 하고 푸르게도 하였다. 그는 예를 가추는 사람을 보면 흰 눈초리로 대하고 술이나 거문고를 좋아하는 사람을 대하면 푸른 눈초리로 보았다. 여기서는 친척이 서로 기뻐하는 눈으로 보는 자 누구냐는 말이다. 『晉書』 玩籍傳.

육언

당어령에서. 사상의 시에 차운하다
堂於嶺. 次使相韻

구십일의 동풍을 다 보내고
서쪽 푸른 바다 끝까지 왔네.
세월이 부질없이 흐름에 마음 놀라
구름과 산이 겹친 데로 머리를 돌려보네.
가는 비 푸른 물결에 흰 새가 날고
저녁 연기 푸른 풀에 누런 소라.
하늘가에 해는 지고 시름만 생기는데
나랏일로 말 타고 가는 몸 쉬지도 못하네.

送盡東風九十, 行窮滄海西頭.
驚心歲月空邁, 回首雲山政稠.
細雨蒼波白鳥, 晚烟綠草黃牛.
天涯日暮愁絶, 靡鹽征鞍未休.

오언배율

춘설 십운. 한문공의 운을 써서 연지(演之)의 시에 차운하다

春雪十韻.[151] 用韓文公韻, 次演之

백설곡(白雪曲)의 새 노래를 전하고
양춘곡(陽春曲)의 옛 노래를 파하였네.
밤이 들면 추위는 다시 엄습하지만
낮이 되면 따듯함에 추위는 사라지네.
작은 추위는 복사꽃눈을 오그라들게 하고
남은 위세는 버들가지 허리를 다시 얼게 하네.
세찬 바람 비록 매서우나
봄기운 어찌 쓸쓸할까.
제비는 꽃을 따라 날개를 치고
꾀꼬리 나니 버들개지 다리에서 떨치네.
차가운 기운 찾아들어 옷은 잠시 차가우나
봄빛이 찾아오니 눈이 먼저 바빠지누나.
춤추는 누각에 봄 근심 늦어가고
단장한 누대에는 밤이 짧아 아침 되기 쉽네.

---

151) 『艮齋集』 권6 「後東槎錄」에 네 사람의 시가 실려 있다.

매화는 지는지 안 지는지 분별하기 어렵고
나는 나비 함께 가서 나부끼네.
시로써 그리려 해도 글귀를 만들기 어려우니
이 형상을 비단에 그리면 마땅하겠네.
나그네 살쩍에 흰빛이 물드는 것 싫어
흰머리 더해짐을 봐준 적 없네.

白雪傳新曲, 陽春罷舊謠.
侵宵寒更襲, 入晝暖初消.
微凍封桃眼, 餘威勒柳腰.
嚴風雖料峭, 春意肯蕭條.
鵲去花隨觜, 鶯飛絮拂橋.
氣侵衣乍冷, 光纈眼先搖.
舞閣春愁晩, 粧樓夜易朝.
兼梅落不辨, 趁蝶去同飄.
模寫難憑句, 形容合倩綃.
還嫌侵客鬢, 添白不曾饒.

칠언배율

태평관 육십운
太平館六十韻

황제의 인덕(仁德) 끝이 없어 하늘을 덮고

사해(四海)가 집이 되니 길이 통하였네.

황제를 향하는 마음 북극성 같아 우러러 보고[152)]

물이 동해로 흘러감과 같아 만 가지의 조종(朝宗)이 되네.

왕가의 업적도 천년에 기반을 두었고

왕의 도읍지 산하는 장중하여 만 번이나 겹쳤네.

푸짐한 선물은 백 년 동안 온 천하[普率][153)]에 퍼지고

길상(吉祥)은 하룻밤에 웅비(熊羆)의 꿈을 꾸었네.[154)]

한나라 고황제(高皇帝)의 위대한 용안(龍顏)[155)]을 다투어 전하고

---

152) 황제를 향하는 마음 북극성 같아 모두 우러러 보고: 북극성은 여러 별의 중심이 되어 많은 별이 북극성을 향하여 돈다. 이와 같이 천자는 만국의 조종이 되니 공자는 말하기를 "천자가 덕정을 베풀면 여러 별이 북극성을 향하는 것 같다"고 하였다. 『論語』 爲政. "子日, 爲政以德, 譬如北辰, 居其所, 而衆星, 拱之".

153) 온 천하[普率]: 보는 '普天之下'의 준말. 솔은 '率土之濱'의 준말. 곧 온 천하를 뜻하는 말이다. 『孟子』 萬章上.

154) 웅비(熊羆)의 꿈을 꾸었네: 웅은 곰. 비는 말곰. 모두 아들을 낳을 징조를 이르는 말로 쓰였다. 여기서는 훌륭한 제왕이 태어날 징조를 이른 말이다. 『詩經』 小雅 斯干. "維熊維羆, 男子之祥".

155) 한나라 고황제(高皇帝)의 위대한 용안(龍顏): 한 고조 유방(劉邦)의 상은

당종(唐宗)은 일각(日角)의 영웅156)을 함께 말하였네.

황실[璇極]의 앞별157)이 다시 빛나게 되니

태자를 봉하는 책명은 새로 봉함을 받았네.

열 줄의 황제 조서를 온 천지에 나누어 주니

많은 제후와 귀한 관료들은 천자에게 축하했네.

먼 나라[遐荒]158)도 중국과 똑같이 보니 은혜가 바다 같고

함께 말을 타고 온 관료들은 기운이 무지개 같네.

황제의 조서는 널리 알리려는[鋪張]159) 손을 쓴 것이고

지극한 이치는 화려한 문장[黼黻]160)의 공으로 나타냈네.

곧 이런 소문이 남에 우리 동방[鰈域]161)에서는 놀라

사신의 이런 공훈을 이종(彝鍾)162)에 새기려 하였네.

천지는 모두 천자가 감싸 안는 속에 들어가고

융준용안(隆準龍顔)이라고 하였다. 『史記』 高祖紀. "高祖爲人, 隆準而龍顔".

156) 당종(唐宗)은 일각(日角)의 영웅: 당종은 당나라 고조 이연(李淵). 일각은 이마의 가운데가 빛이 나는 상. 귀인의 상이라고 한다. 당검(唐儉)은 당고조 이연을 보고 공은 일각용정(日角龍庭)이라고 하였다. 『舊唐書』 唐儉傳.

157) 황실[璇極]의 앞별: 선극은 황실을 이르는 말. 앞별은 태자를 가리킨 말로 보인다.

158) 먼 나라[遐荒]: 하황은 외지고 먼 변경의 땅을 말한다.

159) 널리 알리려는[鋪張]: 포장은 널리 알려 선양함을 뜻하는 말이다. 張居正, 〈進大閱圖頌卷疏〉. "雖思淺詞蕪, 未足鋪張".

160) 화려한 문장[黼黻]: 보불의 본뜻은 화려한 수. 화려한 무늬. 여기서는 화려한 문장의 뜻으로 쓰였다. 『北齊書』 〈文苑傳序〉. "摛黼黻於生智".

161) 우리 동방[鰈域]: 접역은 우리나라를 가리키는 말. 우리나라가 가자미처럼 생겼다하여 우리나라를 이르는 말로 쓰였다. 『高麗史』 恭愍王世家. "襲藩宣於鰈域".

162) 이종(彝鍾): 이(彝)는 종묘에 쓰는 제기 이름. 종(鍾)은 그릇. 종지. 여기서는 둘을 합쳐 종묘에 쓰는 그릇이다. 옛날에 공적이 있는 자의 성명을 이종에 새겼다. 鼎彝. 任昉, 〈王文憲集序〉. "或功銘鼎彝".

우주는 다 시계(視界)의 가운데 들어오네.

문장은 사마천(司馬遷) · 양웅(揚雄)[163]과 같아 괴이하게 달려가고

시는 조식(曹植) · 사령운(謝靈運)[164] 같아 서로 우열을 다투네.

(중국 사신은) 큰 비늘을 가진 곤어(鯤魚)가 바다에서 붕새로 화한 듯하고[165]

빠른 날개로 학이 높은 하늘로 오르는 듯하네.

부절을 가지고 요동의 먼 곳에서 오니

머리를 들어 멀리 바라봄에 바닷가 하늘의 끝일세.

잠시 황궁의 강석(講席)을 떠나 우리의 정세를 묻고

황제의 관복을 입음에 은사(恩賜)의 사명(使命)이 내렸네.

봄날의 태양처럼 덕택을 베푸니

큰 비를 가져다가 피로한 백성에게 은혜를 베푸는 일 같네.

사신의 풍모는 소탈하여 마음에 누가 없고

잔치 자리에서 담판하여 상대방을 이기네.[166]

붓 끝은 노경(魯經:春秋)과 같아 상벌[袞鉞][167]이 엄중하고

---

163) 사마천(司馬遷) · 양웅(揚雄): 모두 한나라 때 사람. 사마천은 『사기』를 짓고 양웅은 사부(辭賦)에 능하였다.

164) 조식(曹植) · 사령운(謝靈運): 조식은 삼국시대 조조의 셋째 아들. 사령운은 진(晉)나라 때의 시인. 모두 시의 재주가 특이하였다.

165) 곤어(鯤魚)가 바다에서 붕새로 화한 듯 하고: 곤어는 장자의 우화에 나오는 물고기 이름. 곤어의 등은 몇 천리나 되고 이 고기가 변하여 붕(鵬)이란 새가 되어 때로 만 리를 올라가 남쪽의 바다로 이동을 한다고 한다. 여기서는 중국사신의 인품이 이와 같다는 과장된 말이다. 『莊子』 逍遙遊.

166) 잔치 자리에서 담판하여 상대방을 이기네: 사신을 접대하는 잔치자리에서 기(氣)로 상대방을 이긴다는 말로 보인다. 『晏子春秋』 雜 上. "仲尼聞之曰, 善哉, 不出尊俎之間而折衝于千里之外".

167) 상벌[袞鉞]: 곤은 포상을 뜻하고 월은 징벌을 뜻함. 錢謙益의 〈答王于一秀

가슴 속의 진시황(秦始皇) 거울[168]은 흉사(凶邪)을 비춰보네.

변방의 풍속을 관찰함에 말은 다르지만

말을 타고 언덕을 지나면 경관은 중국과 같네.

(우리나라가) 유연(幽燕)[169]이 막혀 큰 해자처럼 비껴 있고

산은 말갈(靺鞨)의 땅과 연하여 산봉우리 솟아 있네.

천년의 아름다운 땅 새로 감상하였고

만 리의 산천 경관은 아름다운 모습을 띠었네.

수양버들 흔들흔들 관도(官道)는 푸르고

작은 복사꽃은 처음으로 역루(驛樓)에 붉은 빛 전하네.

외의 껍질에서 향기 나고 나물[溪毛][170]도 연하고

소반과 주발에 성찬이 가득함에 해산물[海錯][171]이 풍부하네.

우리나라의 사물(事物)은 선배들의 시구에 남아 있고

풍류는 옛 사람의 자취를 이을 만하네.

고운 모습은 언제나 술잔 가운데의 달을 대한 듯하고

소매에 가득한 바람이 때때로 불어오는 듯하네.

깨끗한 경내는 눈을 비비고 볼 만하고

才論文〉. "竹帛未艾, 袞鉞有人".

168) 진시황(秦始皇) 거울: 진시황은 사람의 선악을 비추어보는 거울이 있었다고 함. 한고조 유방이 함양에 들어가 창고를 두루 살피는데 네모난 거울이 있어 사람에게 비추면 그 사람의 위장이나 질병·선악을 알았다고 한다. 『西京雜記』 三.

169) 유연(幽燕): 우왕의 유주(幽州)와 전국시대의 연나라 땅. 곧 하북성 일대를 이르는 말이다.

170) 나물[溪毛]: 계모는 시냇가에서 나는 야생의 나물. 『左傳』 隱公 三年. "苟有明信, 澗溪沼沚之毛".

171) 해산물[海錯]: 해착은 해산물. 바다의 해산물은 종류가 많아 복잡하여 착(錯)을 부쳤다. 『書經』 禹貢. "厥貢鹽絺, 海物惟錯".

맑은 소리의 고상한 음악은 귀먹은 사람을 열어주겠네.
하늘가에 계절도 어느덧 꾀꼬리 나이 먹고
언덕 위에는 궁궁이 풀[王孫草][172]만 무성하네.
경관은 심상히 발갈(渤碣)[173]을 연하였고
누대는 지척에 있는데 영주(瀛洲)의 봉래에 가깝네.
한가히 속세를 이야기하며 위태한 누대에 기대고
시 읊는 어깨를 솟구쳐 짧은 지팡이에 의지했네.
사신의 여행길은 기자국(箕子國: 우리나라)에 끝났고
꿈과 혼은 항상 미앙궁(未央宮)[174]을 싸고 있네.
속진은 이미 벗어나 인간의 세계로 가고
생학(笙鶴: 仙鶴)은 항상 세속 밖에서 따라 오네.
몇 번이나 백안(白眼)[175]으로 세속을 보았는가?
푸른 뱀은 공동산(崆峒山)[176]을 의지하려 하였네.
(사신이) 잘 때는 금압(金鴨)[177]의 촛대에 부용을 새긴 초의 심

---

172) 궁궁이 풀[王孫草]: 왕손초는 궁궁이 풀의 다른 이름. 궁궁이 풀은 미나리과에 속하는 다년초.

173) 발갈(渤碣): 발해의 동쪽에 있는 갈석산(碣石山). 갈석산은 하북성의 창려현(昌黎縣)에 있다. 『海錄碎事』 地 沙石.

174) 미앙궁(未央宮): 한고조가 세운 궁 이름. 장안의 성 안에 있었으나 옛터는 서안시의 북쪽에 있다. 여기서는 북경의 자금성을 이르는 말이다. 『史記』 高祖本紀.

175) 백안(白眼): 눈에 흰자위가 많은 눈. 세속을 경시하는 눈이란 말이다. 진(晉)나라 완적(阮籍)은 술이나 거문고를 좋아하는 사람을 만나면 청안(青眼)으로 보고 예속의 사람을 만나면 백안으로 보았다고 한다. 곧 사신이 풍류를 좋아함에 속세 사람들을 얼마나 경시하여 보았느냐? 라는 말로 보인다. 『晉書』 阮籍傳.

176) 공동산(崆峒山): 감숙성에 있는 산. 황제가 광성자(廣城子)에게 도를 물은 곳이다. 따라서 험한 산을 이르는 말로도 쓰인다. 이 구의 내용은 미상. 『莊子』 在宥.

지를 태우고

술에 취하여 옥루(玉樓)에서 금수의 이불을 안고 자네.

사모(四牡)[178]의 노래가 나옴에 사신의 자리는 아름답고

삼춘에 꽃이 지자 나그네의 회포는 느슨해지네.

화산(華山: 남산을 말한 듯) 새벽 아침 상서로운 기운이 솟고

서울의 거리[紫陌] 구름은 개이고 채붕(綵棚)[179]이 걸려 있네.

피리와 북 소리 아름답게 하늘을 연하고

(수레의) 발과 기는 어렴풋이 붉은 난간을 비추네.

(서울은) 용이 서리고 범이 걸터앉아 금탕(金湯)의 요새[180]요

봉황과 난새가 나는 듯한 높은 궁궐을 보겠네.

이로부터 황실의 은혜가 커서

동방 사람의 눈으로 융화의 교화를 보겠네.

사람들은 농사에 부지런하여 【결】

집에는 명주와 베옷 있어 겨울의 추위를 막겠네.

백성들은 무기를 갖는 일[佩牛] 금함을 한나라 태수에게 들었고[181]

---

177) 금압(金鴨): 금으로 도금한 오리 모양의 구리 향로. 여기서는 오리 모양의 구리 촛대. 戴叔倫의 〈春怨〉. "金鴨香消欲斷魂".

178) 사모(四牡): 시경의 편명. 사신을 위로하는 시다. 『詩經』 小雅 四牡序. "四牡, 勞使臣之來也".

179) 채붕(綵棚): 나라에 경사가 있거나 중국 사신이 오면 채색 종이나 비단으로 장식한 무대의 현수막. 『文宗實錄』 二年 三月 辛丑.

180) 금탕(金湯)의 요새: 쇠로 만든 성과 끓는 물이 흐르는 해자. 곧 몹시 견고하여 침공하기 어려운 요새를 뜻한다. 『漢書』 蒯通傳.

181) 백성들은 무기를 갖는 일[佩牛] 금함을 한나라 태수에게 들었고: 한나라 태수는 황패(黃霸)를 이르는 말. 한나라 때 영천(潁川)에 반란이 일어나 진압하기 어려워지자 황제는 황패가 어진 관리라는 말을 듣고 황패를 불러 가서 진압하게 하니 황패는 부임하면서 무기를 해제시키고 무기로 농기구를 만들고 소를 사서 생산에 힘쓰도록 하였다. 그러나 일부 잔당

요임금 때 강구(康衢)의 거리에서 황제의 법에 순히 한다는 노래를 들었네.[182)]

거문고 노래 만족하여 삼대의 치세를 따르고

절의는 【결】

삼국(三國)[183)]의 흐르는 풍속은 옛 노인에게 남아 있고

팔조(八條)의 남긴 훈계[184)] 아전이나 고용인에게도 미쳤네.

우리나라의 편안한 소식은 고래 같은 큰 파도 없고

(중국의) 서쪽 변방도 편안하여 견융(犬戎)을 끊어버렸네.

공물이 채워진 사신의 뜰에는 흰 모시가 많고

화폐로 통하는 장사꾼들 청동전(青銅錢)이 적네.

중국의 풍속을 묻는데 몸은 건강하고

명승의 경내에서 기이한 경관을 즐기니 마음에 차네.

오는 길 안개와 꽃 경관을 더하고

가는 길 언덕에는 밭가는 농부를 접해보네.

고향의 마음은 이미 서쪽으로 흐르는 물을 따라 가고

들이 무기를 버리지 않고 가지고 다니자 사람들은 소를 차고 다닌다고 빈정거렸다. 여기서는 우리나라 백성들은 난동을 금하고 태평을 즐긴다는 말이다. 『漢書』 黃霸傳.

182) 요임금 때 강구(康衢)의 거리에서 황제의 법에 순히 한다는 노래를 들었네: 요임금 때 강구의 거리에서 어느 아이가 노래를 하기를 우리는 아무것도 모르고 요제(堯帝)의 법에 따를 뿐이라[順帝之則]고 하였다. 여기서는 우리나라 백성들이 황제의 법에 순히 따른다는 뜻을 말한 것이다. 『列子』 仲尼.

183) 삼국(三國): 신라・고구려・백제인 것으로 보임.

184) 팔조(八條)의 남긴 훈계: 주나라 때 기자(箕子)가 우리나라에 와서 여덟 가지의 법으로 우리나라를 다스렸다는 훈계. 곧 살인자는 사형에 처하고 상해한 자는 곡식으로 갚고 도둑질한 자는 그 집의 노비로 삼고 기타 다섯 가지는 전하지 않는다. 『增補文獻備考』 刑考.

구름 속에 나는 날개는 북으로 가는 기러기를 돌리기 어려웠네.
가는 깃발 연기를 헤치면서 바람에 펄럭이고
옷소매는 보슬비에 젖어 습기를 띠고 있네.
패옥(佩玉)을 흔들면서 하늘 위(중국)로 돌아가니
밝은 구슬(좋은 선물)을 던져 우리나라에 흩고 갔네.
압록강은 물이 깊어 물결이 넘실대고
천마산은 높이 솟아 바위가 험준하네.
떠나는 회포 그림자를 대함에 서운한 마음이 더하고
노인의 눈물은 바람에 임하여 가슴에 뿌리고 싶네.
누추한 나는 스스로 마른 우물에 거처함을 탄식하고
현명한 공을 모시고 따라감이 얼마나 다행한 일인가?
나의 길게 늘어진 백발은 반악(潘岳)[185]처럼 슬프게 되고
단사(丹砂)를 이루지 못함에 갈홍(葛洪)[186]에게 부끄럽네.
세상일은 부질없이 골몰한 데로 사람을 몰아가는데
침침한 시력[昏花][187] 눈에 생겨 몽롱하기만 하네.
방인(方歅)[188]은 구유 사이에 있는 말을 한번 돌아보고

---

185) 반악(潘岳): 진(晉)나라 형양(滎陽) 사람. 어려서 재주가 뛰어나 재동이라는 말을 들었고, 나이 30세가 넘자 귀밑머리 희어져서 〈추흥부(秋興賦)〉를 지었다. 『晉書』 潘岳傳.

186) 갈홍(葛洪): 진(晉)나라 단양(丹陽) 사람. 자는 치천(稚川). 호는 포박자(抱朴子). 어려서부터 많은 책을 섭렵하고 신선술을 익혔다. 석빙(石氷)의 난 때 공을 세워 복파장군이 되고 관내후에 봉해졌다. 뒤에 나부산(羅浮山)에 들어가 저술과 연단(煉丹)에 전념하였다. 여기서는 저자가 연단술을 배우지 못하여 늙음이 부끄럽다는 말이다. 『晉書』 七十二.

187) 침침한 시력[昏花]: 혼화는 눈이 어른어른 함을 이르는 말. 韓愈의 〈與崔群書〉. "目視昏花, 尋常間, 便不分人顏色".

188) 방인(方歅): 구방고(九方皐)를 이르는 말. 춘추 시대 진(秦)나라 사람으로

채자(蔡子)[189]는 다시 타던 오동을 거두었네.
한 달 동안의 속마음 통역에 의해 말했는데
내일 밤은 하늘에 은하수만 보겠네.
작별을 원망하는[驪駒怨][190] 노래 차 자리에서 거듭 부르고
옥잔에는 잘 익은 죽엽주(竹葉酒)를 거듭했네.
아침에는 요동 들[鶴野][191]에서 모래 바람 속에 바다를 접하고
계문(薊門)의 연기와 나무는 저문 하늘에 연하였네.
행로를 재촉함에 세월이 감을 깨달았고
나랏일은 힘써야 하는데 머리가 희어짐을 금하기 어렵네.
돌아가 태평의 황제를 도와 오래 살기를 빌고
멀고 먼 우리나라는 다시 화목과 융성을 즐기리라[熙雍][192]

말의 상을 잘 보는 사람이다. 후세에 인재를 잘 알아보는 사람으로 쓰였다. 여기서는 중국사신이 자신을 잘 알아주었다는 말이다. 『列子』 說符.

189) 채자(蔡子): 후한 채옹(蔡邕)을 이르는 말. 자는 백개(伯喈). 사장・산술・천문・음률에 능통하였다. 오중(吳中) 사람이 오동나무를 태워 밥을 짓는데 채옹이 폭발하는 소리를 듣고 말하기를 "이는 참 좋은 목재이다"하고 그것을 청하여 깎아 거문고를 만드니 뒤쪽에 타던 흔적이 있어 초미금(焦尾琴)이라고 하였다. 여기서도 중국 사신이 인재를 잘 알아본다는 말이다. 『事文類聚』 後集 梧桐.

190) 작별을 원망하는[驪駒怨]: 여구는 작별을 뜻하는 말로 쓰였다. 따라서 여구원은 작별을 서운하게 여긴다는 말이다. 韓翃의 〈贈兗州孟都督〉. "此時不忍歌驪駒".

191) 요동 들[鶴野]: 한 나라 정영위(丁零威)가 선술을 배워 죽은 뒤 천년 만에 학이 되어 요동의 화표주에 와 앉아 옛사람들이 없어짐을 보고 탄식한 데서 요동을 '학야'라고 하였다.

192) 화목과 융성을 즐기리라[熙雍]: 희는 융성함을 뜻하는 말. 옹은 화목하다는 말. 『書經』 堯典. "庶績咸熙". 同書, "黎民, 於變時雍".

皇仁無外覆玄穹, 四海爲家道路通.
皇拱北辰咸仰向, 水流東海總朝宗.
王家緖業基千世, 帝里山河壯萬重.
嘉貺百年均普率, 休祥一夜夢羆熊.
爭傳漢帝龍顔偉, 共道唐宗日角雄.
璇極前星看再耀, 春宮寶冊定新封.
十行鳳詔頒區宇, 百辟鵷班賀袞龍.
一視遐荒恩似海, 聯鑣仙侶氣如虹.
皇猷正賴鋪張手, 至理應須黼黻功.
直把聲名驚鰈域, 擬將勳業勒彝鍾.
乾坤盡入牢籠裡, 宇宙都輸俯仰中.
文軼馬揚同騁恠, 詩追曹謝與爭工.
雄鱗滄海鯤俱化, 逸翮層霄鶴共沖.
持節遠來遼塞迥, 擡頭遙望海天窮.
暫辭講席咨諏遍, 穩着宮袍寵錫降.
爲與陽和宣德澤, 好將汪霈惠疲癃.
風儀脫略心無累, 尊俎從容氣折衝.
筆下魯經嚴袞鉞, 胸中秦鏡照邪凶.
觀風關塞音雖異, 攬轡郊原景自同.
地隔幽燕橫巨塹, 山連靺鞨簇群峰.
千年形勝供新賞, 萬里風光帶媚容.
垂柳正搖官道綠, 小桃初謝驛樓紅.
香生瓜甲溪毛軟, 飣疊盤盂海錯豊.
物色尙餘前輩句, 風流可繼古人蹤.
娟娟長對當尊月, 習習時携滿袖風.

洒落名區眞刮眼, 鏗鍧仙樂可開聾.
天涯節序驚將老, 原上王孫草又茸.
雲物尋常連渤碣, 樓臺咫尺近瀛蓬.
閑揮談麈憑危閣, 高聳吟肩倚短筇.
行邁已窮箕子國, 夢魂長繞未央宮.
塵埃已蛻人間去, 笙鶴長追物外從.
白眼幾回看世俗, 靑蛇直欲倚崆峒.
眠燒金鴨芙蓉炷, 醉擁瓊樓錦繡叢.
四牡歌成賓席敞, 三春花落旅懷慵.
華山曉日騰佳氣, 紫陌晴雲纈綵絨.
笳鼓喧闐連碧落, 旛旌隱約映朱櫳.
龍盤虎踞金湯固, 鳳翥鸞翔觀闕崇.
自是皇家恩浩蕩, 直敎東眼化怡融.
人勤稼穡知【缺】, 家有桑麻可禦冬.
民禁佩牛聞漢吏, 衢謠順則聽堯童.
絃歌自足追三代, 節義能敎【缺】萬鍾.
三國流風存故老, 八條遺訓及胥傭.
東溟妥帖無鯨浪, 西塞淸寧絶犬戎.
貢實旅庭多白苧, 貨通商賈少靑銅.
皇華問俗身能健, 勝境探奇意自充.
來路烟花添物色, 歸程畦壟接耕農.
鄕心已逐西流水, 雲翮難廻北去鴻.
行旆拂烟風獵獵, 征衫帶濕雨濛濛.
還搖玉佩歸天上, 祗擲明珠散海東.
鴨綠江深波瀲灩, 天磨山峻石巃嵸.

離懷對景頻添緖, 老淚臨風欲洒胸.
孤陋自嗟居涸井, 追陪何幸近明公.
長垂白髮悲潘岳, 未就丹砂愧葛洪.
世故驅人空汩沒, 昏花着眼更矇朧.
方歅一顧槽間馬, 蔡子還收爨下桐.
浹月襟懷憑譯語, 明宵星漢仰穹窿.
茶筵唱疊驪駒怨, 玉斝傾添竹葉濃.
鶴野風沙朝接海, 薊門烟樹暮連空.
催行已覺光陰逝, 靡盬難禁鬢髮鬆.
歸佐太平開壽域, 遐方應更樂熙雍.

오언고시

안정관(安定館)에서 규봉(圭峰)의 시에 차운하다
安定館, 次圭峰韻

멀고 먼 길 끝이 없는데
마음이 출렁거려 안정되지 않네.
모래 먼지 병든 눈에 들어오니
저녁이 아닌데도 먼저 어두움을 깨닫겠네.
기자의 도읍지 옛 놀던 땅이
눈에 지나가도 문득 살필 수 없네.
바쁘고 바쁜 하루 사이에
어느덧 아름다운 경관을 등져버렸네.
높은 누대에 꽃은 절로 피어 있고
빈 강에 달만 외로이 비추네.
풍류의 회포는 점점 쓸쓸해져서
다시 떡 파는 집[193]에 묻지 않았네.
고향의 동산은 천산의 남쪽에 있어
낮이나 밤이나 목을 빼고 바라보네.

---

193) 떡 파는 집: 식견이 얕고 천박한 사람을 이르는 말. 『三國志』魏志 裴潛傳. "潛出爲沛國相. (裴松之注)鍾繇不好公羊而好左氏, 謂左氏爲太官, 而謂公羊爲賣餠".

어지러이 온갖 걱정이 모여
날로 봄의 근심과 함께 어울리네.
하물며 설당(雪堂)의 신선[194]을 만나
백전(白戰)[195]을 하느라 늘 몽둥이를 잡았음에랴.
항복의 깃발을 외로운 성에 세우도록 하니
특이한 공로는 모영(毛穎)[196]이 쓰도록 하였네.
우리 군사의 위세를 펼 수 없으니
필진(筆陣)이 정돈되지 못함이 걱정일세.
글 짓는 솜씨도 이미 꺾여 다 되었으니
문인(文人)들에게 달려가기를 바라랴.
모름지기 시 읊는 일 그만두고
생애를 술 취하고 깨는 데 부치리라.

悠悠路不窮, 漾漾心無定.
塵沙侵病目, 不夕先覺瞑.
箕都舊遊地, 過眼渾不省.
怱怱一日間, 怱怱負烟景.
樓高花自開, 江空月孤影.
風懷漸蕭索, 不復問賣餠.

---

194) 설당(雪堂)의 신선: 설당은 소동파의 당호. 여기서는 규봉(圭峰)을 이르는 말로 보인다.
195) 백전(白戰): 맨손으로 싸움. 곧 금체시(禁體詩)를 지을 때 상용되는 글자의 사용을 금하는 것을 이르는 말. 蘇軾의 〈聚星堂雪詩幷小引〉. "當時號令君聽取, 白戰不許持寸鐵".
196) 모영(毛穎): 붓을 달리 이르는 말. 한유(韓愈)의 〈모영전〉에서 유래된 말이다.

故園千山南, 日夕徒延頸.
紛然百慮集, 日與春愁併.
況値雪堂仙, 白戰常制挺.
降幡豎孤壘, 奇勳策毛穎.
無緣張吾軍, 筆陣愁不整.
詞鋒挫已盡, 況望書林騁.
還須廢吟哦, 生涯付醉醒.

유이손(柳耳孫)에게 주다
贈柳生耳孫

그대 유백윤(柳伯胤)을 사랑하노니
필법이 천하에 독보일세.
어찌 일찍이 나조(羅趙)[197]를 따질까?
이미 종왕(鍾王)[198]의 뒤를 따랐네.
하물며 시율(詩律)이 맑고 깨끗하여
주옥을 손에 가득히 끌어오는 듯.
지금 중국 사신을 따라 와서
서로 청강곡(淸江曲)[199]을 보내왔네.

---

197) 나조(羅趙): 진(晉)나라 때의 서예가인 나휘(羅暉)와 조습(趙襲).『書法要錄』一.
198) 종왕(鍾王): 삼국 시대의 종유(鍾繇)와 진나라 때의 왕희지(王羲之)를 이르는 말. 모두 서예의 대가였다.
199) 청강곡(淸江曲): 사패(詞牌) 이름. 송나라 소상(蘇庠)이 청강에 배를 띄우고 지은 것이라 한다.『詞譜』.

나 역시 사신의 수레에 달려 와서
아침저녁으로 서로 어울려 뛰어다녔지.
좋은 술로 잔을 함께 하니
가슴에 품은 회포는 빙옥과도 같네.
근심은 구름과 비가 흩어지듯 하는데
먼 어느 곳에서 서로 그리워할까?
다정한 말은 정을 다하기 어려움에
시를 쓰면서 촛불을 태웠네.

愛爾柳伯胤, 筆法天下獨.
何曾數羅 趙, 已躡鍾 王躅.
況復詩律淸, 珠璣携滿掬.
今隨華使來, 相送江之曲.
我亦趁使車, 朝暮相馳逐.
醇醪共盞斝, 襟抱同氷玉.
翻愁雲雨散, 何處遙相憶.
衮衮情難盡, 題詩燒蠟燭.

금교관에서. 중국 사신 장성(張珹)의 시에 차운하다
金郊館. 次張天使珹韻

가파른 절벽 구름 속 하늘에 들어가고
맑은 시냇물 늘어진 버들을 비추네.
산수가 아름다운 감상을 자아내니
내가 중국 사신[天上友]을 데리고 왔네.
물고기를 보면서 즐거운 마음 부쳤고
하루 종일 시내의 통발 가에 있었지.
시를 지어 대아(大雅)[200]를 이었으나
나는 스스로 고수(高叟)[201] 됨이 부끄러웠네.
만나고 작별하는 일 구름과 비가 장난치는 것 같아
좋은 일이 늘 있는 것이 아니지.
어찌하면 오늘 밤을 길게 하여
오래도록 향기로운 술을 대하고 놀까?

峭壁入雲空, 淸流映垂柳.
山水有佳賞, 挽我天上友.
觀魚寓至樂, 竟日臨溪罶.
詩成繼大雅, 我自慚高叟.
聚散劇雲雨, 勝事不常有.
何方永今夕, 長對芳尊酒.

---

200) 대아(大雅): 시경 육의(六義)의 하나. 대부분 주나라 무왕과 선왕의 공적을 칭송한 작품이 많고 여왕·유왕의 폭정을 고발한 것도 있다. 『詩經』 大序.
201) 고수(高叟): 춘추 시대 제나라 사람. 맹자에 나오는 사람으로 시경을 해석함에 있어 융통성이 없었다고 하여 융통성이 없음을 말한다. 『孟子』 告子下.

가평관에서 눈에 막혀 감회가 있어. 사상의 시에 차운하다
嘉平館, 阻雪有感. 次使相韻

한식이요 청명이니
객지에서 아름다운 계절을 만났네.
주막이 있는 마을에 살구꽃 볼 수 없어
부질없이 역정(驛亭)에서 눈 속에 머물러 있네.
현명(玄冥)[202]이 봄의 계절을 빼앗으니
음양의 이치 말하기 어렵구나.
묘당(廟堂)에서 누가 음양의 이치를 조절하는가?[203]
미천한 신하의 마음 꺾이려 하네.
눈이 산에 들에 가득함에
생기를 얻어 돋아나는 새싹이 꺾여버렸구나.
나그네의 이불이 차가운 것 걱정하지 않지만
다만 가는 길이 미끄러울까 염려한다네.
서쪽으로 옴에 친한 벗 몇이 있는가?
천산(千山)에는 나는 새도 없네.
또 동파(東坡) 노인에게
창을 비스듬히 놓고 시 짓는 싸움으로 승패가 결정 났네.[204]

---

202) 현명(玄冥): 겨울을 맡은 신. 『禮記』 月令. "孟冬之月, 其帝顓頊, 其神玄冥".
203) 묘당(廟堂)에서 누가 음양의 이치를 조절하는가?: 고대에는 조정의 정승이 음양의 이치를 조절하는 것으로 알았다. 지금 한식·청명이 겹쳤는데 눈이 많이 내려 길을 떠날 수 없기에 이른 말이다. 『書經』 周官. "玆惟三公, 論道經邦, 燮理陰陽".

구구하게 제(齊)·초(楚)의 사이에 끼어

우리 등(滕)나라 설(薛)나라를 보존하지 못하겠네.[205]

하늘가에서 시 읊기를 일삼는 사람

부질없이 섬계(剡溪)의 달을 져버리고 말았네.[206]

寒食又清明, 客路逢佳節.

不見酒村花, 空淹驛亭雪.

玄冥奪春序, 陰陽理難說.

廟堂誰燮理, 微臣心欲折.

漫山仍滿野, 生意摧方茁.

不憂客衾寒, 但慮征路滑.

西來人有幾, 千山鳥已絶.

又被東坡翁, 橫槊戰仍決.

區區間齊 楚, 不保吾滕 薛.

天涯役吟魂, 空負剡溪月.

---

204) 창을 비스듬히 놓고 시 짓는 싸움으로 승패가 결정 났네: 송나라 때 구양수가 손님을 모아놓고 눈[雪]에 대하여 시를 짓되 백옥(白玉)이란 글자를 쓰지 말게 하니 동파가 짓기를 "白戰不許持寸鐵"이란 시를 지었다. 여기서는 때 아닌 눈이 많이 내려 길을 가지 못하고 모여 앉아 시 짓기를 한다는 말이다. 『彙苑詳註』 雪 異聞錄.

205) 우리 등(滕)나라 설(薛)나라를 보존하지 못하겠네: 제나라·초나라는 강대국으로 상대편을 비유한 말이고 등나라·설나라는 힘이 약한 작은 나라로 자기를 비유한 말. 곧 시를 잘 짓는 사람들 사이에 끼어 자기는 시인의 구실을 못하겠다고 겸양하여 이른 말이다. 『孟子』 梁惠王 下. "間於齊楚".

206) 섬계(剡溪)의 달을 져버리고 말았네: 섬계는 절강성에 있는 내 이름. 진(晉)나라 때 왕자유(王子由)가 눈이 내리는 달밤에 친구인 대규(戴逵)를 만나러 간 곳이다. 여기서는 눈은 많이 내렸지만 갇혀 있어 달밤에 친구를 찾아 가지 못했다는 말이다. 『太平寰宇記』,

칠언고시

납청정
納淸亭

납청정이 작은 시내 머리에 있어
새가 날아오고 시냇물은 푸르네.
천 줄기 연한 버들 긴 길을 덮었고
예쁜 꾀꼬리 나비를 쫓아 금빛 북[梭]을 던지는 듯.
송화(松花)가 한창 날리니 저문 바람 향기롭고
먼 산이 푸른빛을 보내와 구슬 자리에 들어오네.
언덕 위에 푸른 말 옥 등자가 서로 닿는 듯
주인은 술을 싣고 와서 객을 송별하네.
어부가 그물을 드니 옥 같은 비늘이 번득이고
준수한 매가 꿩을 덮치니 바람이 날개에서 생기네.
푸른 파 백옥 쟁반에 받들어 보내오고
넘치는 아황주(鵝黃酒)[207] 짙은 호박(琥珀) 빛일세.
아름다운 여인의 구름 같은 머리는 눈 모양을 하였고
연꽃 같은 걸음은 구슬 신을 끄네.[208]

---

207) 아황주(鵝黃酒): 술 이름. 蘇軾 〈暴雨初晴樓上晩景〉. "應傾半熟鵝黃酒".
208) 연꽃 같은 걸음은 구슬 신을 끄네: 남조(南朝)의 제나라 동혼후(東昏侯)가 미인 반비(潘妃)를 두었는데 이름이 옥노(玉奴)였다. 동혼후는 금으로 연

운화곡 파하자 저문 산은 푸른데
새 시름으로 눈썹 찡그리며 말없이 대하고 있네.
작은 문으로 돌아온 이부랑(吏部郞)은
가려고 하다가 가지 않으니 작별의 자리 저녁일세.
나는 듯이 작은 시내를 건너가니
학의 등에 맑은 바람 하늘에 깔려 있네.

納淸亭子小溪頭, 溪鳥飛來溪水碧.
千行嫩柳蔭長街, 嬌鶯趁蝶金梭擲.
松花吹盡晩風香, 遠山送翠侵瑤席.
陌上靑驄交玉鐙, 主人載酒來送客.
溪翁擧網玉翻鱗, 俊鷹擊雉風生翮.
靑蔥擎送白玉卑, 瀲瀲鵝黃濃琥珀.
佳人雲鬢雪爲貌, 步步蓮花曳珠舃.
雲和曲罷暮山碧, 眉斂新愁空脉脉.
甕間歸來吏部郞, 欲去未去離筵夕.
飄然却渡小溪去, 鶴背淸風空羃羃.

꽃을 새겨 땅에 붙이고 반비를 그 위에 걷게 하면서 걸음마다 연꽃이 피어난다고 하였다. 『事文類聚』 美女, 玉奴蓮步.

상사일에 봉산에 머물며. 사상의 시에 차운하다
上巳日, 寓鳳山. 次使相韻

동풍 부는 삼월 봉산 가는 길에
나그네 세월 따라 함께 머물지 않았네.
서해에는 추위 많아 봄 일이 늦고
시냇가의 꽃은 붉은 빛 오므리고 꽃술을 토하지 않네.
하늘가에 깃발과 부절 먼 길에 막히고
타향의 좋은 때에 좋은 일이 없네.
당년에 남긴 자취 묵은 일 되니
동해의 상전(桑田)[209]도 참으로 잠깐일세.
머리 위 세월 나와 함께 하지 않으니
가만히 생각하면 나그네의 마음 누구와 함께 이야기 할까?
날이 다하도록 모래 먼지에 나랏일 바쁘니
술 마시면서 풍류를 즐길 곳이 없네.
고개 머리에서 싸리를 깔고[班荊][210] 친구와 만나 정담하고
아버지를 그리는 심정[陟岵][211]은 나와 함께 하기를 허락했네.
만 리의 먼 길에 꿰맨 옷도 터졌으니
어느 날에 말머리를 동쪽으로 돌릴까?

---

209) 동해의 상전(桑田): 어떤 신선이 동해 바다가 뽕밭으로 변할 때 마다 산가지를 하나씩 내려놓았는데 그 산가지가 지금은 열 칸의 집에 가득하다고 하였다. 곧 오랜 세월을 뜻하는 말이다. 『東坡志林』 三老語.

210) 싸리를 깔고[班荊]: 반형은 싸리나무를 깐다는 말. 초나라의 오거(伍擧)가 진(晉)나라로 도망가는 도중에 옛 친구인 자조(子朝)를 만나 길에서 싸리를 깔고 함께 음식을 먹고 정담을 나누면서 초나라로 갈 이야기를 나누었다. 『左傳』 襄公 二十六年.

211) 아버지를 그리는 심정[陟岵]: 척호는 아버지를 그리워함을 이르는 말. 『詩經』 魏風 陟岵. "陟彼岵兮, 瞻望父兮".

東風三月鳳山路, 客逐光陰俱不住.
西海寒多春事晩, 溪蕚含紅不肯吐.
天涯旌節滯脩途, 客裡良辰勝事無.
當年遺跡已成陳, 桑田東海眞須臾.
頭邊歲月不吾與, 默想羈魂誰共語.
盡日塵沙王事忙, 尊酒風流着無處.
班荊嶺頭共臨風, 陟岵情懷許我同.
長程萬里密縫綻, 何日言歸馬首東.

오산가
鰲山歌

오산(鰲山)[212]이 하늘의 한 구석에 있어
북쪽으로 사막을 연하고 남쪽에는 바다일세.
몇 년 동안 전쟁 있던 전장터에
지금도 백골이 언덕처럼 쌓여 있네.
영웅의 일이 진실로 웅장하게 펼쳐져
가시 길이 대로가 됨을 앉아서 보네.
오랑캐의 시골에서 지금 판적(版籍)을 거두었으니
선춘령(先春嶺)[213]의 큰 공적은 하늘보다 더 높네.

---

212) 오산(鰲山): 함경북도 회령(會寧)의 옛 이름. 금호공은 회령 판관을 지냈다.
213) 선춘령(先春嶺): 두만강 북쪽 칠백 리에 있음. 윤관(尹瓘)이 선춘령까지 국토를 확장하여 공험진(公險鎭)에 성을 쌓고 이곳에 '고려의 국경'이라고 새긴 비석을 세웠다.

계속하여 호걸이 일어남에 얼마나 용감한 일인가?
산하를 구획(區劃)함에 참으로 좋은 계책이었네.
강가의 보루(堡壘)는 날뛰는 적을 견제하고
만 리에 성을 쌓아 바다를 이어 길게 하였네.
우리 왕의 성대한 덕이 요순과 함께 감에
어진 위세가 멀리 미쳐 오랑캐를 포용했네.
(이적이) 사다리로 산을 넘고 배를 타서 궁정[彤庭][214]에 와 머리를 조아리고
전투병은 창을 놓고 돌아가 밭 갈고 누에 쳤네.
지난 해 변방의 백성들 가뭄과 황충(蝗蟲)의 해를 입어
노약자를 이끌고 가다가 넘어지곤 하였지.
자식은 고아 되고 남자는 홀아비 여인은 과부 되니
구중궁궐에서 애 타는 제왕의 마음 아프기만 하였네.
누가 능히 나의 아픈 마음 알아 백성의 병을 고쳐줄까?
가서 공경히 일하게 하시니 신은 황공하기만 하네.
두 번 절하고 머리를 조아리고 명광전(明光殿)에서 사직하니
성상의 은혜에 감사하여 두 줄기 눈물 흘렀네.
동교(東郊)에 가는 말이 문득 뛰어 올라
허리춤에 찬 칼은 섬뜩하게 움직이네.
이별의 정자에 수레와 말은 담처럼 둘러 있고
소매 잡고 버들 꺾으며 옥잔이 오고 갔네.
양관(陽關)[215]의 노래는 예쁜 소녀들이 부르고

214) 궁정[彤庭]: 동정은 제왕의 궁정. 杜甫 〈自京赴奉先縣詠懷五百字〉. "彤庭所分帛".

좋은 시 백 편은 여장(旅裝)의 기념일세.
새 가을의 경관은 점점 처량한데
가려다 가지 않고 머뭇거리네.
관산은 멀고멀어 보이지 않는데
길이 서울로 통함에 혼이 나는 듯하네.
나랏일(靡盬)[216]로 자식은 어미를 모실 여가가 없으니
어머니(陟屺)[217]는 두 눈에서 차가운 눈물 흘리네.
산꼭대기[山椒][218]에 수레를 멈추고[弭節][219] 말이 물 마시고
두 현으로 감에 회양(淮陽)에서 투숙했네.
높고 높은 철령의 관문은 태행산(太行山)[220] 처럼 높아
고갯길 백 번 꺾어 돌아 수레에 가로댄 나무 꺾였네.
궁벽한 산에 우레와 비가 갑자기 쏟아지니
천지는 낮에도 어두워 넘어질까 걱정했네.
부야(富野)는 아득하고 저문 구름에 싸락눈 날리는데
학루(鶴樓)의 가을 달은 밝게 빛을 비추어주네.
기양(岐陽)의 어느 곳에 주창(周昌)을 알현할까?[221]

---

215) 양관(陽關)의 노래: 작별할 때 부르는 노래. 당나라 왕유(王維)의 〈送元二使安西〉에 비롯된 것이다. "渭城朝雨浥輕塵, 客舍青青柳色新, 勸君更進一盃酒, 西出陽關無故人".

216) 나라 일[靡盬]: 미고는 조정의 일이나 공무를 이르는 말. 『後漢書』 劉陶傳. "所患, 靡盬之事".

217) 어머니[陟屺]: 척기는 어머니를 이르는 말. 司馬光 〈贈河中通判朱郎中〉. "陟屺今將老".

218) 산꼭대기[山椒]: 산초는 산정을 이르는 말. 漢武帝 〈李夫人賦〉. "釋輿馬於山椒兮".

219) 수레를 멈추고[弭節]: 미절은 수레를 멈춘다는 말이다.

220) 태행산(太行山): 산서성에 있는 산. 황하의 가에 있어 황하에 잘려 험준한 계곡이 많다. 『讀史方輿紀要』.

용주천(湧珠泉)은 천년 동안 옛 마을에 남아 있네.

작은 고을[十室] 도로 곁에 문덕(文德)의 명성은 높지만

울타리는 쓸쓸하고 사물은 손상되었네.

쌍성(雙城)[222]의 동쪽에 바다는 넓은데

높은 누대에 올라 서울을 바라보니 붉은 단장을 하였네.

비백산(鼻白山) 앞에는 가을 풀이 누렇고

학선정(鶴仙亭) 아래에는 행인이 바쁘구나.

불함산(不咸山)[223]의 아름다운 기운 울연하게 왕기(王氣)를 일으키니

황금 빛 푸른 옥빛의 누대가 서로 비추네.

격구장(擊毬場)이 남아 있어 제왕의 풍모를 상상하겠고

토아동(兎兒洞)[224]을 물어 당랑(螳螂)을 가엾이 여겼네.[225]

---

221) 기양(岐陽)의 어느 곳에 주창(周昌)을 알현할까?: 기양은 기산(岐山)의 남쪽. 문왕의 아버지 태왕(太王)이 이곳으로 도읍을 옮겨 주나라의 기초를 다졌다. 주창은 주문왕의 이름이다. 여기서는 영흥의 조선 태조대왕의 사당을 이르는 말이다. 『詩經』 魯頌 閟宮.

222) 쌍성(雙城): 함경남도 영흥(永興)의 옛 이름. 고려 고종 45년에 원나라에서 이곳을 다스리기 위하여 쌍성총관부를 두었다. 『高麗史節要』.

223) 불함산(不咸山): 백두산의 다른 이름. 조선 태조대왕이 이 산의 영기를 타고 태어난 것으로 생각하였다.

224) 토아동(兎兒洞): 함경남도 함흥에 있는 계곡 이름. 태조대왕이 이곳에서 무예를 시험한 일이 있고 또 왜구를 무찌른 곳이다. 『高麗史節要』.

225) 당랑(螳螂)을 가엾이 여겼네: 당랑은 사마귀. 여기서 당랑은 왜적을 비유한 말이다. 토아동에 왜구가 들어왔는데 태조대왕이 이를 무찔렀다. 장자의 우화(寓話)에 보면 장자가 조릉(雕陵)이라는 산에 놀 때 이상한 큰 까치가 장자의 이마를 스치고 지나가 밤나무 숲에 앉았다. 장자는 멍청한 까치라고 여기고 가서 잡으려 하니 까치는 사마귀를 잡으려고 다른 생각을 전혀 잊어 장자의 이마를 스친 것이요 사마귀 앞에는 매미 한 마리가 노래를 부르면서 사마귀가 저를 잡으려는 것도 모르고 있었다. 이를 보고 장자는 세상의 모든 사물은 서로 얽혀 산다는 것을 알았다고 하였다. 곧 왜적들이 태조대왕의 신기한 무예를 모르고 함부로 토아동

천병(天兵)[226]의 묘한 계책을 어찌 헤아릴 수 있을까?
서쪽의 이적들은 우리를 뒤에 공격한다고 성탕(成湯)을 원망했네.[227]
함관령(咸關嶺) 길은 험한데 상수리 녹나무가 빽빽하고
삼살(三撒: 북청)의 성은 웅장하여 군영(軍營)을 배치했네.
시중대(侍中臺)[228] 위에서 배회하니
얼신(孼臣)[229]은 어찌하여 스스로 재앙을 불렀나?
언덕의 초목은 피에 물들고
지금까지도 부러진 창이 밭두둑에 묻혀있네.
단산(端山: 단천)은 빛이 있어 보옥을 품은 듯하고
여진의 장사꾼은 만금을 갖고 이어지네.
두 고개 높고 높아 하늘 가운데 꽂힌 듯
사람과 말이 넘어짐에 양장(羊腸) 같은 길을 걱정했네.
고개 위에서 시를 읊으면서 상제(上帝)를 놀라게 하니

에 들어온 것이 가엾다는 말이다. 『莊子』 山木.

226) 천병(天兵): 중국의 군사를 일컫는 말인데 여기서는 태조대왕이 거느리는 군사를 이른 말로 보인다.

227) 성탕(成湯)을 원망했네: 성탕은 상나라의 시조. 탕왕은 폭군 걸왕(桀王)을 축출하고 상나라를 세운 왕이다. 처음에 갈백(葛伯)이 무도하여 이를 정벌하는데 천하가 이를 믿고 동쪽으로 정벌하면 서쪽의 오랑캐가 자기의 나라를 정벌하러 오지 않는다고 원망하고 남쪽으로 정벌하면 북쪽의 오랑캐가 원망하였다. 여기서는 왜적의 횡포가 심함에 우리 땅의 왜적을 빨리 소탕해달라고 원망한 것으로 보인다. 『孟子』 梁惠王 下.

228) 시중대(侍中臺): 북청(北靑)의 북쪽 이원(利原)의 경계에 고려 시중 윤관(尹瓘)의 시중대가 있다. 洪良浩 『耳溪集』.

229) 얼신(孼臣): 총애를 받는 신하. 여기서는 윤관을 가리키는 말이다. 윤관은 여진 정벌에 큰 공을 세워 아홉 개의 성을 개척하였으나 금나라와의 회의에서 이 성을 돌려주기로 합의함에 구성의 개척은 명분 없는 전쟁으로 끝나고 회군해서는 국력을 탕진하였다는 신하들의 건의에 공신호도 삭탈당하고 사제로 돌아왔다. 뒤에 처벌하자는 주장도 있었으나 예종의 덕으로 면하고 벼슬에서 물러났다.

산신은 몸을 움츠리고 산방에 숨어 있네.

산 뒤의 오랑캐와 경계가 접하여

여러 진(鎭)에 위세를 펴 방어를 엄히 하였네.

웅성(雄城: 雄基)은 예부터 백성들이 호걸스럽고 강인하나

고을이 생긴 이래 탐관[掊克][230]이 있어 관에는 장물이 많았네.

탐천(貪泉)에 백이숙제를 보내 맛보게 하지 않았으니[231]

율무로 참소하는 말이 많음을 이상히 여기지 말기를.[232]

백두산은 높고 희어 하늘나라에 닿으니

유월에도 눈이 날리고 북풍이 부네.

동쪽은 경성(鏡城)에 임하여 성황봉 높음에

용맹한 장수[貔貅][233]와 일만 군사가 도끼(무기)를 나열한 듯

용감한 원수가 고당(高堂)에 엄연히 앉아

---

230) 탐관[掊克]: 부극은 백성의 재물을 탐하는 사람. 『詩經』 大雅 蕩. "曾是掊克".

231) 탐천(貪泉)에 백이숙제를 보내 맛보게 하지 않았으니: 탐천은 광동성 광주(廣州)의 북쪽에 있는 샘 이름. 이 물을 마시면 청렴한 사람도 탐욕스러워진다고 하였다. 진(晉)나라 때 오은지(吳隱之)가 광주자사가 되어 부임하다가 이 물을 마시고 이런 시를 지었다. "古人云此水, 一歃懷千金. 試使夷齊飮, 終當不易心." 곧 웅성에는 탐관오리가 많이 가서 관에 장물이 많은데 청렴한 사람을 보내어 시험해 보지 않았다는 말이다.

232) 율무로 참소하는 말이 많음을 이상히 여기지 말기를: 후한의 마원(馬援)은 교지국(交阯國)을 정벌하면서 율무를 먹어 몸을 가볍게 하고 장기(瘴氣)를 이겨냈다. 정벌을 마치고 돌아올 때 수레에 율무를 가득 싣고 돌아왔다. 그가 죽은 뒤에 참소하는 자들이 황제에게 참소하기를 수레에 싣고 온 것은 율무가 아니라 주옥과 서각(犀角)이라고 하였다. 황제가 화를 내니 마원의 가족들은 황공하여 허술하게 장례를 치렀다. 다시 말하면 웅성(雄城)에는 청렴한 수령도 보내지 못했고 청렴한 수령을 보내도 마원과 같이 참소를 당하는 일이 있을까 두렵다는 뜻으로 보인다. 『後漢書』 馬援傳.

233) 용맹한 장수[貔貅]: 비휴는 범과 비슷한 맹수의 동물. 용맹스러운 장수를 이르는 말로도 쓰인다. 張說 〈王氏神道碑〉. "赳赳將軍, 貔貅絶軍".

객을 맞아 술을 놓고 생황을 연주하는 듯
서성이며 올라 보고 득실(得失)을 탄식하니
국경을 논하여 정할 때 어찌 이렇게 두려워했나?
용성(龍城)으로 경계를 함은 좋은 계책이 아니니
누가 이를 주장했는지 나는 자세히 모르겠네.
북으로 영산(寧山)을 감에 길은 낮고 높은데
경내에 들어가 고삐를 당기니 마음이 아득하네.
탄식하며 풍속을 물으니 백성이 흩어짐에 감동되고
노인들은 환영하며 술과 음료를 벌려 놓았네.
활을 멘 만 명의 기병 힘차게 달리는데
붉은 깃발 앞에서 인도하여 바람 따라 나부끼네.
망루(望樓)의 휘장에 붉은 옷 비추니
장군은 나와 맞이하고 창칼을 든 군사를 앞세우네.
주방의 옥쟁반에 연어·방어를 저며 놓고
사슴 요리 곰 요리도 섞어 놓았네.
글을 짓는 자리에 거문고 비파를 차례로 연주하고
금 술잔에 술 넘치고 나부춘(羅浮春)[234]의 향기 있네.
임금의 큰 은혜 멀리 우로(雨露)처럼 뻗쳐 흐르니
주린 자는 배부르고 재앙은 상서롭게 변하였네.
비가 필요하면 비 내리고 볕이 필요하면 볕이 나니
들에 가득한 곡식은 가을에 풍년이 드네.
태평세월 백 년 동안 벼와 기장이 풍족하니

234) 나부춘(羅浮春): 송나라 소식(蘇軾)의 집에서 만들었다는 술 이름. 蘇軾 〈寓居合江樓〉 自注. "余家釀酒, 名羅浮春".

조두(刁斗)에 놀라지 않아 백성은 상처가 없네.

두만강에 물이 넘실대며 흘러가고

백두산은 나는 듯이 달려오네.

간목하(幹木河)[235]는 상수(湘水)로 씻은 듯하고

구름머리에 옛 성은 산의 곁을 에웠네.

큰 번읍(藩邑)은 예부터 방어가 장엄하여

산융(山戎)을 부리기를 소와 양처럼 하였네.

썩은 쌀[紅腐][236]은 천 칸의 창고에 만 상자나 있으며

칼과 창은 혜성과 해처럼 빛나 맑은 서리가 엉긴 듯하네.

엄숙한 문묘(文廟)는 상서(庠序)[237]처럼 높이 솟아

두 번 절하고 배알하면서 옥 소리를 울렸네.

우리의 도가 어찌 일찍이 먼 지방이라고 간격을 두었겠나?

남긴 교화가 두루 미쳐 강상(綱常)을 유지했네.

궁한 변방에 군사들은 날로 허둥대다가

다시 낭랑한 글 읽는 소리 듣고 기뻐하리라.

아전과 백성들은 태수의 우직(愚直)함을 모르고

함께 옥황상제의 향안(香案)의 낭관이라 말하네.

나라에 봉사함에 일찍이 관직을 바르게 함을 들었고

---

235) 간목하(幹木河): 회령에 있는 내 이름으로 보인다. 『동국여지승람』에는 회령의 옛 이름이 알목하(斡木河)로 되어 있는데 '幹'은 '斡' 자의 오자가 아닌가 생각되고 '알목하'라는 내가 있어 회령의 옛 이름이 붙여진 듯 생각된다. 『新增東國輿地勝覽』 會寧.

236) 썩은 쌀[紅腐]: 홍부는 쌀이 썩어 붉은 색으로 변한 것을 이르는 말. 아마도 여진족에게 군량이 여유가 있는 홍보로 쓰는 말인가 생각된다. 『漢書』 賈捐之傳. "太倉之粟, 紅腐而不可食".

237) 상서(庠序): 고대 지방의 학교.

성상께서 나를 멀리 보내시니 은혜가 물결처럼 넓으시구나.
아! 나의 게으른 품성 본래 멋대로 였으니
너희들의 기대를 어찌 감당할 수 있을까?
젊은 나이에 실의에 빠져 세월만 보냈으니
감히 성명(聖明)의 세상에서 성은을 날리기를 기대할까?
장안의 술자리에서 숙상구(鸕鷞裘)[238]를 맡기고
명아주·비름으로 창자를 채워도 달기가 사탕 같았네.
십 년을 지금처럼 명예의 굴레에 떨어졌으나
천석(泉石)에 대한 깊은 병[膏肓]은 고치지 못하겠네.
강호의 끄트머리에라도 들어가 배를 띄움이 합당하니
일생동안 애를 쓰면서 검은 돛대를 따랐네.
마름잎과 연잎으로 옷을 하고 조호미(雕胡米: 菰蔣)[239]로 밥을 하며
밝은 달을 싣고 뱃전을 두드리는 소리[鳴榔[240]]를 들으리라.
그렇지 않으면 남쪽의 논에 모내기를 하면서
호미 메고 부인과 함께 피를 매어 없애리라.
늘그막에 매운 품성은 계피와 생강 같지만
뱁새[斥鷃[241]]와 함께 느릅나무 가지에 앉는 것을 달게 여기리라.

---

238) 숙상구(鸕鷞裘): 날다람쥐의 가죽으로 만든 갖옷. 미천한 사람의 옷. 사마상여가 성도에서 탁문군과 함께 술장사를 할 때 입었다고 한다. 여기서는 저자가 불우하게 지낼 때를 말한 것이다. 『西京雜記』 二.

239) 조호미(雕胡米: 菰蔣): 고대에 구황 때 먹던 줄의 열매. 줄은 습지에 나는 다년생의 풀. 고장은 줄의 열매를 가리킨 말이다. 『本草綱目』 穀 菰米.

240) 뱃전을 두드리는 소리[鳴榔]: '榔'은 뱃전을 두드려 소리를 내는 막대. 명랑은 뱃전을 두드리면서 내는 소리. 李白 〈送殷淑〉. "惜別耐取醉, 鳴榔且長謠".

241) 뱁새[斥鷃]: 박새 과에 속하는 새. 굴뚝새와 비슷하지만 등은 밤색 배는 담황색. 꽁지가 길고 매우 민첩하다. 곧 저자가 벼슬을 버리게 되면 뱁새처럼 분수에 맞게 살고 싶다는 말이다. 『莊子』 逍遙遊.

남은 나이를 거두어 복령(茯苓)과 창포(菖蒲)에 맡기고[242)]

매미 소리처럼 시끄러운 속세를 멀리 떠나리라.

부귀하여 조정[巖廊]에 올라

위로 요순 같은 성상을 도와 기린과 봉황이 오는 세상 만드는 것 분수 아니라네.

팔진미(八珍味) 앞에 놓고 양구이[炮牂]를 실컷 먹을 수 있을까?

주유(珠襦)와 옥갑(玉匣)을 각오하고 북으로 가는 나일세.[243)]

다만 나는 혈기가 강하기 때문에

밝은 세상에 감히 설방(雪雱)[244)]을 노래하지 못하겠네.

서까래·보에 알맞은 재목감 되지 못함이 절로 부끄러우니

갈고리를 만드는데 정하고 강한 쇠로 만드는 것만 못함이 한일세.[245)]

외로운 배를 타고 구당(瞿塘)[246)]을 건너는 것 같은데

---

242) 복령(茯苓)과 창포(菖蒲)에 맡기고: 복령과 창포는 좋은 약재. 여기서는 건강을 뜻하는 말로 보인다.

243) 주유(珠襦)와 옥갑(玉匣)을 각오하고 북으로 가는 나일세: 주유와 옥갑은 귀인의 수의(壽衣). 곧 저자가 회령 판관으로 감에 죽을 각오를 하고 간다는 말로 보인다. 『西京雜記』.

244) 설방(雪雱): 『시경』 북풍(北風) 장의 가사이다. 이 시는 나라가 어지러울 조짐이 있을 것을 보고 걱정을 하면서 좋아하는 사람과 함께 나라를 버리고 가려고 함을 노래한 시다. 여기서는 저자가 차마 나라를 버리고 갈 수 없음을 말한 것이다. 『詩經』 邶風 北風. "北風其涼, 雨雪其雱".

245) 갈고리를 만드는데 정하고 강한 쇠로 만드는 것만 못함이 한일세: 갈고리는 강한 쇠로 만들어야지 무른쇠로 만들면 써먹을 수 없다는 말이다. 다시 말하면 강직한 사람이라야 적당한 자리에 쓸 수 있다는 말이다. 송나라 포증(包拯)은 강직한 사람으로 아부를 좋아하지 않아 일찍이 시를 지어 자기의 뜻을 보이니 "秀幹終成棟, 精鋼不作鉤"라고 하였다. 위의 구는 인재는 어디에 쓰더라도 적응이 잘 되어야 함과 강직한 품성을 가진 자라야 인재가 됨을 말한 것이다. 『包孝肅奏議集』.

246) 구당(瞿塘): 사천성 봉절현의 동쪽에 있는 협곡. 삼협의 하나이다. 깎아지른 듯한 절벽 사이로 장강의 물이 흘러 건너기 힘든 곳이다. 여기서는 벼슬살이가 구당의 물을 건너는 일 같이 힘들다는 말이다. 『讀史方輿

문득 북산이문(北山移文)[247]의 공덕장(孔德璋)이 있을까 두렵네.
임금의 은혜 다행히도 나를 버리지 않아
재주 없는 내가 오래도록 녹을 축내었네.
금옥의 궁궐에서 옥 소리 울리면서
묵묵히 힘써 항상 현인 앞길을 방해함을 부끄럽게 여겼네.
천박한 내가 어찌 성상의 치세에[贊襄][248] 참여할까마는
바라건대 송죽 같은 지절을 지키고 싶네.
나에게 이목지관(耳目之官)[249]을 맡기니 은혜가 비상함에
이 몸이 죽기 전에 어찌 감히 잊을까?
평생 동안 문묵(文墨)의 일에 종사하여
군사의 일은 일찍이 돌아볼 여유가 없었네.
시서(詩書)에 종사한 내가 어찌 감히 늑대나 이리 같은 이적을 진압할까?
우리 주상이 이적을 물리치는 데 마음을 써주신 힘을 입었네.
노둔한 나에게 저들과 교제에 삼가기를 꾸짖으니
성주의 큰 은혜에 보답하기로 마음먹었네.

紀要』 四川.

247) 북산이문(北山移文): 남제(南齊)의 공덕장(孔德璋)이 지은 문장 이름. 주옹(周顒)이란 사람이 회계군의 북쪽에 있는 종산(鍾山)에 은거하다가 천자의 부름으로 해염현령(海鹽縣令)이 되어 이 산을 지나다가 들리려 하는데 공덕장이 산령의 뜻을 빌어 주옹의 처사를 힐난한 내용이다. 여기서는 벼슬살이가 어려워 저자가 벼슬을 내 놓고 고향으로 가고 싶지만 고향에서 거절할까 두렵다는 말이다.

248) 성상의 치세에[贊襄]: 찬양은 제왕의 치세를 돕는 일. 『書經』 皐陶謨. "思日贊贊襄哉".

249) 이목지관(耳目之官): 임금의 귀와 눈이 되는 관원. 곧 사헌부・사간원의 관원을 이른다. 금호공은 회령 판관의 임기를 마치고 돌아와 사헌부 장령 사간원의 사간 등을 맡았다. 『受敎輯錄』 刑典. "如有犯者, 耳目之官, 趀察論罪".

어린아이는 어미 품에서 길러지게 하고
함께 수를 누리면서 일찍 죽는 일이 없기를 바라네.
봄에는 누에치기 알맞아 여자가 광주리를 잡고
여름에는 농사 적합하여 남자는 호미자루를 잡네.
남편은 밭 갈고 부인은 베 짜면서 각자 일에 힘써
다행히 살을 깎아 눈앞의 부스럼을 고치는 자 없었네.[250]
해가 풍년이 들어 무당[巫尫][251]을 태우려고 수고할 필요 없고
세금을 고르게 냄에 습장(隰萇)[252]을 노래하는 자 없네.
신이 아름다운 일을 내려 소나 양의 고기를 싫도록 먹으니
수레에 가득한 사악하고 오염된 재앙은 내가 빌어 물리치리.
평민들은 식량 있고 군사들은 군량 있어
전쟁한 지 백년 만에 침범하거나 약탈하는 일 없었네.
여러 진의 장수들은 이어 패옥을 차고
군영(軍營)에서 날마다 즐기고 편안하였네.
검은 활을 달처럼 당겨 버들잎 맞추기를 겨루고[253]

---

250) 다행히 살을 깎아 눈앞의 부스럼을 고치는 자 없었네: 자기의 살을 깎아 눈앞의 상처를 메우는 일. 곧 국민들이 세금을 낼 방법이 없어 토지를 줄이면서 세금을 만들어 냄을 비유한 말이다. 저자가 지방을 다스림에 국민들은 일에 힘써 몸에 해로운 줄 알면서 눈앞의 급한 일(상처) 때문에 살을 깎는 일은 없었다는 말이다. 聶夷中 〈傷田家〉. "醫得眼前瘡, 剜却心頭肉".

251) 무당[巫尫]: 무왕은 여자 무당을 이르는 말. 춘추 시대 노희공(魯僖公)이 큰 가뭄에 비를 비는데 혹자가 말하기를 무당을 태워 죽이면 비가 내린다고 하여 여자 무당을 태우려 하자 장문중(臧文仲)이 이를 간하여 중지하였다. 『左傳』 僖公 二十一年.

252) 습장(隰萇): 습유장초(隰有萇楚)의 준말로 『시경』 회풍(檜風)의 편명. 이 시는 백성들이 부역과 세금이 무거워 사람들이 괴로움을 감내하기 어려워 초목처럼 지식도 없고 걱정도 없는 것만도 못함을 탄식한 것이다.

253) 버들잎 맞추기를 겨루었네: 백보의 밖에서 활을 쏘아 버들잎을 명중시

땅을 진동하는 화려한 북 소리도 당당하네.

사냥개 끌고[牽黃][254] 매를 팔뚝에 세우고 숙상마(驌驦馬)[255] 타니

은실의 안장 옥 등자(鐙子)와 금빛의 머리 장식일세.

수리도 화살에 놀라 떨어지고 무수리[鶖鶬][256]도 내려앉으니

음산(陰山)에서 한 번 활을 쏨에 두 마리의 노루가 넘어지네.

제승정 위에서 호상(胡床)에 기대앉으니

강산은 비단에 그림을 그려 놓은 듯하네.

버들에 매어 놓은 말은 울기만 하고

앉아 있는 여인의 얼굴 해당화 같네.

황금 빛 아름다운 술에 불고기 고기국 차리고

얼근히 취하여 노래하고 춤추면서 기생 광대 늘어놓았네.

곳에 따라 벗과 놀며 봄날을 감상하고

아름다운 경관을 모아 읊으니 해낭(奚囊)[257]에 가득하네.

어떤 사람이 창 밑에서 우는 쓰르라미를 원망하나?[258]

키기를 겨루는 일. 전국 때 초나라의 양유기(養由基)란 사람이 활을 잘 쏴서 백보 밖에서 버들잎을 쏴도 백발백중이었다. 『戰國策』 西周策.

254) 사냥개 끌고[牽黃]: 견황은 누런 사냥개를 이끌고 사냥하는 일. 이사(李斯)가 사형을 받기 위하여 감옥에서 나오면서 아들에게 "내가 너와 함께 다시 누런개를 몰고 동문으로 나가 토끼나 잡으려 하였는데 이룰 수 있겠는가?" 하였다. 『史記』 李斯傳.

255) 숙상마(驌驦馬): 양마의 이름. 『後漢書』 馬融傳.

256) 무수리[鶖鶬]: 물새 이름.

257) 해낭(奚囊): 시구를 저장하는 주머니. 당나라의 시인 이하(李賀)가 동복에게 지고 따라다니도록 하면서 경치 좋은 곳에서 시구가 생각나면 써서 넣었다. 李商隱 〈李長吉小傳〉.

258) 어떤 사람이 창 밑에서 우는 쓰르라미를 원망하나?: 남자들이 변방의 진지에서 세월을 보내면 여자들은 깊은 방속에서 벌레소리를 들으면서 남자와 함께 살지 못함을 원망한 말이다. 때문에 예부터 규원시(閨怨詩)가 많다. 張仲 〈素秋閨怨〉. "碧窓斜日藹深輝, 愁聽寒螿淚濕衣, 夢裏分明見關

향기로운 방 꿈속에 슬퍼하는 원앙일세.
활을 울리고 칼을 타면서[259] 강개하게 노래하니
다행히 나의 머리는 반백[滄浪][260]이 되지 않았네.
장차 말을 기르고 군량을 저장하여
선우(單于)의 등을 어루만지면서 그들의 목을 움켜잡아
한나라 조정에서 왕장(王嬙)[261]을 시집보낸 길 없게 하리.
은하수를 기울여 영원히 갑병(甲兵)을 씻고
돌아와 성상을 뵐 날에 쨍그렁쨍그렁 옥패 울리리.

鼇之山兮天一方, 北連朔漠南海洋.
干戈幾年征戰場, 至今白骨堆陵崗.
英雄事業信恢張, 坐見荊棘爲康莊.
版籍今收戎虜鄕, 先春大烈凌穹蒼.
繼起豪俊何洸洸, 宰割山河籌策良.
臨江亭障制跳梁, 築城萬里連海長.
吾王盛德邁虞 唐, 仁威遠曁包戎羌.
彤庭稽顙自梯航, 戰士放戈歸耕桑.
去歲邊氓罹旱蝗, 扶携老弱行且僵.

塞, 不知何路向金微".

259) 칼을 타면서: 전국 시대 풍환(馮驩)은 제나라 맹상군(孟嘗君)의 식객이 되어 좋은 대우를 받지 못하자 칼집을 두드리며 노래하였다. 곧 재능은 있는 사람이 예우를 받지 못함을 노래한 것이다. 여기서는 저자가 북방의 변경에서 불우하게 지냄을 노래한 것으로 보인다. 『戰國策』 齊策 四.

260) 반백[滄浪]: 창랑은 본래 짙푸른 색의 물을 말하지만 여기서는 머리가 반백이 된 것을 말한 것이다.

261) 왕장(王嬙): 왕소군(王昭君)의 이름. 왕소군은 한나라의 궁녀였는데 흉노가 화친을 전제로 공주를 요구하자 공주로 가장하여 보내서 선우의 비가 되었다. 『漢書』 匈奴傳.

子孤夫鰥女又孀，九重惕惕宸心傷.
疇能體予醫民痒，往哉汝欽臣兢惶.
再拜稽首辭明光，感荷天恩雙涕滂.
東郊征馬忽騰驤，腰間尺劒搖寒鋩.
離亭車馬如堵墻，摻袂折柳飛瓊觴.
曲曲陽關唱妙娘，瓊琚百篇需行裝.
新秋物色轉凄涼，欲去未去仍彷徨.
關山迢遞不可望，路轉畿甸魂飛揚.
毋子靡鹽不遑將，陟屺有淚垂寒眶.
弭節山椒馬飮溏，二縣言邁投淮陽.
峨峨鐵關高太行，嶺路百折車摧轒.
窮山雷雨忽雱雱，乾坤晝晦愁倀倀.
富野微茫暮雲霙，鶴樓秋月搖光芒.
岐陽何處謁周昌，湧珠千年餘舊坊.
文高十室官道傍，籬落蕭條民物戕.
雙城東畔海泱泱，高樓望京羅紅粧.
鼻白山前秋草黃，鶴仙亭下行人忙.
咸山佳氣鬱興王，樓臺金碧相輝煌.
場留擊毬想龍章，洞訊兒兒哀螳蜋.
天兵神算何可量，西夷後我怨成湯.
路峻咸關森橡樟，城雄三撒排營廂.
侍中臺上爲倘佯，孼臣如何自招殃.
川原草木染殷衁，至今折戟埋田暘.
端山含輝寶玉藏，萬錢絡繹來胡商.
二嶺崔崔挿天央，人僵馬仆愁羊腸.

嶺上哦詩驚玉皇, 巨靈瑟縮藏山房.
山後山戎接界疆, 占勢列鎭嚴關防.
雄城自古民豪強, 爾來掊克官多贓.
貪泉未遣夷齊嘗, 莫怪薏苡讒言彰.
白山皚皚參天閶, 六月飛雪隨驚颷.
東臨鏡府屹城隍, 貔貅萬甲羅斧斨.
桓桓元帥儼高堂, 延客置酒陳笙簧.
徘徊登眺歎得喪, 議割舊彊何其恇.
龍城爲界計未臧, 孰主張是吾未詳.
寧山北去路低昂, 入境按轡心茫茫.
咨嗟問俗感流亡, 父老欣迎羅酒漿.
橐鞬萬騎馳彭彭, 紅旗前導隨風颺.
譙樓帳幕照紅裳, 將軍出迎羅刀槍.
行廚玉盤斫鰱魴, 錯以鹿胎與熊肪.
文筵秩奏琴瑟鏘, 金尊瀲灩羅浮香.
洪恩遠覃雨露瀼, 飢變爲飽災爲祥.
曰雨而雨暘而暘, 滿疇華實秋穰穰.
昇平百年足稻粱, 刀斗不驚民無創.
江流豆滿去湯湯, 山馳白頭來回翔.
斡木之河可濯湘, 雲頭古堞圍山旁.
雄藩從古壯保障, 駕馭胡羯如牛羊.
紅腐千倉更萬箱, 劒戟彗日凝淸霜.
有儼文廟翼序庠, 再拜展謁鳴佩璜.
吾道何曾間遐荒, 遺教遍及扶彝綱.
窮邊戎馬日卽勸, 更喜誦讀聲琅琅.

吏民不知太守狂, 共道玉皇香案郎.

供奉曾聞衮職匡, 遠遺活我恩波汪.

嗟余懶性本披猖, 惟爾倚望何敢當.

早年落拓猶倡佯, 敢與聖明期登敭.

長安酒肆典鷛鷞, 充腸藜莧甘如糖.

十載如今落名韁, 泉石尙未醫膏肓.

江湖端合駕舟艎, 一生契闊隨烏檣.

製芰荷兮飯菰蔣, 載明月兮聽鳴榔.

不然歸分南畝秧, 荷鋤帶婦治莠稂.

到老粹性任桂薑, 甘與斥鷃槍榆枋.

收取殘齡寄苓菖, 遠離塵世喧蜩螗.

不分富貴登巖廊, 上佐堯 舜來麟凰.

羅前八珍飫炮牂, 珠襦玉匣歸北卬.

只緣吾方血氣剛, 昭世不敢歌雪雱.

自愧材難任桷宎, 作鉤恨不如直鋼.

強撑孤艇濟瞿塘, 却懼移文有德璋.

聖恩何幸不簸糠, 不才久容盜太倉.

金墀玉殿謾鳴璫, 僶默常慚賢路妨.

謭薄何曾與贊襄, 庶幾一節如松篁.

寄我耳目恩非常, 此身未死何敢忘.

平生文墨謾趨蹌, 軍旅之事初未遑.

詩書安敢鎭豺狼, 幸賴吾王勤外攘.

更責駑鈍戒交相, 聖主洪恩期一償.

庶令赤子養于孃, 共躋壽域無夭殤.

春日宜蚕女執筐, 夏日宜稼男把橿.

夫耕婦織各自蘉, 幸無剜肉醫眼瘡.
歲稔無勞焚巫尪, 賦均且莫歌隰萇.
神祇垂休飫膻薌, 滿車汚邪惟我穰.
齊民有食軍有糧, 兵革百年無攘搶.
列鎭諸將聯佩纕, 轅門日日相娛康.
烏弧彎月較穿楊, 殷地畫鼓聲鏜鏜.
牽黃臂蒼跨驌驦, 銀鞍玉鐙金鏤鍚.
驚弦落鵰下鶖鶬, 陰山一發雙麢獐.
制勝亭上倚胡床, 江山如畫開縑緗.
馳來繫柳馬駉駉, 狎坐紅顔如海棠.
黃金美酒炙肥膷, 爛醉歌舞陳伶倡.
朋遊隨處賞年芳, 收拾美景盈奚囊.
何人窓底怨鳴螿, 香閨夢裡悲鴛鴦.
鳴弓彈劒歌慨慷, 幸我鬢髮未滄浪.
期將養馬而峙粻, 撫背單于扼其吭,
漢庭無路送王嬙. 永洗甲兵傾天潢,
歸拜北闕玉佩聲瑲瑲.

책문(册文)[262]

중종대왕 시책
中宗大王諡册

가만히 생각건대 대왕께서는
천년의 기반 위에 응하여 군왕이 되심에
큰 운세를 열었고
하나의 선(善: 惠)을 요약하여[263] 시호를 하니
옛 법도에 의한 것입니다.
이에 현양하는 일에 의하여
슬퍼하고 사모하는 정을 폅니다.
삼가 생각건대 돌아가신 황고(皇考)의 대왕께서는
성덕을 본래 하늘에서 주셔서
덕이 날로 새로웠습니다.
보위의 운수가 대왕에게 돌아감에 밝은 해가 황도(黃道)[264]에

---

262) 책문(册文): 임금이 왕실에 행사가 있을 때 지어주는 문서. 책봉문・애책문・시책문 등이 있다.

263) 하나의 선(善: 惠)을 요약하여: 고대의 시법에 십선(十善)이 있더라도 그 중에 한 가지의 선을 취하여 시호를 하였다. 여기서 '惠'는 선의 뜻. '節'은 요약의 뜻이다. 『朱子語類』 二十九 公冶長下 子貢問曰孔文子章. "節以一惠, 言只有一善亦取之, 節者, 節略而取其一善也".

264) 황도(黃道): 태양이 다니는 궤도. 곧 지구에서 보아 태양이 지구를 중심으로 운행하는 것처럼 보이는 천상구(天上球)의 대원(大圓). 沈括 『夢溪筆

오른 것 같고
도탄에 빠진 백성을 구제하여 고생하는[赬尾][265] 창생을 위로하였습니다.
정사(政事)는 효제(孝悌)로 먼저를 삼고
학문은 성(誠)과 경(敬)으로 근본을 삼았습니다.
소민(小民)을 두려워하면서 윗사람을 섬겼고
큰 교화를 돈독하게 하여 이웃을 모았습니다.
요임금처럼 인시(人時)[266]를 만들어 주시니 만민이 선하게 되고
순임금처럼 삼가 천명(天命)을 이으시니 여러 일이 편안해졌습니다.
문치의 교화를 펴서 울연히 흥하게 하시고
무위(武威)를 떨쳐 멀리까지 미치게 하였습니다.
많은 백성을 편안한 자리에 정하여 둠에 영원히 태평을 누리고
온 나라를 지극히 인(仁)한 자리에 두었습니다.
만 년 동안 영원히 아름답고 형통함을 누리리라 생각했더니[亨嘉][267]
어찌 사십 년 동안[四紀][268] 보위에 계시다가 갑자기 간대[艱大]의 왕업을 버리셨습니까?

談』象數二. "日之所由, 謂之黃道".

265) 고생하는[赬尾]: 정미는 물고기가 괴로우면 꼬리가 붉어지다고 한데서 온 말. 따라서 분주하게 고생함을 이르는 말이다. 『詩經』周南 汝墳. "魴魚赬尾, 王室如燬".

266) 인시(人時): 사람이 생활을 하는데 기본이 되는 시기. 농경생활을 하던 시절에 때를 아는 일은 절대적으로 필요하였다. 곧 농사짓는 책력을 이르는 말이다. 『書經』堯典. "曆象日月星辰, 敬授人時".

267) 아름답고 형통함을 누리리라 생각했더니[亨嘉]: 형가는 형통하고 아름다운 일. 『周易』乾卦 文言. "元者, 善之長也, 亨者, 嘉之會也".

268) 사십 년 동안[四紀]: 기(紀)는 연월일시 역수(曆數)를 기록하는 단위. 중종이 39년 동안 왕위에 있었기 때문에 사기(四紀)라고 말한 것이다. 『書經』洪範. "五紀, 一曰歲, 二曰月, 三曰日, 四曰星辰, 五曰曆數".

대왕의 병세가 편안해지기를 돌아가 기다렸으나[歸俟][269] 효험이 없음이 아팠고
죽음이 때가 있음을 민망하게 여겼습니다.
이에 시호를 올리는 의식을 거행하여
덕을 찬양하는 간절한 정성을 올립니다.
삼가 시호를 올려 이르기를 '공희휘문소무흠인성효대왕'이라 하고 묘호는 '중종'이라 하였습니다.
우러러 바라건대 깊이 헤아려주시고
구부려 미천한 정성을 살피소서.
해와 달이 비춤에 아름다운 이름이 전하여 썩지 않을 것이요
천지의 오랜 세월에 무궁하게 큰 복을 주소서.

竊以應千齡而作君, 丕闡景運, 節一惠而爲謚, 率由舊章. 玆憑顯揚, 庸攄哀慕. 恭惟 皇考大王, 聖本天縱, 德惟日新. 曆數有歸隮白日於黃道, 炭斯濟慰頳尾於蒼生. 政以孝悌爲先, 學以誠敬爲本. 兢小民以事上, 敦洪化而輯隣, 堯敬授乎人時, 萬民斯穀, 舜勅承乎天命, 庶事惟康. 文敎敷而蔚興, 武威振而遠曁. 奠群生而永泰, 囿一方於至仁. 謂萬歲永享亨嘉, 胡四紀遽遺艱大. 痛歸俟之莫效, 悶飭終之有期. 式擧薦名之儀, 讚德之悃. 謹上謚曰: '恭僖徽文昭武欽仁誠孝大王', 廟號曰: '中宗'. 仰惟沖鑑, 俯察微悰. 日照月臨, 垂懿美於不朽, 天長地久, 賜鴻庬於無彊.

---

269) 대왕의 병세가 편안해지기를 돌아가 기다렸으나[歸俟]: 귀사는 주무왕이 죽을 때 주공이 대신 죽게 해 달라고 신에게 빌고 돌아가 기다렸다는 말. 여기서는 중종대왕의 병이 회복되기를 기다렸으나 효과가 없었다는 말이다. 『書經』 金縢. "我其以璧與珪, 歸俟爾命".

지(誌)

유명조선국중종공희휘문소무흠인성효대왕정릉지
有明朝鮮國中宗恭僖徽文昭武欽仁誠孝大王靖陵誌

삼가 생각건대 우리 중종대왕의 휘는 모(某)니 성종대왕의 둘째 아들이다. 성종이 왕위에 오르기 전에 영의정 한명회의 따님에게 장가들었더니 즉위함에 미쳐 왕비로 봉했는데 자식이 없이 죽자 숙의 윤씨를 승급시켜 왕비로 삼으니 즉 판봉상시사 기묘(起畝)의 따님이었으니 세자 융(㦕)을 낳았다. 왕비는 성행이 어질지 못하여 폐하고 또 숙의 윤씨를 승급시켜 왕비로 삼으니 곧 우의정 호(壕)의 따님이다. 홍치(弘治) 원년(1488) 무신 3월 기사일에 대왕을 탄생하니 진성대군(晉城大君)에 봉해졌다.

젊어서부터 특이한 재질이 있어 성종이 기특하게 여겨 사랑하였다. 갑인년(1494)에 성종이 돌아가셨는데 뒤를 이은 왕(연산군)이 왕도를 잃어 종사가 기울게 되자 병인년(1506) 9월에 지중추부사 박원종(朴元宗)·전 참판 성희안(成希顔)·이조판서 유순정(柳順汀)이 먼저 대의를 일으켜 자순왕대비(慈順王大妃)의 교명을 받아 왕을 연산군으로 폐하고 대왕을 사저에서 맞으니 대왕이 굳게 사양했으나 되지 않아 경복궁에서 즉위하였다. 드디어 명나라 조정에 명(命)을 청하고 하교하기를, "무릇 죄가 없이 귀양을 간 자는 모두 소환하고 억울하게 형육을 당한 자는 모두 포상하고 증직을 하며 백성을 해치는 정사를 제거하고 선왕의 옛 법을 회복하게 하라."하니 조야(朝野)가 춤을 추며 다시 삶을 얻은 듯하였다.

학교의 법을 다시 정비하여 밝게 하고 절의를 숭상하며 진실로 한 가지의 선행이라도 있으면 포상하지 않음이 없고 청백리와 충의의 후손에 이르러서도 모두 모아 등용하고 널리 큰 선비들을 뽑아 경악(經幄)에 두어 날마다 세 번씩 나아가 강을 하였다. 밤에도 신하들을 불러 경서의 뜻을 토론하고 정치의 도를 상의하며 홍문관에 백병(白屛)을 내려주어 역대 제왕의 정치를 하는 도를 써서 때로 관람하였다. 정묘년(1507) 3월에 학궁에 행행하여 경서를 옆에 놓고 어려운 곳을 물으며 8월에 『삼강행실(三綱行實)』을 인쇄하여 배포하였다.

무진년(1508) 2월에 명나라 황제가 태감 이진(李珍)·진호(陳浩)를 보내어 고명(誥命)과 면복(冕服)을 하사하고 왕으로 봉하였다. 임신년(1512) 8월에 대궐의 뜰에서 양로연을 베풀고 6월에 관리를 보내어 소뇌예(小牢禮)[270]로 숭의전(崇義殿)에 제사를 올리니 숭의전은 곧 고려 왕씨의 사당이다.

주계(酒戒)를 짓도록 명하여 신하들에게 나누어 주어 깨우치도록 하였다. 정축년(1517) 5월에 대왕은 세자가 세 살이니 글을 배우는 향방을 알 것이라고 생각하여 손수 잠사(箴詞)[271]를

270) 소뇌예(小牢禮): 간략한 음식상. 음식상에 염소와 돼지만을 갖추어 차린 상을 말한다.『高麗史節要』三十五 恭讓王 二. "朴尙衷等, 追加褒贈, 特加小牢".
271) 잠사(箴詞): 사람이 수양을 하는 데 경계가 될 만한 말.

써서 경계하도록 하니 모두 옛 성현의 격언(格言)이었다. 모비(母妃)께서 병이 나심에 왕께서 주야로 곁에 모시면서 탕약을 직접 올리시고 몸소 후원에 비니 얼마 안 가서 병이 회복되니 사람들이 효성에 감동된 바라고 하였다. 왕께서는 다시 학궁(學宮)에 행행하시어 경서의 뜻을 강론하고 해가 기울어서 파하였다. 교서를 내려 이르기를 "학교는 풍속과 교화의 근원이요 인재가 모여 있는 창고이니 나라를 다스리는 도가 이보다 중함이 없다. 내가 지금 정성을 다하여 훌륭한 정치를 도모하고 밤낮으로 여기에 전념한다. 지금 토지와 노비를 하사하여 어진 인재를 기르는 자본으로 사용하게 한다."라고 하였다.

경진년(1520) 4월에 세자를 책봉하였다. 신사년(1521) 5월에 명나라 황제가 태감(太監) 진호(陳浩) 등을 보내와서 세자책명을 하사하였다. 계미년(1523)에 『소학언해』를 인쇄하도록 명하여 중외에 배포하여 여염의 부인이나 어린이들로 하여금 모두 알게 하였다. 8월에 섬의 오랑캐가 중국 땅을 침범하여 백성들을 사로잡고 우리나라에 표류해 왔는데 변방의 장수가 이들을 사로잡아 베고 보고를 하니 대왕께서 중국에 신하를 보내어 벤 머리를 모두 바치니 황제가 가상하게 여겨 칙서를 내려 물품을 하사하고 포상하였다.

무자년(1528)에 여주에 행행하여 영릉(英陵)에 참배하고 백성들에게 세금의 반을 감면해 주었다. 경인년(1530) 8월에 모비께서 돌아가시니 상사를 치르는 법도는 한결같이 예문에 따르고 항상 외합(外閤)에 거처하였다. 졸곡이 지난 뒤에 대신들이 대내로 들어가기를 청하자 대왕께서 따르지 않았다. 갑오년(1534) 8

월에 학궁에 행행하여 대사례(大射禮)를 행하였다. 을미년(1535) 9월에 개성부에 행행하여 제릉(齊陵)에 참배하고 이튿날 학궁에 행행하여 선비들을 시험하고 학생들에게 쌀 백 석을 하사하였다. 경자년(1540) 여름 크게 가물어 산천에 두루 기도를 하였는데 비가 오지 않자 대왕께서 연(輦)을 버리고 가마를 타고 폭양에 친히 풍운단(風雲壇)[272]에 빌었는데 3일의 비를 얻었다.

갑진년(1544) 겨울 10월에 대왕께서 병이 나시고 11월 14일에 병이 심하여 좌의정 홍언필(洪彦弼)과 우의정 윤인경(尹仁敬)을 불러 안으로 들어오게 하고 하교하기를, "내가 병이 심하여 세자에게 보위를 전하려 한다." 하시고 이튿날 경술일에 정침에서 돌아가시니 향년 57세였다.

대왕께서는 인자하시고 충효의 마음이 간절하였으며 힘써 배우고 옛 사람을 사모하였으며 신하들의 간언을 받아들이는데 부지런하고 백성들의 숨은 고통을 푸는 데 힘썼다. 더욱 제사지내는 일에 삼가 공경하고 두려워하였으며 사대(事大)에 지성으로 하여 시종 게을리 하지 않았다. 인재들을 길러 문치의 교화가 크게 흥하고 대신들을 높이고 예우하여 나랏일에 반드시 참여하여 모의하게 한 뒤에 행하였다. 종친과 외척들을 어루만져 사랑하여 모두 그들의 환심을 얻었으며 왕자들을 가르치고 경계하여 옳은 방도로 가르치기를 다하고 교만하고 사치한 습성이 없게 하였다.

경술(經術)에 밝은 선비들을 많이 모아 성리학을 강하고 밝혀

---

272) 풍운단(風雲壇): '풍운뇌우산천성황단'의 준말. 나라에서 풍운·뇌우·산천·성황의 신에게 제사 지내는 단. 『漢京識略』.

밤과 낮을 이어 부지런히 하였으며 놀이를 하거나 사냥하는 일 또는 좋은 음악이나 여색을 즐기는 일이 없었으며 즐기는 물건이나 사치스러운 일은 아주 끊어버렸다. 재위 39년 동안 백성들은 본업을 즐겨 인구가 날로 번성하였고 섬 오랑캐나 여진이 의리를 사모하여 귀순함에 변경에 걱정이 없어 싸우는 일을 알지 못했으며 아름다운 정치를 이루어 대도(大道)에 오르게 되었는데 갑자기 돌아가시니[八音遽遏][273] 아! 가슴 아픈 일이다. 우리 전하(인종)께서 상청에 계시면서[亮陰][274] 사모함이 끝이 없어 여러 신하를 거느리고 시호를 올려 이르기를 '휘문소무흠인성효(徽文昭武欽仁誠孝)'라 하고 묘호는 '중종(中宗)'이라 하니 난정을 안정시키고 질서 있는 세상으로 돌려 중흥의 공덕이 상고종(商高宗)[275]과 주선왕(周宣王)[276]처럼 아름다움이 같기 때문이다. 을사년(1545) 2월 9일 모갑(某甲)에 고양군 치남 노동(蘆洞) 임좌병향의 언덕에 인산을 치르니 곧 장경왕후가 안장된 희릉(禧陵)의 오른쪽으로 능호를 정릉(靖陵)으로 바꾸었다.

처음에 대왕께서 잠저(潛邸)에 계실 때 신수근(愼守勤)의 따님

273) 갑자기 돌아가시니[八音遽遏]: 팔음은 금·석·사·죽·혁·포·토·혁·목(金石絲竹匏土革木) 여덟 가지의 음악. 팔음이 갑자기 막혔다는 말은 요임금이 돌아가시자 사해에는 음악소리가 그쳤다는 말에서 온 말이니 곧 임금이 돌아가셨다는 말이다. 『書經』 堯典.

274) 상청에 계시면서[亮陰]: 양음은 임금이 거상(居喪)하는 일. 亮闇으로도 쓴다. 『書經』 說命 上. "王宅憂, 亮陰三祀".

275) 상고종(商高宗): 이름은 무정(武丁). 반경(盤庚)의 뒤에 나라가 쇠약해졌는데 무정이 즉위하여 나라를 중흥시키고 부열(傅說)이라는 어진 재상을 등용하여 훌륭한 정치를 이루었다. 『史記』 殷本紀.

276) 주선왕(周宣王): 이름은 정(靖). 주나라 11대의 왕. 문왕·무왕의 치적을 본받아 나라를 중흥시켰다. 『史記』 四.

을 맞아 비로 삼았더니 수근이 죄가 있음으로 하여 폐하고 숙의 윤씨를 승급시켜 왕비로 삼으니 곧 영돈녕부사 윤여필(尹汝弼)의 따님이었다. 신미년에 태어났고, 한 분의 따님은 효혜공주니 연성위 김희(金禧)에게 하가(下嫁)하였다. 을해년(1515) 2월 25일에 우리 전하(인종)를 낳고 인하여 병이 있어 3월 2일에 돌아가셨다. 정축년(1517)에 영돈녕부사 윤지임(尹之任)의 따님을 맞아 왕비로 삼았다. 전하께서 동궁에 계실 때 우의정 박용(朴墉)의 따님을 맞아 세자빈으로 삼고 즉위함에 미쳐 봉하여 왕비로 삼고 대왕의 비 윤씨는 왕대비가 되었다. 대비께서는 1남 4녀를 낳으니 의혜공주는 청원위 한경록(韓景祿)에게 하가(下嫁)하고, 효순공주는 능원위 구사안(具思顔)에게 하가하고, 경현공주는 영천위 신위(申檥)에게 하가하고, 휘 ○는 경원대군에 봉하니 별좌 심강(沈鋼)의 따님을 맞아 부인을 삼았다. 다음은 어리다.

경빈 박씨가 1남 2녀를 낳으니, 미(嵋)는 복성군이니 현감 윤인범(尹仁範)의 따님을 맞아 아내로 삼고, 혜순옹주는 광천위 김인경(金仁慶)에게 하가하고, 혜정옹주는 당성위 홍려(洪礪)에게 하가하였다. 희빈 홍씨는 2남을 낳으니, 영(岭)은 금원군이니 도사 정승휴(鄭承休)의 따님을 맞아 아내로 삼고, 완(岏)은 봉성군이니 정랑 정유인(鄭惟仁)의 따님을 맞아 아내로 삼았다. 숙원 홍씨는 1남을 낳으니, 희(峠)는 해안군이니 참봉 신홍유(愼弘猷)의 따님을 맞아 아내로 삼았다. 숙원 이씨는 2녀를 낳으니, 정순옹주는 여성위 송인(宋寅)에게 하가하고, 효정옹주는 순원위 조의정(趙義貞)에게 하가하였다. 숙용 안씨는 2남 2녀를 낳으니, 거(岠)는 영양군이니 현감 안세형(安世亨)의 따님을 맞아 아내로 삼고, 초(岧)는 덕흥군이니 중추부사 정세호(鄭世虎)의 따님을 맞아 아내로 삼고, 정신옹주는 청천위 한경우(韓景祐)에게 하가하였다. 숙원 이씨는 1남을 낳으니, 기(岐)는 덕양군이니 참의 권찬(權讚)의 따님을 맞아 아내로 삼았다. 숙용 김씨는 1녀를 낳으니, 숙정옹주는 능창위 구한(具澣)에게 하가하였다. 효혜공주는 1녀를 낳으니 유학 윤백원(尹百源)에게 출가하고, 의혜공주는 1녀를 낳으니 어리다. 미(嵋)는 1녀를 낳으니 유학 최예수(崔禮秀)에게 출가하고, 영(岭)은 1녀를 낳으니 어리다. 혜정옹주는 1녀를 낳으니 유학 윤호(尹琥)에게 출가하였다. 정순옹주는 1남을 낳고 효정옹주는 1남을 낳고 정신옹주는 1남을 낳았다. 기(岐)는 1남을 낳으니 모두 어리다.

恭惟我中宗大王諱某, 成宗第二子也. 成宗在潛邸, 聘領議政韓明澮之女, 及卽位, 封爲妃, 無子薨, 陞淑儀尹氏爲妃, 卽判奉常寺事起畎之女, 生世子㦕. 妃性行不淑廢之, 又陞淑儀尹氏爲妃, 卽右議政壕之女. 弘治元年戊申三月己巳, 誕生大王, 封晉城大君. 少有異質, 成宗特奇愛之. 歲甲寅, 成宗薨, 嗣君失道, 宗社將傾, 丙寅九月, 知中樞府事朴元宗·前參判成希顔·吏曹判書柳順汀, 首建大義, 承慈順王大妃敎, 廢爲燕山君, 迎大王於私第, 大王牢讓不獲, 卽位於景福宮. 遂請命于朝下敎, "凡非罪流竄者, 悉皆召還, 枉被刑戮者, 咸加褒贈, 除害民之政, 復先王之舊.", 朝野抃舞, 如獲重生. 修明學校, 崇奬節義, 苟有一善一行, 無不褒奬, 至於淸白忠義之後, 亦皆收敘, 博選弘儒碩士, 置諸經幄, 日三進講. 夜又召對, 論難經義, 商確治道, 下素屛於弘文館，書歷代帝王爲治之道，以備觀覽．丁卯三月幸學，橫經問難，八月命印頒『三綱行實』．戊辰二月，帝遣太監李珍陳浩，賜誥命冕服，封爲王．壬申八月，行養老宴于闕庭，六月遣官以小牢，祀崇義殿，殿卽高麗王氏之廟也．命製酒戒，須賜臣工以警之．丁丑五月，王以世子三歲，能知學文向方，手書「箴詞」以戒，皆古聖賢格言也．母妃未寧，王晝夜侍側，湯藥必親，躬禱後園，未幾疾瘳，人以爲誠孝所感．王幸學，講論經義，日昃而罷．教曰："學校，風化之原，人材之府，爲國之道，莫重於此．予今竭誠圖治，夙夜軫念．今賜土田臧獲，以爲養育賢材之資"．庚辰四月冊封世子．辛巳五月，帝遣太監陳浩等，來賜命．壬午十月，行世子冠禮，頒赦境內，所以重國本也．癸未，命印譯解小學，宣布中外，欲使閭巷婦人小子，皆得以知之．八月島夷犯上國地面，搶虜人民，漂到我界，邊將俘斬以聞，王遣臣悉獻俘馘，帝嘉之，降勅賜物褒美．戊子幸驪州，祭英陵，賜州民田租之半．庚寅八月，母妃薨，喪制一依禮文，常處外閤．卒哭後，大臣請還大內，王不從．甲午八月，幸學大射禮．乙未九月，幸開城府，祭齊陵，翌日幸學取士，賜學生米百斛．庚子夏，大旱，遍禱于山川，不雨，王去輦乘轝曝日，親禱于風雲壇，遂得三日雨．甲辰冬十月，王有疾，十一月十四日疾大漸，召左議政洪彦弼右議政尹仁鏡，入臥內，教曰："予疾甚，欲傳位於世子."，翌日庚戌薨于正寢，享年五十七．王仁慈忠孝，力學慕古，勤於聽納，存恤民隱．尤謹祀事，寅恭祗畏，至誠事大，終始不替．培養人才，文教大興，尊禮大臣，國事必與謀議而後行．撫愛宗戚，皆得其歡心，教戒王子，盡其義方，無有驕奢之習．多聚經術之士，講明性理之學，夜以繼日，亹亹忘倦，無遊畋聲色之娛，絶玩好奢靡之事. 在位三十九年, 人民樂業, 生齒日繁, 島夷山戎, 慕義歸順, 邊境無虞, 不識兵革, 致治之美, 將升大猷, 而八音遽遏, 嗚呼! 慟哉. 我殿下, 亮陰在疚, 哀慕罔極, 率群臣上尊謚曰: '徽文昭武欽仁誠孝', 廟號'中宗', 以其撥亂反正, 中興功德, 儷美商 宗 周 宣也. 乙巳二月九日某甲, 安厝于高陽郡 治南 蘆洞壬坐丙向之原, 卽章敬王后所厝禧陵之右, 改號曰靖. 初王在潛邸, 聘愼守勤之女爲妃, 以守勤有罪廢之, 陞淑儀尹氏爲妃, 卽領敦寧府事汝弼之女. 辛未生, 一女曰孝惠公主, 下嫁延城尉金禧. 乙亥二月二十五日誕我殿下, 仍有疾越三月二日薨. 歲丁丑, 聘領敦寧府事尹之任女爲妃. 殿下在東宮, 聘贈右議政朴墉之女爲嬪, 及卽位封爲妃, 王妃尹氏爲王大妃. 大妃生一男四女, 曰懿惠公主下嫁淸原尉韓景祿, 曰孝順公主下嫁綾原尉具思顔, 敬顯公主下嫁靈川尉申檥, 曰諱封慶原大君, 娶別坐沈鋼女. 次幼. 敬嬪朴氏生一男二女, 曰嵋 福城君, 娶縣監尹仁範女, 曰惠順翁主下嫁光川尉金仁慶, 曰惠靜翁主下嫁唐城尉洪礪. 熙嬪洪氏生二男, 曰岭 錦原君, 娶都事鄭承休女, 曰岏 鳳城君, 娶正郞鄭惟仁女. 淑媛洪氏生一男, 曰崵 海安君, 娶參奉愼弘猷女. 淑媛李氏 生二女, 曰貞順翁主下嫁礪城尉宋寅, 曰孝靜翁主下嫁淳原尉趙義貞. 淑容安氏生二男二女, 曰岠 永陽君, 娶縣監安世亨女, 曰岹 德興君, 娶中樞府事鄭世虎女, 曰靜順翁主下嫁淸川尉韓景祐. 淑媛李氏生一男, 曰岐 德陽君, 娶參議權讚女. 淑容金氏生一女, 淑靜翁主下嫁綾昌尉具澣. 孝惠生一女, 適幼學尹百源, 懿惠生一女幼. 嵋生一女, 適幼學崔禮秀, 岭生一女幼. 惠靜生一女, 適幼學尹琥. 貞順生一男, 孝靜生一男, 靜愼生一男. 岐生一男, 皆幼.

잡저

관산별곡의 뒤에 쓰다
書關山別曲後

속마음에 울적한 생각이 밖으로 퍼져 나와 말로 표현되어 음악이 만들어짐에 인심의 사정(邪正)을 은폐하기 어려워 세상이 다스려지는 오하(汚下)와 융성을 여기에서 엿볼 수 있다. 대저 마음이 사물에 접하면 감동이 생기고 일이 닥치면 마음이 움직여지니 비록 독려하고 권면하기를 기다리지 않더라도 군자가 말이 나오는 것을 삼가지 않을 수 없는 것이다. 때문에 성인이 삼백 편의 시[277]에서 그 성정에서 우러나오는 것이 중단되지 않는 것을 듣고 사무사(思無邪)[278]로 단정하니 그 뜻이 깊도다.

병자(1516) 년간에 조정에서 중망이 있는 사람을 선발하고 또 북쪽 변방의 여러 장수 중에 섞어 선발하여 등용하니 지금의 원융(元戎: 訓練大將) 이공 문중(李文仲)으로 종성부사를 삼고 전 남도 절도사 반공 공보(潘公父)로 경흥부사를 삼으니 모두 오래

---

277) 삼백 편의 시: 시경의 시를 말한 것. 시경은 본래 311편인데 삼백 편이라 말한 것은 대략의 수를 말한 것이다. 『論語』 爲政. "詩三百, 一言以蔽之".

278) 사무사(思無邪): 마음에 사악한 생각이 없음. 심지가 순수하고 정직함. 이 말은 『시경』 노송(魯頌) 경편(駉篇)의 시 속에 나오는 말로 공자가 일찍이 시경 삼백 편의 말 중에 이 말이 대표할 만하다고 단정하였다. 곧 시경 속에 나온 시 속의 말은 순수하고 솔직하여 사악한 생각이 없다는 말이다. 『詩經』 魯頌 駉. "思無邪, 思馬斯徂".

된 유학자의 출신이었다. 비록 한 지방을 전제(專制)할 수는 없으나 본래 그곳에서 거처하지 않은 적이 없어 미리 정한 것이었다. '度' 자는 혹 '處'자로 쓰기도 하였다.

일찍이 생각건대 우리나라 북쪽의 변방은 여진의 침입을 받음이 심하여 그 백성들이 놀라기 쉬움에 인심을 끌어 애써 다스리는 일과 장신(將臣)들의 수고는 다른 곳에 비하여 몇 배가 된다. 지금 주상의 은택이 멀리까지 젖어 여진의 화가 오랫동안 그침에 백성들은 자기의 업에 부지런하고 졸병들은 쉬면서 방어에 힘쓰니 인가의 연기가 여기저기에 보이고 닭 우는 소리 개 짖는 소리가 나며 보루(堡壘)가 서로 이어 길쌈하는 부녀[紅婦][279]와 농부들의 마을이 서로 연결되어 있다. 그러나 모두 누가 이렇게 만들어 준 것인지를 아는 자가 없으니 태평을 구가하며 장수들을 위안하여 놀고 즐기는 데 갖추고 마시고 활 쏠 때에 부르는 노래를 만들지 않을 수 있을까?

이리하여 노래 팔 장을 짓고 「관산별곡」이라 이름을 하니 실은 반공보(潘公父)가 지은 것이고, 훈련대장[李文仲]이 윤색(潤色)을 한 것이다. 위무(威武)를 선양하고 화합을 다지며 어진 사람을 본받고 공을 생각하여 이 구역의 절실한 것을 서술한 것이니 공을 탐하고 적에게 이적 행위를 해서는 안 된다. 태평의 즐거운 일만을 극진하게 하면 마음을 방종하게 갖고 방비하는 일을 느슨하게 할까 두려우니 술을 주고받는 사이에도 경계를 하고 마시고 활을 쏠 때도 예를 행하여 모두 절제를 하는 것으로

279) 길쌈하는 부녀[紅婦]: 홍부는 길쌈이나 바느질을 하는 부녀. 『漢書』 酈食其傳. "農夫釋耒, 紅女下機".

방비를 삼아 태연하게 하지 말고 편안한 마음으로 하지 말아서 음탕한 속에서도 절제하여 화목하며 정도의 속에서 괴로움을 이탈하게 하였으니 이른바 치세(治世)의 음악이라고 할 수 있다.

날마다 손님·장교·동료들과 더불어 즐기면서 노래하고 반복하여 군자로 하여금 듣고 감격하여 본받으려는 마음이 저절로 생기게 하고, 소인으로 하여금 이 땅을 보존하고 지키면서 강토에 대한 생각이 조금도 쇠하지 않게 하면, 읊조리는 사이에 사악한 생각이 바꾸어지고 옮겨져서 사람의 마음을 바꾸는 일이 어찌 적겠는가? 후일에 윗사람을 친근하게 하고 어른을 섬기는 장병들이 함께 이 노래로부터 만들어질 것이니 두 사람의 견해가 여기에 아름다운 것이다. 또 북쪽 지방을 보건대 강한 자에게 맡겨져 풍조와 습속이 다른 곳과 자별하고 거기에 용감한 무사들까지 겹쳐 여기에 모였으니, 이역의 땅에서 나그네가 되어 임금과 어버이를 그리워하면서 감동되고 삼가고 걱정하는 마음이 문득 거칠고 사납고 분발하는 음악으로 합하게 되면, 가슴 아프고 어지러워지는 데로 이르기 쉬우니 두 공이 여기에 대하여 깊은 관점이 있었다.

옛날에 민간의 풍속을 보고 노래를 수습한 자가 비록 마을의 비루한 말이라도 모두 기록하였으니 이것이 시경 삼백 편의 시초였다. 지금 이 노래에 대하여 어찌 버려둘 수 있을까? 수백 년 아래에 오늘의 이 치상(治象) 생각하면서 몇 군자들이 사전에 마음을 쓴 것을 아는 자 있을 것이다. 회령 부백 김공은 선을 좋아하는 군자이다. 여러 진의 머리에 이 노래를 새기고 말하기를 회령부의 벽에 있는 노래라고 하였다.

갑신[閼逢涒灘]년 동지 뒷날 삼가 쓰다.

鬱於中而暢於外，發於言而成於聲，人心之邪正難掩，世治之汚隆可觀．夫物接而感生，事至而情動，雖無待乎督勉，而君子亦不可不愼其所自發也．故聖人於三百篇之詩，俱聽其情之自發而不容已者，斷之以無邪，其旨深矣．歲丙子間，朝家選重望，雜之以北邊列帥，今元戎李公文仲爲鍾城，前節度使南道潘公公父爲慶興，俱以宿儒出也．雖無專一方之制，無不素度【度或作處】而預定之者，嘗念北門受寇尤劇，其民易驚，控理之勤，將臣之勞，視他倍蓰．幸今 聖澤遐濡，狼烟久熄，民勤而業，卒勵而休，人烟雞犬，堡塞相錯，紅婦農夫，閭落相連．皆罔知所賜，可無歌詠昇平，慰安將士，爲遊衍之具，射之物乎？遂撰歌八章，曰：「關山別曲」，實公父創之，元戎潤色之．不過宣威暢和，象賢念功，敍區域之有截，則毋貪功啓釁也．極昇平之樂事，則懼縱心弭備也，戒存於杯酌之間，禮行於飮射之際，要皆節制爲防堤，不泰不康，和節於淫，正離於苦，誠所謂治世之音也．日與賓校僚佐而樂之，歌且反之，使君子得聞之，而感激思效之心，油然而生，小人得聞之，而保守疆土之念，無容少衰，諷詠之間，其潛移默運，換易人心者豈淺鮮？而異日親上事長之兵，俱自歌曲中做出，二公之見，於是乎韙矣．且觀北土任強，聲習自別，加之以武夫敢士來萃于此，羈離異域，眷戀君親，感慷愁慘之懷，忽與粗厲猛奮之音合，則易至於傷亂，二公於是，抑有所深覩矣．古之觀風採謠者，雖閭巷鄙俚之辭，俱得以錄之，此三百篇之權輿也．今於是歌，烏得已乎？有能使數百載之下，想見今日之治象，而知數君子之用心乎未也．府伯金公，好善君子也．刊諸列鎭之首，曰：“會寧府之壁”．閼逢涒灘長至後日，謹書．

유칠보산기

遊七寶山記

지난 해 여름에 윤세신(尹世臣)이 나에게 말하기를, "명천(明川)의 남쪽에 산이 있는데 칠보산이라고 합니다. 기이한 경관이 크고 수려하여 풍악산에 버금가니 가서 구경하고 싶습니다." 하였다. 나는 만류하면서, "우선 나의 업무가 한가하기를 기다리라."고 하였다. 그런데 오히려 바쁜 일에 매여 여가가 없었다. 지금 나는 임기가 만료되어 서울로 돌아가야 하는데 드디어 가서 구경하기로 결의하고 명천 현감 김순(金洵) [明允이라는 두 글자가 빠짐] 과 경성(鏡城) 교수 노연령(魯延齡) 대춘(大春)과 회령 부사 임종(林宗) 사숙(思叔)과 함께 가서 구경하기로 약속하고 명천으로부터 들어가기로 하였다.

마침 신구 총융사(摠戎使[280])가 길주에서 교대를 하게 되었는데 사람을 보내와 서로 맞았다. 이리하여 김공・노공 제군과 길주로 가서 하루를 머물고 3월 15일에 길주의 북쪽 고개를 넘어갔다. 산은 본래 신령스럽고 기이하여 항상 구름과 안개가 많아 구경 가는 사람들이 가다가 중도에서 돌아오는 자가 많았다. 이 날도 짙은 구름이 하늘을 가리고 빗방울이 사람을 따라 오니 비록 대춘처럼 산을 좋아하는 사람도 또한 의심스러운 생각을 하였다. 내가 용기를 내어 말을 재촉하여 황토동에 도착하니 명

280) 총융사(摠戎使): 본래는 서울의 외곽 방비를 맡은 관직인데 여기서는 함경도의 방어를 맡은 관직. 저자가 회령 판관으로 임기가 만료된 것으로 보인다.

윤이 이미 군관 김자숙(金自叔)을 보내 민가에서 기다리고 의정사 스님 성균(性均)도 여기서 우리를 맞았다.

길을 물었더니 의정사가 여기서 이십 리요, 개심사는 여기서 사십 여리라고 하니, 의정사로부터 개심사까지 또한 사십 리요, 개심사로부터 금강굴까지 오륙 리쯤 된다고 하였다. 이 때 비는 점점 더 내려 혹자는 여기서 자면서 비가 개이기를 기다리자고 하고 혹자는 의정사에서 자자고 하였다. 나는 말하기를, “비가 개는 것을 미리 예측할 수 없으니 곧바로 개심사로 가자.”고 하고 드디어 재촉하여 길에 오르니, 여러 사람들이 고삐를 잡고 서서히 가는데 보슬비는 보슬보슬 내리고 마을 주막은 희미하게 보였다. 우리는 시를 읊기도 하면서 천천히 가고[容與][281] 노래를 부르며 주고받으니 비록 산에 들어가지 않았으나 이미 세속 밖의 정취가 있었다.

육칠 리를 가다가 한 고개가 있는데 문암령(門巖嶺)이라고 하였다. 고갯길이 구불구불 돌아 백 번이나 꺾여지고 극히 높고 가파르다. 고개 위에 도착하니 뭉친 구름과 언 빗속에 숲은 컴컴하고 길이 어두워 앞 사람을 분간하기 어려웠다. 절정에 도착하니 풀을 깔아놓은 곳이 있는데, 안내자가 말하기를, “산의 일면을 여기에 앉아 바라볼 수 있다.”고 하였다. 나는 구름과 비가 우리에게 산을 빌려주지 않는 것이 한스러웠다. 고개를 내려오니 구름과 안개는 조금 개여 계곡이 예쁘고 바위와 봉우리가 높고 수려함을 볼 수 있으니 이미 속세의 산수와는 같지 않았다.

---

281) 천천히 가고[容與]: 용여는 머뭇거리면서 앞으로 나아가지 못하는 모양. 『楚辭』 離騷. “忽吾行此流沙兮, 遵赤水而容與. (注)容與, 躊躇不前之意”.

북쪽으로 이십 리쯤 가서 환희령에 도착하니 이 고개에서 개심사까지 오 리가 안 된다고 하였다. 고개는 심히 높고 가파르지 않지만 길이 극히 위험하였다. 절에 도착하니 이미 저녁이었다. 절은 3칸을 새로 지었다. 거처하는 스님 몇 사람이 대춘 등 몇 사람과 함께 이야기도 하고 바둑도 두는데 나는 피로하여 잠자리에 누웠다. 삼경(三更) 쯤 되어 갑자기 사람들의 소리가 시끄럽게 들리고 횃불이 창을 비쳤다. "무슨 일이냐?"고 물었더니 현관(縣官)이 왔다고 하였다.

밤눈이 아침까지 이어져 늦게야 조금 개였다. 서로 더불어 신을 신고 산에 오르는데 사숙(思叔)과 세필(世弼) 자숙(自叔)은 먼저 금강굴로 향하고 나는 명윤·대춘과 함께 개심사의 뒤 고개로 올라 천불암(千佛巖)·나한봉(羅漢峰)을 바라보니 옥돌이 천 길이나 되어 층층이 우뚝 솟았는데 만 가지로 괴이하여 손으로 조각을 해도 형용할 수 없었다. 벼랑의 암석이 높은 곳에 관음굴·천신굴이 있으나 인적이 이르지 않은 곳이었다. 그 아래에 제자굴·계종굴이 있고 또 천보암(天保庵)이 있어 암석 위에 있는데 쇳줄을 잡고 왕래를 할 수 있었다. 우연히 암자가 비어 있고 쇳줄은 도적을 맞았는데 암자도 산불로 타버렸다고 한다.

그 아래에 암석이 마치 담장처럼 서 있는데 길이가 수십 보였고, 그 속에 청송굴이 있고 또 그 동쪽에 용혈굴이 있는데 돌길이 험하여 도저히 갈 수 없었다. 서성거리고 감상하면서 다른 곳으로 갈 생각을 하지 못하고 시간을 보내니 음산한 안개비가 다시 내려 서운하게 고개에서 내려와 절에서 개이기를 기다렸다. 조금 뒤에 사숙의 무리들이 금강굴로부터 돌아와 그 장대한 경관을 말하니 우리들이 본 것보다 나은 바가 있었다. 이리하여 먼 곳을 먼저 보고 가까운 곳을 뒤에 보지 못한 것이 한이 되었다. 해가 3·4시경이 되었는데 비는 조금 그쳤다. 또 산에 오르기로 약속하고 앞 고개의 밑에 도착하니 구름과 안개가 산에 가득하여 봉우리가 보이지 않고 계곡은 침침하고 어둑어둑하여 바라보아도 보이지 않았다. 이리하여 아쉬운 점이 있었지만 돌아왔다. 이날에 세필 자숙은 먼저 내려갔다.

이튿날 새벽에 아침밥을 재촉하고 일찍 올라 금강봉 아래에 도착하여 말에서 내려 봉우리를 따라 남쪽으로 가니 산길이 비탈지고 위험하여 지팡이로 당기면서 겨우 봉우리의 허리에 도착하니 길이 또 산을 돌아 북으로 가고 벼랑을 따라 내려가는데 더욱 험하였다. 하나의 바위 굽이를 안고 돌아 금강굴이라는 곳에 도착하니 그 속은 수백 명을 수용할 만하고 그림 같은 암자 2칸이 있는데 창문이 영롱한 빛이 났다. 어떤 영남에 사는 스님이 와서 겨우 며칠이 되었다고 하였다. 산에서 내려오는 물이 줄줄 흘러 처마 끝에 떨어지니 여름 장마철이 되면 넓게 흘러 폭포수가 된다고 한다. 그 아래는 우물처럼 깊게 파여 있어 완연히 속세의 자취가 닿지 않은 듯하니 세속에서 깨어 세상을 마치려는 뜻이 생겨 도저히 금할 수 없을 것 같은 느낌이 있었다. 앞에는 높은 대(臺)가 있어 사방을 통해 볼 만 하였다.

드디어 옷을 걷고 지팡이를 놓고 벼랑을 만지며 대에 올라 붉은 빛이 어린 계곡에 임하여 아래를 보니 땅이 보이지 않았다. 온 산의 뛰어난 모습이 함께 눈 밑에 있으니 이른바 천불암·나한봉이 또한 이 대의 북쪽에 있다. 동쪽에는 한 봉우리가 있어 금강봉과 더불어 한 계곡을 사이에 두고 치솟아 높이와 크기를 서로 사양하지 않는다. 세 개의 큰 암석이 봉우리의 허리에 있어 함께 우뚝 선 모습이 부처님 같은데 금강굴과 더불어 상대하고 있다. 봉우리의 북쪽에는 여러 바위가 마치 암자가 늘어선 듯하여 [‘迢遞’는 ‘招提’의 오자인 듯하다] 푸른 창과 붉은 벽을 역력히 볼 수 있었다. 처마와 용마루가 숲 사이에 가려지고 비추니 몇 동의 암자가 있는지를 알 수 없었다.

곧바로 북쪽에 하나의 바위가 가장 높고 큰 것이 있으니 이름이 사암(寺巖)이라고 한다. 기와의 무늬와 추녀 모서리가 함께 있다. 또 층층으로 지은 건축물 같은 것이 셋이 있고 그 아래에 또 굴이 있는데 이름이 삼간굴(三間窟)이라고 하여 사암의 위에 있고 그 밑에는 대장동(大藏洞)이니 굴 속에 돌의 모습이 불경을 쌓아 놓은 듯한 것이 있기 때문에 이렇게 이름을 지은 것이다. 또 석룡(石龍)이 있어 동쪽의 봉우리로부터 꿈틀거리면서 내려와 시내를 건너 곧바로 용혈굴로 향하고 시냇물은 배 밑으로 흐른다. 다른 암석은 북과도 같고 배와도 같고 술 단지 같은 것도 있고 봉화대 같은 것도 있어 이루 다 기록할 수 없다.

큰 바위가 삼간굴의 북쪽에 있어 동쪽으로 푸른 바다를 곁에 두고 서쪽으로 천불암(千佛巖)을 마주보고 있는데 삼면이 가파르면서 높고 그 위는 비탈이 져서 저절로 층대(層臺)가 되니 만 명의 사람이 앉을 만한데 이름은 알 수 없다. 사암 아래에 또 하나의 바위가 있어 극히 높고 가파르니 종각(鐘閣)과 흡사하였다. 그 이름을 물었더니 또 알지 못한다고 하였다.

아! 산이 여기에 이르러 다른 산에 비하여 사양할 바가 없는

데, 중국 사람들이 금강산 보기를 원한다고 비는 말이 있었으니 〔어떤 본에는 '祝'자 아래에 '自有方丈'의 네 자가 있으니 아마도 오탈자가 있는 듯하다.〕 어찌하여 이 산이 홀로 소문난 바가 없을까? 금강산의 한 돌이나 지리산의 한 봉우리는 모두 그 이름이 있는데 어찌하여 기이한 봉우리와 묘한 돌이 홀로 이 산에 있는 것은 이름이 없을까? 아! 하늘이 이 산을 비밀리에 우리나라[海隅]에 감추어 두어 사람들로 하여금 모르게 한 것인가? 또는 아는 자가 있지만 길이 험하고 멀어 보지 못했음인가? 장차 볼 사람이 있어 바위와 돌에 이름을 붙이지 않은 것인가? 이름이 있어도 알지 못함인가?

이 산에 와서 유람한 사람은 이 산의 스님이 기억하고 본 바로는 다만 이항(李沆) 한 사람 뿐이다. 만약 이공이 여기에 귀양오는 일을 당하지 않았다면 이 산은 끝내 유람한 자가 없었을 것이니 바위나 봉우리의 이름이 없음이 마땅하고, 이공이 또 여기에서 죽었으니 이공이 본 것을 다른 사람에게 전하지 못했을 것이니 사람들이 알지 못함이 마땅하다.

내가 성상을 곁에서 모시고 변방을 지키는 일을 맡아 이곳에 와서 유람하게 된 것을 매우 큰 다행으로 여기며, 몇 천 년 몇 백 년 동안 천지가 감추어 둔 지역이 하루아침에 나로 인하여 온 나라에서 손꼽히는 명승지가 된다면, 산을 좋아하는 사람들이 지리산도 심상하게 여기고 풍악산을 실컷 구경하고 여유 있게 칠보산으로 올 것이니 산이 사람을 만나는 일이 또한 크지 않은가? 바위와 봉우리의 명칭이 없는 것을 내가 이름을 짓지 못할까? 드디어 동쪽의 봉우리를 만사봉(萬寺峯)이라 하고, 여섯

개의 계곡을 자하동(紫霞洞)이라 하고, 큰 대암(臺巖)을 봉천대(奉天臺)라 하고, 봉천대 앞에 있는 바위를 부용암(芙蓉巖)이라 하고, 부용암의 북쪽에 있는 바위를 종각암(鍾閣巖)이라 하고, 아까 본 천 가지 만 가지의 형상이 함께 한 대(臺)에 모여 감상할 수 있기에 내가 오른 대를 이름 하여 회상대(會象臺)라 한다. 또 말하기를, "산이 있는 곳이 산융(山戎)의 시골에 가까워 이 대에 오르는 학사가 몇 사람이나 될까? 그렇다면 학사대(學士臺)라고 하는 것이 좋을까?" 하였다.

대춘은 본래 몸이 비대하고 또 병이 있어 홀로 함께 구경하지 못했으니 우습기도 하고 한스럽기도 하다. 사암(寺巖)의 외면에는 반야굴·은신굴과 내원사(內苑寺)의 옛 터가 있고, 그 안에는 도솔암(兜率庵)의 옛 터가 있는데 극히 길이 험하고 멀어 모두 가보지 못하였다. 대춘이 말하기를, "처음 이 산의 이야기를 듣고 보통 산보다 조금 다른데 불과하겠지 하고 생각했는데 어찌 우리나라에 이렇게 좋은 산이 있단 말인가? 내가 산을 구경한 적이 많지만 풍악산보다 조금 날까 말까 하고 지리산 등 여러 산의 풍치는 하등이었다. 그런데 기묘하고 괴이한 상은 풍악산도 여기에 미치지 못한다."고 하였다. 노래하는 기생이 노래를 부르고 피리를 부는 자가 노래에 따라 부니 소리가 바위와 계곡 사이에 통하여 위로 높은 하늘에 이르니 상쾌함이 마치 우의(羽衣)를 입고 봉래산에 올라 왕교(王喬)[282]에게 읍을 하고 함

282) 왕교(王喬): 주영왕(周靈王)의 태자. 이름은 진(晉). 피리를 불기를 좋아하여 봉황의 우는 소리를 하였다. 도사 부구공(浮丘公)을 만나 함께 숭산에 올라 30여 년에 구씨산(緱氏山)에서 신선이 되어 학을 타고 하늘로 올라갔다. 『列仙傳』.

께 노는 것과 같았다.

여기서 머물고자 하면 속세의 인연을 다 끊어버릴 수 없고 세상일과 서로 관련이 됨에 오래 머물 수 없어 떠나려고 하면 이 산을 두 번 다시 볼 수가 없을 것이다. 방황하면서 그대로 있다가 ['不失'은 오자인 듯] 바위를 갈아 붓에 먹을 찍어 이름을 쓰고 돌아오니 걸음마다 머리를 돌리면서 급히 떠날 수 없었다. 사암(寺巖)의 뒤 고개에 지팡이를 세우고 인하여 그 곳을 이름지어 주장봉(柱杖峯)이라 하고 말을 내린 곳으로 돌아와 바위와 봉우리를 돌아보니 반은 금강봉에 가린 바 되지만 삼간굴로부터 북쪽의 여러 바위가 함께 역력히 눈앞에 있었다.

만약 이 고개를 내려가면 영영 이 산이 막힐까 아쉬워 주저하면서 차마 버리지 못하고 눈을 깔고 앉아 술자리를 열고 바람을 쏘이면서 노래를 읊어 드디어 하산가(下山歌) 세 곡을 짓고, 고소(姑蘇)로 내려와 노래를 하여 산령(山靈)을 즐겁게 하고 술을 들어 권하면서 서로 더불어 마음껏 취하고 돌아와 그곳을 이름하기를 하마대(下馬臺)라고 하였다. 어떤 말 없는 스님이 제자굴에 와 머문 지가 이미 12년이었다. 우리들이 여기에 와서 유람한다는 말을 듣고 바위 모서리에 나와 서서 고을 사람들이 개심사에서 밥을 짓는 것을 바라보면서 우리를 기다렸는데 해가 저물어 들어갈 시간이 없었다. 사숙(思叔)은 개심사에 머물러 있다가 명윤(明允)이 자기를 끌고 갈까 두려워 이미 먼저 도망하였다. 환희령을 지나니 희미한 봉우리와 침침한 계곡이 마치 근심의 모습을 하고 있는 듯하고 숲과 바위에서 떨어지는 물방울은 작별의 눈물을 흘리는 듯하여 우리를 작별하는 뜻이 있는 것 같았다.

아! 이 같은 산이 있는데 산령에게 한 모퉁이를 빌어 짧은 서까래를 걸고 얼마 남지 않은 여생을 부치지 못하니 슬픈 일이다. 문암령 아래에 이르러 산승이 작별을 고함에 섭섭하니 〔一本에는 '添然'으로 썼다〕 또한 산을 작별하는 뜻이었다. 초저녁에 길주로 돌아와 잤다. 이 산은 명천의 남쪽 구십여 리에 있고 길주의 동북 칠십여 리에 있다. 윤생은 나와 같은 나이다. 회령 교수가 되었다. 아! 이 산의 이름을 들은 것은 사실상 윤생으로 인하여 알게 되었는데 산을 구경하던 날에 윤생이 죽었으니 가슴 아픈 일이다.

가정 21년(1542) 임인 3월 21일 팽성(彭城) 임형수(林亨秀)는 기록하다.

去年夏, 尹生世臣謂余曰: "明川之南, 有山曰七寶. 奇絶雄秀, 殆亞於楓岳, 欲往觀焉". 余止之曰: "姑俟余務閑". 然猶拘縶鞅掌, 未暇焉. 玆者, 余考滿還京, 遂決意往見, 與明川縣監金公洵【恐晩明允二字】·鏡城敎授魯公延齡 大春·暨會伯林宗 思叔, 約與同遊, 將從明川而入焉. 會新舊摠戎, 交替于吉州, 遣人相邀. 乃與金 魯諸君, 趨吉州留一日, 以三月十五日, 由州之北峴而去. 山素稱靈奇, 常多雲霧, 遊人之往, 中道而返者, 多矣. 是日, 濃雲埋空, 雨點隨人, 雖以大春之好山, 亦有持疑之志. 余勇意促鞭, 到黃土洞, 明允已遣軍官金自叔, 相候於民家, 義正寺僧性均, 亦延于此. 問道路, 則義正寺, 去此二十里, 開心寺, 去此四十餘里, 自義正而去開心, 亦可四十里, 自開心去金剛窟, 可五六里. 於是, 雨勢益密, 或曰: "宜宿于此, 以待晴霽", 或曰: "宜宿于義正寺". 余曰: "雨晴不可預料, 不如直造開心". 遂促登程, 諸人按轡徐行, 烟雨霏微, 村店依俙. 長吟容與, 歌吹相答, 雖不入山, 已有塵外之趣. 行六七里, 得一嶺曰門巖. 嶺之路, 盤回百折, 極高峻. 及到嶺上, 屯雲涷雨, 林冥路暗, 不辨前人. 至絶頂, 有藉草處, 指路者曰: "山之一面, 坐此可見". 余恨雲霏之不我借也. 旣下嶺, 雲霧稍開, 方見谿壑窈窕, 巖巒凜秀, 已不如塵土中山水也. 北行可二十里, 到歡喜嶺, 嶺去開心未五里. 雖不甚高峻, 而路極危險. 到寺, 日已夕矣. 寺新構三間. 居僧數人, 與大春諸君, 且談且奕, 困而就睡. 夜約三鼓, 忽聞人聲喧閙, 炬火照窓. 問之則縣官來矣. 夜雪連朝, 至晩少霽. 相與理屩登山, 思叔・世弼 自叔, 先向金剛窟, 余與明允・大春, 登開心後峴, 望見千佛巖・羅漢峯, 琬琰千仞, 矗矗層層, 奇怪萬狀, 刻鏤之所未可形也. 崖石高絶處, 觀音窟・天神窟, 人跡之所未到也. 其下有弟子窟・係宗窟, 又有天保庵在巖石上, 攀鐵鎖以通往來. 偶値庵空, 鎖爲人所偸, 而庵亦爲山火所焚云. 其下巖石如垣墻, 長可數十步, 其中青松窟, 又其東, 有龍穴窟, 石路險絶, 皆不得往攀焉. 徘徊歎賞, 未暇他適, 遂移時晷, 陰霏復作, 惆悵下峴寺俟霽. 有頃, 思叔輩自金剛窟還, 言其壯槩, 又有勝於吾輩所見者. 於是, 方恨其不先遠而後近也. 日欲晡, 雨勢稍止. 又約登山, 至前嶺下, 雲嵐滿山, 巒藏壑晦, 冥冥茫茫, 望之無見. 乃相與茹恨而返. 是日, 世弼自叔, 先下去. 厥明, 促飯早登, 至金剛峰下與理, 緣峰而南, 山路傾仄危峭, 杖策擠挽, 僅到峰腰, 路又轉山而北, 緣厓而下, 尤爲險絶. 步繞一巖曲, 至所謂金剛窟者, 其中可容數百人, 晝庵二間, 窓戶玲瓏. 有一嶺南僧來僅數日. 山溜淋漓, 下落簷端, 至夏霖淹, 流爲瀑布云. 井臼宛然, 緇塵不到, 醒然有終焉之志,若不可禁者. 前有臺高絶, 可以通眺. 遂褰衣捨杖, 攀厓而登臺, 臨丹壑, 下視無地. 一山勝狀, 俱在眼底, 向所謂千佛巖・羅漢峰者, 亦在臺之北矣. 東有一峰, 與金剛峰, 隔谿而峙, 高大不相讓. 有三巖石在峰腰幷立, 屹然如浮屠, 正與金剛窟相對. 自峰迤北, 諸巖隱隱如迢遞【迢遞疑招提之誤】, 綠戶丹壁, 歷歷可見. 簷牙甍角, 掩映林木間, 不知其幾區也. 直北一巖, 最肖且大, 名曰寺巖. 瓦紋觚稜, 俱在焉. 又有似層構者三區, 其下又有窟, 名曰三間窟, 在寺巖之上, 而其底則爲大藏洞, 窟中石形, 有似積經, 故名. 又有石龍, 東峰下, 蜿蜒渡溪, 直向龍穴窟, 溪水從腹底而流. 其他如鼓如舟, 如樽罍如火臺之類, 不可殫記. 有巨巖在三間窟之北, 東臨滄海, 西對千佛巖, 三面高絶, 其上坡陁自爲層臺, 可坐萬人, 名則不知也. 寺巖之下, 又有一巖極高峻, 酷類鍾閣者. 問其名則又不知也. 噫! 爲山到此, 宜無所讓, 而中華之人, 有願見金剛之祝【一本祝下有自有方丈四字恐有脫誤】, 而何此山之獨無所聞耶? 金剛一石, 智異一巒, 俱有其名, 而何奇峰傑石, 獨無名稱於此山耶? 噫! 天將祕此山, 而藏之於海隅, 使人不知歟? 亦有知之者, 而以險遠得觀歟? 其將有觀之者, 而不敢命名於巖巒歟? 抑有名而不知歟? 問其來遊者, 則自山僧之所記睹, 只有李公沆一人而已. 倘使李公不遭遷謫, 則此山終無有見之者矣, 巖巒之無名稱也宜, 李公又沒于此, 而不得傳所見於人, 則人之不知也亦宜. 余以經幄之臣, 分寄邊隅, 來遊玆地, 爲幸實大, 而千百年天慳地祕之區, 一朝因吾而擅勝於一國, 則人之好山者, 將必尋常乎智異, 飫飽乎楓岳, 于于然來歸乎七寶也. 山之遇不亦大歟? 巖巒之無名稱者, 吾其不可命之乎? 遂名東峰曰萬寺, 大洞曰紫霞, 大臺曰奉天,巖之在臺前者曰芙蓉, 寺巖之北者曰鍾閣, 而向之所見千狀萬象, 俱會一臺, 遂命所登臺曰會象. 又曰: "山之宅近於戎羯之鄕, 學士之登此臺者幾人? 以其爲學士臺, 亦可乎?". 大春素肥且纏疾, 獨不能通眺, 其亦可笑而可恨也. 寺巖外面, 有般若隱身等窟・內苑寺古基, 其內有兜率庵舊址, 而路極險遠, 皆不可到. 大春曰: "初聞此山, 意以爲不過稍異於尋常, 那知海隅有此面目? 余見山多矣, 差可伯仲於楓岳, 而智異諸山, 風斯下矣. 況奇詭之狀, 殆楓岳之所不及也". 歌妓按曲, 笛者倚歌, 響徹巖谷, 上戛雲霄, 爽然如羽化而登蓬萊, 揖王喬而與之遊也. 欲留也則俗緣未盡, 世事之相關而不可久, 欲去也則玆山之不可以再覩也. 彷徨不失【恐誤】, 乃磨巖泚筆, 題名而返, 步步回頭, 不能遽去. 柱杖於巖之後峴, 因名其地曰柱杖峰, 還到下馬處, 回視巖巒, 雖半爲金剛峰遮礙, 而自三間窟以北諸巖, 俱歷歷在眼前矣. 若下此嶺, 便隔此山, 躊躇而不忍去, 藉雪開酌, 臨風詠歌, 遂製下山歌三闋, 令下姑蘇歌之, 以娛山靈, 擧酒而侑之, 相與盡醉而還, 又名其地曰下馬臺. 有一無言僧, 來住弟子窟, 已十有二年. 聞吾輩來遊, 出巖角竚立以望, 縣人做飯於開心而待之, 以其日暮也, 未暇入焉. 思叔留在開心, 畏明允之挽, 已先逃矣. 旣過歡喜嶺, 嵐峰霏壑, 若帶愁容, 林涓巖滴, 如懸別淚, 似有送人之意者. 噫! 有山如此, 而不能借山靈一畝之地, 結短椽而寄殘齡, 悲夫. 到門巖嶺下, 山僧告去, 愴愴然【一本作悵然】又一別山意也. 薄暮還吉州宿. 山在明川南九十餘里, 吉州東北七十餘里. 尹生余同年也. 爲敎授會寧. 噫! 問山之名, 實因尹生, 而遊山之日, 尹生逝, 深可痛也.

嘉靖二十有一年壬寅三月二十有一日, 彭城 林亨秀, 記.

금호유고 부록

금호임공묘갈명 병서
錦湖林公墓碣銘 幷序

우리나라 사림의 화는 을사사화에 이르러 극에 달하고 을사사화에 희생된 여러 현인 중에 오직 금호 임공이 화를 받은 일이 가장 가혹하다. 대체로 공은 재주가 가장 뛰어나고 명예가 가장 성대하였고 확고한 이론이 가장 고결하였다. 이 때문에 여러 간흉들의 가장 미워하는 바가 되었다고 한다.

공의 휘는 형수(亨秀)이고 자는 사수(士遂)이며 금호(錦湖)는 그의 호이다. 임씨는 본관이 평택(平澤)이니 고려 영삼사사(領三司事) 희(禧)를 비조를 하고 그 뒤에 충정공 언수(彦修)와 충간공 성미(成味)가 있어 대대로 명신이 되었다. 수군 우후 종직(從直)과 첨정 만근(萬根)과 북병사 준(畯)은 공의 증조와 할아버지와 아버지이다. 병사공이 현감 안동 권석(權錫)의 따님을 취하여 정덕(正德)[283] 갑술년에 공을 낳았다.

공은 어려서부터 호걸스럽고 비범하여 18세에 진사시에 합격하고 22세에 대과에 발탁되어 곧바로 사관(史館)에 추천되어 들어갔다. 인종이 동궁에 있을 때 젊은 사람으로 동궁의 요속(僚屬)을 뽑으니 공이 시강원의 설서(說書)가 되어 심히 총애를 받았다. 다시 홍문관의 수찬에 선발되어 호당(湖堂)[284]에서 사가독

---

283) '홍치(弘治)'로 되어 있는 것을 번역문과 원문 모두 '정덕(正德)'으로 바로잡는다.

284) 호당(湖堂): 독서당을 이르는 말. 성종 23년에 독서당을 용산의 두모포(豆毛浦)로 옮기면서 호당이라고 하였다. 조선시대에 대제학이 통훈 이하의 재주가 뛰어난 사람을 추천하여 휴가를 주어 독서당에서 글을 읽

서(賜暇讀書) 하고 병조좌랑으로 옮겼다. 조사(詔使)[285] 화찰(華察)과 설정총(薛廷寵)이 오자 양곡 소세양(蘇世讓)이 접빈사가 되었는데 공을 불러 종사관으로 삼았다. 조정의 여론이 북쪽 변방에 흉년이 들고 백성들은 무신의 관리에 피곤하게 살고 있으니 마땅히 왕의 측근에 있는 신하를 가려 보내서 그들을 무마할 것을 책임지우도록 해야 한다고 하고 드디어 공을 회령 판관에 임명하니 언로(사간원)에서는 그대로 조정에 머물기를 청하였다. 그러나 중종께서 허락하지 않고 말씀하시기를, "이 사람은 문무의 재주를 겸하고 있으니 내가 변방의 군(郡)에 시험하고자 한다."고 하였다.

공이 임지에 도착하여 전심으로 그들을 감싸고 어루만져[爬櫛[286] 약하고 병든 자를 소생시키니 그곳에 사는 호인(胡人)들도 덕을 칭송하고 귀화하여 반드시 대야(大爺)[287]라 칭하였다. 뒷날 우리나라에 공물을 바치는 야인이 우리나라의 사신을 만나 이야기하다가 공이 사화에 희생된 사실을 듣고는 탄식하고 아까워하기를 마지않았다고 한다. 다시 조정으로 들어와 이조좌랑이 되었다가 정랑에 오르고 여러 번 옮겨 사헌부 장령·사간원 사간·의정부 사인·홍문관 교리·응교·전한이 되었다. 갑진년(1544)에 중종이 돌아가시고 인종이 왕위를 잇자 공이 왕명

게 하니 관료들은 이를 큰 영광으로 여겼다.

285) 조사(詔使): 중국 황제의 명을 받들고 온 사신.

286) 감싸고 어루만져[爬櫛]: 가려운 곳을 긁어주고 엉킨 머리를 빗질함. 곧 사람들의 애로를 풀어주고 불만을 풀어줌을 뜻하는 말이다. 周必大 〈賀范志能農圃堂〉. "公來開別墅, 草莽手爬櫛".

287) 대야(大爺): 대가의 하인들이 주인의 맏아들을 높여 이르는 말. 〈紅樓夢〉 六回. "蓉大爺快回來".

을 받아 대행대왕(大行大王)의 능지문(陵誌文)과 시책문(謚册文)을 지어 올렸다.

명년에 인종이 또 돌아가시니[上賓] 시사(時事)가 다시 변하였다. 공은 군기시정(軍器寺正)으로 있다가 산릉도감낭청(山陵都監郎廳)이 되어 산릉을 만드는 공사를 맡아보았다. 얼마 뒤에 외직으로 나가 제주 목사가 되었다가 해를 넘기고 파직되어 돌아오니 온 도의 사람들이 그 은혜를 생각하여 수레를 잡고 울었다. 이 때 문정왕후(文定王后)[288]께서 수렴청정을 하자 간신 윤원형의 무리가 기회를 타고 정권을 잡아 선비들을 크게 죽였다. 정미년(1547)에 이르러 또 정언각(鄭彦慤)[289]이 벽서(壁書)를 올려 옥사를 일으켜 선비들을 일망타진할 계획을 하니 한때의 이름 있는 선비들이 벗어날 방법이 없었다. 정언각은 본래 공의 정직함을 꺼려 진복창(陳復昌)과 함께 합세하여 윤원형에게 빌붙어 공을 밀어 죽게 하는 데 힘을 다하였다. 처음에는 먼 섬에 귀양을 보내라고 명하였다가 정언각이 또 홀로 죄를 더 주기를 청함에 (문정왕후가) 발[簾] 속에서 사사를 명하였다.

공이 나주의 마을 집에 있다가 후명(後命)을 듣고 금오랑에게 청하여 안에 들어가 부모에게 하직하고 어린 자식들을 불러 뒷일을 처치하도록 가르쳐 주는데 말의 태연함이 평일과 같았다.

---

288) 문정왕후(文定王后): 중종의 계비. 성은 윤씨. 명종의 어머니가 된다. 인종이 병약하여 죽고 12살에 왕위에 올라 어머니 문정왕후가 수렴청정을 하고 동생 윤원형이 권력을 잡아 을사사화를 일으켰다.

289) 정언각(鄭彦慤): 조선 중기의 문신. 문과에 급제. 정언・지평・장령 등을 거쳐 부제학에 올라 정순붕 등과 함께 양재역의 벽서사건을 일으켜 을사사화의 잔여 세력을 제거하였다. 선조 3년에 관작이 추탈되었다.

드디어 죽으니 이 해의 9월이었고 나이가 겨우 34세였다. 이 소식을 들은 자는 알든 모르든 간에 아까워하고 통탄하지 않는 자가 없었다. 그 뒤 20년 선조 초년에 제일 먼저 을사사화에 억울하게 죽은 사람을 신원하니 공도 또한 옛날의 관작이 회복되었다.

공은 사람됨이 그릇이 크고 훤칠하였으며 풍모가 아름답고 기개가 높고 호탕하고 명랑하여 사소한 일에 구구하게 얽매이지 않았다. 그러나 특이한 행실과 넓은 지식은 비루한 선비가 감히 넘볼 바가 아니었으니 후명을 받을 때의 한 가지 일에서도 알 수 있다. 일찍이 문한(文翰)으로 세상에 이름났고 또 활쏘기와 말타기에 장기가 있어 재주가 뛰어남에 여기저기 시험해 보아도 마땅하지 않음이 없어 당세에 국기(國器)로 추앙을 받았다. 화술이 뛰어나고 해학을 잘하여 사람들로 하여금 시원스럽게 듣게 하면서 악을 미워하고 간사한 일을 물리치는 데 이르러서는 조금도 돌아보거나 기피하는 일이 없이 그 말이 늠름하여 뼈를 찌르는 듯하니 마침내 이로 인하여 화를 부르게 된 것이다.

퇴계(退溪) 이 선생은 공과 더불어 취향은 달랐지만 친분이 특별히 두터워 매양 기남자(奇男子)라 칭하고 만년에 그리워하면서 말씀하기를, "어떻게 사수(士遂)와 함께 상대할 수 있을까?" 하였고, 김하서(金河西 麟厚) 선생도 또한 공이 억울하게 죽은 것을 가슴 아파하면서 단가(短歌)[290]를 지어 동량의 재목으로

290) 國譯 『河西全書』 下, 〈悼林士遂冤死作短歌〉. "엇그제 버힌 남기 백척장송 아니런가. 적은 덧 두었던들 동량재 되리리니. 이뒤 명당이 기울면 어느남기 받치리(昨日伐了木, 百尺長松非也歟. 若使少焉在, 可作棟樑材. 此後明堂傾矣, 于何以支之)".

비유하였으니 여기에서 공을 알 만하다. 공은 문장이 뛰어나 그의 사람됨과 같았으며 그가 지은 글은 거의 흩어져 사라지고 유집(遺集) 한 권이 있어 세상에 유행한다.

아! 하늘이 이미 공에게 특이한 재주를 주고 또 저런 귀신·물여우같은 놈들을 태어나게 하여 그들이 멋대로 죽이게 하고 세상에 쓰임을 끝까지 못하게 하였으니 참으로 이상한 일이다. 그러나 여론의 정해짐이 백년을 가지 않아 그 청백한 명예와 정직한 절의가 역사책 속에 기록되어 오래갈수록 더욱 성하게 하였으니 어찌 공에게 유감이 되겠는가?

공의 배위는 정씨(鄭氏)니 1남 2녀를 두었다. 아들 구(枸)는 현감인데 자손이 없고[291] 장녀는 이극성(李克成)에게 출가하고 차녀는 유경진(柳景進)에게 출가하였다. 외손 내자정 경운(卿雲)은 이서(李壻)의 소생이요, 완(琬)·탁(琢)·종(琮)과 참봉 평(玶)은 유서(柳壻)의 소생이니 유서가 실제로 공의 제사를 주관한다. 공의 시와 문을 수습한 사람은 평(玶)이다. 외손은 심히 번성하여 다 기록하지 않는다. 공의 묘는 나주(羅州) 성의 서쪽 흥룡동 선조의 묘 곁에 있다. 묘 곁에 오래도록 묘비를 세우지 못했는데 지금 호남 병사 민섬(閔暹)은 공의 미생(彌甥)[292]이다. 여기에 개

---

291) 『平澤林氏忠貞公系大同世譜』에 종십일세손(從十一世孫) 임상희(林相熙)가 쓴 〈묘갈명〉 추기(追記)와 김헌태(金憲泰)가 쓴 〈행적기략〉 속기(續記)를 참고하면, 금호공의 자손들이 대대로 제주 대정면(大靜面) 당산(堂山)에 살아 정산공(定山公) 구(枸)와 그의 아우 근(根)의 묘소가 있고 번연(繁衍)한 후손들이 살고 있으며, 현재 충남 보령 등지에도 현감공(枸)의 후손들이 살고 있다.

292) 미생(彌甥): 누이의 손자. 『左傳』 哀公 二十三年. "以肥之得備彌甥也". 杜預注: "彌, 遠也. 康子父之舅氏, 故稱彌甥也".

연히 감회가 생겨 석공을 모아 돌을 다듬고 유씨의 손자 참봉 응수(應壽)가 천리를 달려와 나에게 간절히 묘비문을 지어주기를 요청하니 나는 공에게 격세(隔世)의 감회가 있지만 일찍이 응수의 부탁으로 공의 유사(遺事)를 지어 문집 속에 부친 일이 있었다. 지금 또 사양하지 못하고 명문을 지었다. 명(銘)하여 이르기를

彼何人斯　(간악한 사람들은) 저 어떤 사람이기에
僇賢自快　어진 사람을 죽이는 일로 쾌하게 여기는가?
福不盈眦　(그들은) 복이 눈에 차기도 전에
其骨已碎　그들의 뼈는 이미 부서졌네.
有過其墓　그들(간악인)의 묘를 지나면
唾其臭穢　그 더러운 냄새에 침을 뱉네.
孰與斯丘　누가 이 언덕(금호공의 묘)에 함께 있을 수 있나?
芬芳未沫　그 향기는 없어지지 않도다.
英風爽氣　영걸의 풍모와 통쾌한 기개는
颯乎如在　홀연히 다시 살아 있는 듯하네.
其誰不式　그 누가 경의를 표하지 않으며
而不涕灑　눈물을 뿌리지 않을까?
我筆代鉞　나는 붓으로 부월(斧鉞)을 대신하여
以警奸鬼　간악한 귀신을 깨우쳐 주리라.

대광보국숭록대부 의정부 영의정 김수항(金壽恒)293) 짓다.

---

293) 김수항(金壽恒 1629~1689): 조선 후기의 문신. 본관은 안동. 자는 구지(久之), 호는 문곡(文谷)이다. 절의로 이름 높던 김상헌(金尙憲)의 손자로 가학(家學)을 계승한데다 김장생(金長生)의 문인인 송시열·송준길과 종유하였다. 특히 송시열이 가장 아끼던 후배로 한때 사림의 종주로 추대되었다. 시문에 뛰어났고 그의 변려문(騈儷文)은 당대의 제일인자로 손꼽혔으며, 가풍을 이은 필법이 단아하여 전서와 해서·초서에 모두 능하였다. 저서로는 『문곡집』 28권이 전하고 있다. 시호는 문충(文忠)이다.

我朝士林之禍，極於乙巳，而乙巳諸賢，惟錦湖 林公受禍最酷．蓋公才最奇名最盛，持論最峻，以故最爲群奸所仇嫉云．公諱亨秀，字士遂，錦湖其號也．林氏出平澤，以高麗領三司事禧爲鼻祖，其後有忠定公 彦脩・忠簡公 成味世爲名臣．水軍虞侯從直・僉正萬根・北兵使畯，寔公曾祖祖考也．兵使公娶縣監安東權錫之女，以正德甲戌生公．幼豪邁不凡，十八擧進士，二十二擢大科，卽薦入史館．仁宗在東宮，妙簡僚屬，公爲侍講院說書，甚被眷遇．選授弘文館修撰，賜暇湖堂，遷兵曺佐郎．詔使華察・薛廷寵來，蘇 陽谷 世讓 爲儐使，辟公從事．朝議以北邊饑荒，民困於武吏，宜擇遣從臣，以責撫摩，遂除公會寧判官，言路請留之．中廟不許曰："此人有文武才，予欲試邊郡"．公至則竱心爬櫛凋瘵以蘇，藩胡輩亦頌德歸化，必曰："大爺"．後有進貢野人，遇我國使臣，語及公殺死，嗟惜不已云．入爲吏曺佐郎，陞正郎，屢遷司憲府掌令・司諫院司諫・議政府舍人・弘文館校理・應敎・典翰．甲辰，中廟昇遐，仁宗嗣位，公承命製進大行誌文及諡冊．明年，仁宗又上賓，時事一變．公以軍器寺正，爲都監郞，視作山陵．俄出爲濟州牧使，踰年罷歸，一島懷其惠，相與攀轅涕泣．時母后臨政，奸臣元衡輩乘機盜秉，大鏺士類．至丁未，鄭彦慤上壁書起獄，爲網打士類計，一時名流無得脫．彦慤素忌公勁直，與陳復昌合勢蟊附元衡，所以擠公死者，無遺力．公始命絶島安置，彦慤又獨啓請加罪，簾中特命賜死．公在羅州里舍，聞後命，請金吾郎，入辭二尊人，呼幼子，敎戒處置後事，辭氣陽陽如平日．遂就死，是年九月也，年厪三十四．聞者識與不識，莫不痛惜．後二十年而爲宣廟初元，首雪乙巳誣枉，公亦復舊官．公爲人倜儻儁偉，美風儀尙氣槩，疏宕自喜，不拘拘小節. 然其卓行曠識, 非曲儒所敢幾, 觀於臨命一節, 可知已. 既早以詞翰名世, 又長於弓馬, 才猷英發, 靡試不宜, 當世推爲國器. 談論超爽, 善於諧謔, 使人洒然傾聽, 至其嫉惡斥邪, 無少顧避, 其言凜凜刺骨, 終以是賈禍. 退溪 李先生與公氣味不同, 而契許特深, 每稱奇男子, 至晚年輒思之曰: "安得與士遂相對乎?", 金河西亦傷公冤死, 作短歌, 以棟梁材譬之, 卽此而可以知公矣. 公文章俊逸如其人, 所著散軼, 有遺集一卷行于世. 嗚呼! 天既畀公以絶異之才, 乃又生彼鬼蜮, 一任其斬伐, 使不得究其用, 吁其異矣. 然公論之定, 不待百年, 其淸名直節, 著在簡策, 逾久而彌盛, 烏足爲公憾哉. 公之配鄭 辭氣有一男二女. 男曰枸縣監, 無嗣, 女長適李克成, 次適柳景進. 外孫內資正卿雲, 李之出, 琬·琢·琮參奉玶, 柳之出, 柳實主公祀. 收拾公詩文者, 玶也. 外裔甚蕃, 不盡記. 公葬在羅州城西興龍洞先兆之側. 墓道久闕顯刻, 今湖南兵使閔暹, 亦公彌甥也. 慨然興感, 爲鳩工治石, 柳氏孫參奉應壽, 走千里求余文甚勤, 余於公有曠世之感, 嘗以應壽之託, 纂次公遺事, 以附集中矣. 今亦不辭而爲之銘. 銘曰, 彼何人斯, 僇賢自快. 福不盈眦, 其骨已碎. 有過其墓, 唾其臭穢. 孰與斯丘, 芬芳未沬. 英風爽氣, 颯乎如在. 其誰不式, 而不涕灑. 我筆代鉞, 以警奸鬼.

大匡輔國崇祿大夫議政府領議政, 金壽恒撰.

금호공묘표음기
錦湖公墓表陰記

선생은 관향이 평택이다. 정덕(正德)[294] 갑술에 태어났다. 일찍이 문과에 올라 한원(翰苑: 예문관)·영관(瀛官: 홍문관)을 거쳐 호당(湖堂)에 선발되고 문무를 겸한 인재로 회령판관·제주목사에 임명되었다. 을사사화에 나주의 시골집에서 화를 당하여 나주의 남쪽 용동의 언덕에 장례를 치르니 나이가 34세였다. 선조 초년에 신원되어 옛 관작을 회복하였다.

대체로 선생은 남쪽 지방의 훌륭한 선비였다. 재주가 가장 높고 명예가 가장 성대하여 끝내 여러 소인배들의 독아(毒牙)에 걸려 지금까지도 선비들이 슬프게 여긴다. 선생이 일찍이 과거에 응시하러 갈 때 금강에 이르러 길에서 정승 홍섬(洪暹)이 형을 받고 멀리 귀양 가는 것을 만나 개탄하고 곧바로 집으로 돌아오니 젊었을 때 뜻과 기개가 이미 이러하였다. 퇴계 선생과는 취향이 달랐지만 매양 기남자(奇男子)라 칭하고 자를 부르면서 말씀하기를, "어떻게 하면 임사수와 함께 서로 대하여 이야기를 나눌까?" 하였으니 여기에서도 선생의 평생을 대략 알 수 있다.

나의 선고(先考: 兪命健)께서 옛날 나주목사로 계실 때 돌을 세워 묘를 표시하고 미처 음기(陰記)를 쓰지 못했는데 지금 선생의 방손 덕원(德遠)이 나로 하여금 그 일을 기록하게 하니 감

---

294) 주 283) 참조.

히 사양하지 못하고 삼가 요점을 모아 기록하였다. 선생은 후사가 없고 사위 참봉 유경진(柳景進)이 그 제사를 주관한다고 한다. [舊本에는 누락되었기 때문에 지금 보충하여 넣는다.]

숭정 기원 후 삼 기묘(1759 영조 35년) 월 일 자헌대부 한성부판윤 기계 유최기(兪最基)[295]는 삼가 짓다.

先生平澤人. 正德甲戌生. 早決文科, 由翰苑・瀛官, 選湖堂, 以文武全才, 拜會寧判官・濟州牧使. 乙巳受禍羅州里舍, 葬州之南龍洞之原, 年三十四. 宣廟初元, 雪冤復舊踐. 盖先生, 南方奇偉之士也. 才最高名大盛, 終罹羣小毒螫, 至今士流悲之. 先生嘗赴擧, 行到錦江, 路遻洪相公暹受刑遠謫, 慨然逕還, 少時志槩, 已如此. 退溪先生, 氣味殊, 而每稱奇男子, 字呼之曰: "安得與林士遂, 相對敘話", 此可以知先生之平生也歟. 我先考, 昔莅羅州, 竪石表墓, 未暇記陰, 今先生旁孫德遠, 俾小子書其事, 有不敢辭, 謹撮而識之. 先生無嗣, 女婿參奉柳景進, 寔尸其祀云.【舊本逸故今補入】

崇禎紀元後三己卯月日, 資憲大夫漢城府判尹, 杞溪 兪最基, 謹述.

295) 유최기(兪最基 1689~1768): 조선 후기의 문신. 본관은 기계(杞溪). 자는 양보(良甫), 호는 자락헌(自樂軒)・무수옹(無愁翁). 대사헌 철(樕)의 손자이며, 목사 명건(命健)의 아들이다. 시문에 능하였다. 시호는 정간(貞簡)이다.

호당수계록

湖堂修禊錄[296)]

간재 최연. 자는 연지. 본관은 강릉. 홍치 계해년(1503)에 태어나고 경인년 여름에 사가독서하고 을유년(1525)에 사마시에 합격하고 동년에 을과에 급제. 벼슬은 사복시정. 아버지는 현감 세건.

艮齋 崔演 演之.【江陵人. 生弘治癸亥, 庚寅夏賜暇, 乙酉司馬, 同年乙科, 司僕寺正.】【父縣監世楗】

십성당 엄흔. 자는 계소. 본관은 영월. 정덕 무진년(1508)에 태어나고 경인년 여름에 사가독서하고 을유년(1525)에 사마시에 합격하고 무자년에 갑과에 급제. 벼슬은 홍문관 전한. 아버지는 부장 용화.

十省堂 嚴昕 啓昭.【寧越人. 生正德戊辰, 庚寅夏賜暇, 乙酉司馬, 戊子甲科, 弘文館典翰.】【父部將用和】

추파 송기수. 자는 태수. 본관은 은진. 정덕 정묘년(1507)에 태어나고 갑오년 여름에 사가독서하고 신묘년(1531)에 사마시에 합격하고 갑오년에 병과에 병과로 급제하고 벼슬은 의정부 사인. 아버지는 군수 세충.

秋坡 宋麒壽 台叟.【恩津人. 生正德丁卯, 甲午夏賜暇, 辛卯司馬, 甲午丙科, 議政府舍人】【父郡守世忠】

송재 나세찬. 자는 비승. 본관은 나주. 홍치 무오년(1498)에 태어나

296) 호당수계록: 호당은 독서당을 이르는 말. 조선 성종 23년에 용산의 두모포로 옮겨 세우면서 호당이라고 하였다. 당시 벼슬길에 오른 사람들은 근무 중에 휴가를 얻어 독서당에 가서 글을 읽는 것을 큰 영광으로 여겼다. 금호공이 호당에서 사가독서(賜暇讀書)할 때 교유한 인물을 적은 것이다. 초간본에는 제목 밑에 "가정 계묘년에 성세창이 기록했다(嘉靖癸卯, 成公世昌所記)"고 하였다.

고 신축년 여름에 사가독서하고 을유년(1525)에 사마시에 합격하고 무자년에 병과로 급제하고 무술년(1538)에 탁영시 갑과로 뽑힘. 벼슬은 홍문관 교리. 아버지는 생원 빈.

松齋 羅世纘 丕承【羅州人. 生弘治戊午, 辛丑夏賜暇, 乙酉司馬, 戊子丙科, 戊戌擢英試甲科, 弘文館校理】【父生員彬】

국간 윤현. 자는 자용. 본관은 파평. 정덕 갑술년(1514)에 태어나고 무술년 봄에 사가독서하고 신묘년(1531)에 사마시에 합격하고 정유년에 갑과로 급제하고 벼슬은 사헌부 지평. 아버지는 여절교위 학령. 생부는 현감 승홍.

菊礀 尹鉉 子用【坡平人. 生正德甲戌, 戊戌春賜暇, 辛卯司馬, 丁酉甲科, 司憲府持平】【父勵節校尉鶴齡. 生父縣監承弘】

죽계 임열. 자는 군우. 본관은 풍천. 정덕 경오년(1510)에 태어나고 정유년 가을에 사가독서하고 신묘년(1531)에 사마시에 합격하고 계사년에 병과로 급제하고 병신년에 중시에 뽑히고 무술년에 탁영시에 뽑히고 벼슬은 이조정랑이다. 아버지는 참봉 명필.

竹溪 任說 君遇【豊川人. 生正德庚午, 丁酉秋賜暇, 辛卯司馬, 癸巳丙科, 丙申重試, 戊戌擢英試, 吏曹正郎】【父參奉明弼】

지산 이황. 자는 경호. 본관은 진보. 홍치 신유년(1501)에 태어나고 신축년 봄에 사가독서하고 무자년(1528)에 사마시에 합격하고 갑오년에 을과로 급제하고 벼슬은 홍문관 교리. 아버지는 치.

芝山 李滉 景浩【眞寶人. 生弘治辛酉, 辛丑春賜暇, 戊子司馬, 甲午乙科, 弘文館校理】【父進士埴】

금호 임형수. 자는 사수. 본관은 평택. 정덕 갑술년(1514)에 태어나고 무술년 봄에 사가독서하고 신묘년(1531)에 사마시에 합격하고 을미년에 병과에 급제하고 벼슬은 회령판관. 아버지는 부사 준.

錦湖 林亨秀 士遂【平澤人. 生正德甲戌, 戊戌春賜暇, 辛卯司馬, 乙未

丙科, 會寧判官】【父府使畯】

우암 김주. 자는 응림. 본관은 안동. 정덕 임신년(1512)에 태어나고 신축년 봄에 사가독서하고 신묘년(1531)에 사마시에 합격하고 기해년에 갑과로 급제하고 벼슬은 이조좌랑. 아버지는 종사랑 공량.

寓庵 金澍 應霖)【安東人. 生正德壬申, 辛丑春賜暇, 辛卯司馬, 己亥甲科, 吏曹佐郞】【父從仕郞公亮】

상덕재 정유길. 자는 길원. 본관은 동래. 정덕 을해년(1515)에 태어나고 신축년 봄에 사가독서하고 신묘년(1531)에 사마시에 합격하고 무술년에 갑과로 급제하고 벼슬은 이조좌랑. 아버지는 군수 복겸.

尙德齋 鄭惟吉 吉元)【東萊人. 生正德乙亥, 辛丑春賜暇, 辛卯司馬, 戊戌甲科, 吏曹佐郞】【父郡守福謙】

급고재 이홍남. 자는 사중. 본관은 광주.정덕 을해년(1515)에 태어나고 신축년 봄에 사가독서하고 신묘년(1531)에 사마시에 합격하고 무술년에 을과로 급제하고 벼슬은 홍문관 부수찬. 아버지는 약빙.

汲古齋 李洪男 士重【廣州人. 生正德乙亥, 辛丑春賜暇, 辛卯司馬, 戊戌乙科, 弘文館副修撰】【父牧使若氷】

호학재 민기. 자는 경열. 본관은 여주. 정덕 갑자년(1504)에 태어나고 신축년 봄에 사가독서하고 신묘년(1531)에 사마시에 합격하고 기해년에 병과로 급제하고 벼슬은 홍문관 저작. 아버지는 판관 세류.

好學齋 閔箕 景說【驪州人. 生正德甲子, 辛丑春賜暇, 辛卯司馬, 己亥丙科, 弘文館著作】【父判官世瑠】

담재 김인후. 자는 후지. 본관은 울산. 정덕 경오년(1510)에 태어나고 신축년 봄에 사가독서하고 신묘년(1531)에 사마시에 합격하고 경자년에 병과로 급제하고 벼슬은 승문원 부정자. 아버지는 유학 령.

湛齋 金麟厚 厚之【蔚山人. 生正德庚午, 辛丑春賜暇, 辛卯司馬, 庚子丙科, 承文院副正字】【父幼學齡】

행적기략

行蹟紀略[297]

공의 휘는 형수(亨秀)요 자는 사수(士遂)요 성은 임씨(林氏)요 관향은 평택이니 고려 영삼사사 희(禧)의 후손이다. 고려 말에 충정공 휘 언수(彦脩)와 충간공 휘 성미(成味)가 있어 부자간에 당시 함께 이름이 났다. 증조의 휘는 종직(從直)이니 수군 우후요 할아버지의 휘는 만근(萬根)이니 예빈시첨정인데 이조참판에 증직되고 아버지의 휘는 준(畯)이니 함경북도 병마절도사이다. 어머니는 안동 권씨니 현감 석(錫)의 따님이다. 대대로 나주의 송현(松峴) 금수(錦水)의 남쪽에 살았기 때문에 공이 금호(錦湖)라고 자호하였다.

공은 정덕(正德)[298] 갑술년에 태어나 가정 신묘년(1531)에 사마시에 합격하고 을미년(1535)에 문과에 올라 곧 사국(史局: 춘추관)에 들어가 한림(翰林: 예문관)을 거쳐 몇 해 안 가서 시강원 설서(說書)가 되니 인종이 동궁에 있을 때 총애가 특별하여 다시 홍문관 수찬에 선발되었다. 무술년(1538)에 호당(湖堂)에서 사가독서(賜暇讀書)하고 기해년(1539) 봄에 병조좌랑이 되었다. 【중국 사신 두 사람이 공에게 준 시에는 예조좌랑으로 되어 있다.】 명나라 한림 시독 화찰(華察)과 급사중 설정총(薛廷寵)이 와서 조서를 반포할 때 접빈사 양곡(陽谷) 소세양(蘇世讓)이 공을 불러

297) 「行蹟紀略」은 김수항이 柳氏의 구록(舊錄), 野史, 小說 등을 참고로 적은 것이다.

298) 주 283) 참조.

종사관으로 삼으니 두 사신이 작별에 임하여 시를 주었는데 모두 칭찬하고 허여하는 뜻이 있었다.

돌아와 회령부 판관에 제수되니 이때 북쪽 지방에 흉년이 거듭 들었는데 회령이 더욱 심하였고 변방의 군에는 모두 무관의 수령들이 있어 백성들이 침탈에 피곤하여 자못 명을 견디지 못하였다. 조정의 여론이 이를 걱정하여 왕의 측근에 있는 이름있는 신하를 뽑아 목민관으로 하기를 청하니 공이 제일 먼저 이 선발에 간택되었다. 언로(言路: 사간원)에서 그가 외지로 나가는 것을 아까워하여 조정에 머물기를 청하였는데 성상께서 허락지 않고 말씀하기를, "이 사람은 재주가 문무를 겸하였으니 크게 쓰이게 될 것이다. 내가 변방의 땅에 시험하려고 한다."고 하시면서 역마를 타고 임지에 가기를 명하였다. 공이 마음을 다하여 근무하니 얼마 뒤에 온 경내가 회생되었고, 변방의 야인들을 어루만지며 편안하게 하여 모두 그들의 환심을 얻으니 관시(關市)[299]에 왕래하는 자가 반드시 대야(大爺)라고 칭하였다.

임인년(1542)에 임기가 만료되어 들어와 이조좌랑이 되고 조금 있다가 홍문관 교리·이조정랑·사헌부 장령·사간원 사간·의정부 사인에 옮기고 다시 홍문관 응교를 거쳐 전한(典翰)에 올랐다.

갑진년(1544) 겨울에 중종께서 돌아가시니 명나라 조사(詔使) 장승헌(張承憲)이 옴에 공이 영접도감낭청이 되었는데 장공이 또한 시를 주고 작별하였다. 인종이 보위를 이음에 공에게 명하여

---

299) 관시(關市): 변경에서 국제간에 통상하는 시장. 곧 여진인과 우리나라 사람이 통상하는 시장을 말한다.

대행대왕 시책문과 능지문(陵誌文)을 지어 올리게 하니 왕의 뜻은 장차 크게 등용하려고 함이었다. 을사년(1545) 7월에 인종이 이어 돌아가시니[禮陟][300] 문정왕후가 조정에서 섭정을 함에 간신들이 기회를 타 화를 구축하고 선한 선비들을 주륙하니 공은 본래 중망을 지고 의론이 청백하고 준엄하여 여러 간신들의 가장 꺼리는 바가 됨에 군기시정으로 체직(遞職)시키고 다시 산릉도감낭청으로 광중 짓는 일[方上][301]을 감독하는 일을 한 달 남짓하다가 제주목사가 되어 나감에 근무한 지 1년도 안 되어 정사와 교화가 크게 흡족하더니 파직되어 돌아감에 미쳐 백성들이 수레를 잡고 울면서 마치 어린 아이가 사랑하는 어머니를 잃는 듯하였다.

공이 겨우 바다 밖으로부터 돌아옴에 벽서(壁書)의 화[302]가 일어나니 일시에 어진 선비들이 모두 화를 면치 못하고 공이 첫머리가 되어 처음에는 먼 섬에 귀양 보내라고 하더니 다시 정언각(鄭彦慤)이 홀로 들어가 아뢰어 특명으로 사사(賜死)하였다. 금오랑이 나주에 달려와 사약을 주니 공이 죽음에 임하여 부모에게 고하고 순순하게 어린 자식들에게 경계할 일을 말하

300) 돌아가시니[禮陟]: 예척은 제왕의 죽음을 뜻하는 말. 『書經』 君奭.

301) 광중 짓는 일[方上]: 방상은 묘나 능의 광중을 이르는 말. 『漢書』 田延年傳. "昭帝大行時, 方上事暴起. 顔師古注: 方上, 謂壙中也".

302) 벽서(壁書)의 화: 양재역 벽서 사건을 이르는 말. 명종 2년에 양재역에 조정을 비방하는 익명의 벽서가 붙었다. 곧 "여왕이 집정하고 간신 이기(李芑) 등이 권세를 자행하여 나라가 장차 망하려 하니 이를 보고만 있을 것인가?" 라고 하였다. 범인은 잡지 못하고 이를 부제학인 정언각(鄭彦慤)이 이기·정순붕에게 알리고 문정왕후에게 고하니 조정에서는 을사 잔당의 소행으로 보고 을사사화 때 의심만 받고 죽이지 않은 사람을 다시 죽이거나 귀양을 보냈다.

고 조용히 후사를 처치하도록 하니 신기가 조금도 변하지 않았다. 나이는 겨우 34세였으니 곧 정미년 9월이었다. 죽는 날에 온 나라 사람들이 슬퍼하면서 아까워하지 않는 자가 없었다. 나주의 서쪽 흥룡동 남쪽을 향한 언덕 선영의 곁에 장례를 치렀다. 융경 정묘년(1567)에 선조가 왕위에 올라 여론이 처음으로 정해져서 공도 신원의 은전을 받게 되었다.

공은 사람됨이 호방하여 남에게 구속을 받지 않으며 탁월한 기개가 있었다. 문장에 능하고 풍모가 아름다우며 활 쏘고 말타기를 잘하고 약자를 어루만지고 강한 자를 누르는 재주가 있어 일을 당하여 변론함에 남보다 뛰어난 점이 있었으니 세상에서 나라에 쓰일 인재라고 말하였다. 더불어 교제하는 사람은 모두 일대의 이름 있는 자들이었으니 퇴계 이 선생이 가장 사랑하고 중히 여겨 매양 기남자(奇男子)라 칭하고 그 죽음에 미쳐서는 슬퍼하고 아까워하기를 마지않았다. 하서(河西) 김 선생(김인후)도 노래를 지어 슬픔을 표하고 동량의 재목으로 비유하였다고 한다.

공은 1남 2녀를 두니 아들 구(枸)는 현감인데 자손이 없다.[303) 사위는 이극성(李克成)・유경진(柳景進)인데, 유씨 내외손이 가장 번성하여 이름이 알려진 선비가 많고 더욱 잘 알려진 인사는 참판 김여옥(金汝玉)이다. 공의 조카 구성부사 식(植)과 광주목사 회(檜)는 함께 기개와 절의가 있는 사람으로 알려졌다.

공이 지은 시와 문이 많았는데 정유년(1597) 난리에 없어지고

---

303) 주 291) 참조.

공의 외손 참봉 유평(柳玶)이 석주 권필(權韠)로부터 『동사록(東槎錄)』에 실려 있는 시 약간 수를 얻고 또 보고 들은 것을 주워 모아 합하여 한 권을 만들어 집에 보관하였었다. 지금 광주목사 이민서(李敏敍)가 이를 듣고 개연히 없어지게 될까 두려워하여 취하여 인쇄에 부쳐 오래 전하도록 하였다. 이리하여 유씨가 옛날 기록한 것과 야사·소설 등을 참고하여 공이 행한 치적을 아래에 대략 기록하여 뒤에 보는 자들로 하여금 고증하여 믿는 바가 있게 한다.

公諱亨秀, 字士遂, 姓林氏, 平澤人, 高麗領三司事禧之後也. 麗季有忠定公彦脩·忠簡公成味, 父子俱有名于時. 曾祖從直, 水軍虞侯, 祖萬根, 禮賓寺僉正, 贈吏曹參判, 父畯, 咸鏡北道兵馬節度使. 母安東權氏, 縣監錫之女. 世居羅州松峴錦水之陽, 故公自號錦湖. 公生於正德甲戌, 嘉靖辛卯中司馬, 乙未登文科, 卽入史局, 爲翰林, 數歲轉侍講院說書, 仁廟在東宮, 眷遇特殊, 選爲弘文館修撰. 戊戌賜暇讀書湖堂, 己亥春, 爲兵曹佐郎.【兩使贈公詩云, 禮曹佐郎.】皇朝翰林侍讀華察·給事中薛廷寵來頒詔, 遠接使陽谷蘇公世讓, 辟公爲從事, 兩使臨別贈詩, 皆有奬許之意. 旣還除會寧府判官, 時北路荐饑, 會寧尤甚, 而邊郡皆武吏, 民困於侵漁, 殆不堪命. 朝議憂之, 請以經幄名臣, 簡畀字牧, 公首膺是選. 言路惜其出, 請留之, 上不許曰: "此人, 才全文武, 可大用. 予欲試之邊地", 仍命乘傳之任. 公悉心營職, 未幾一境以蘇, 撫綏藩胡, 皆得其心, 其往來關市者, 必以大爺稱之. 壬寅考滿, 入爲吏曹佐郎, 尋遷弘文館校理·吏曹正郎·司憲府掌令·司諫院司諫·議政府舍人,由弘文館應敎，陞典翰．甲辰冬，中廟昇遐，詔使張承憲之來，公爲迎接都監郎廳，張公亦留詩爲別．仁廟嗣位，命公製進大行諡冊與誌文，上意將大用也．乙巳七月，仁廟繼而禮陟，文定王后臨朝，奸臣乘機搆禍，芟夷善類，公素負重望，持論淸峻，最爲群奸所忌，遞爲軍器寺正，以山陵都監郎廳，監董方上月餘，出爲濟州牧使，視篆 未一朞，政化大洽，及其罷歸，州民追攀號泣，若赤子之失慈母．公甫自海外歸，而壁書之禍作，一時賢士皆不免，而公爲之首，初命絶島安置，旋因鄭彦慤獨啓，特命賜死．金吾郎馳到羅州賜藥，公臨死，告訣父母，諄諄戒幼子，從容處置後事，神氣不少爽．得年僅三十四，卽丁未九月也．死之日，擧國之人，無不哀而惜之．葬于州西興龍洞面南之原，先塋之側．至隆慶丁卯，宣廟卽阼，公論始定，公亦蒙伸雪之典．公爲人豪俊不羈，氣岸卓犖．能文章美風儀，且善射御，有撫禦之才，當事辯論，出人意表，世推爲國器．所與交，盡一代名勝，退溪 李先生，最愛重之，每稱奇男子，及其歿而悼惜之不已．河西 金先生，亦作歌寫哀，譬之棟樑材云．公有一男二女，男曰栒，縣監，無嗣．女壻，李克成 柳景進，柳氏內外孫最蕃衍，多知名士，其顯者，參判金汝鈺也．公之從子龜城府使植・廣州牧使檜，並以氣節著名．公所著詩文頗多，逸於丁酉之難，公之外孫參奉柳玶，從權石洲 韠，得『東槎錄』所載公詩若干首，且以掇拾於見聞者，合爲一卷而藏之家．今光州牧使李公敏敍聞而慨然，恐其遂至泯沒也．取以付之剞劂，以永其傳．玆就柳氏舊錄，參以野史小說，略記公行治于下，俾後之觀者，有所考信云．

제가잡기
諸家雜記[304)]

가정 을미년(1535)에 인재(忍齋) 홍섬(洪暹)이 이조좌랑이 되었다. 허항(許沆) · 채무택(蔡無擇) 등이 김안로(金安老)와 더불어 패거리가 되어 세력을 부렸다. 허항이 힘써 안로의 아들 김기(金祺)를 부추겨 전랑(銓郞)으로 천거하였는데 홍섬이 이를 따르지 않고 거센 말로 허항을 공박하니 허항이 홍섬을 모함하여 옥사(獄事)를 일으켜 대궐의 뜰에서 국문하고 장을 쳐 거의 죽게 하여 오래도록 흥양(興陽)에 유배시켰다. 금부 나졸이 압송할 때 공주의 금강에 이르렀는데 장을 맞은 상처가 심하여 핏자국이 옷에 얼룩져서 보는 자들이 피하였다.

이 때 과거시험이 있어 남쪽 지방의 선비들이 함께 모여 서울로 올라가는데 나룻가에서 서로 만났다. 어떤 선비가 나이는 가장 젊은데 모습이 당당하여 여러 사람 가운데서 큰 소리로 말하기를, "내가 듣건대 홍섬은 참된 선비다. 지금 아무런 죄도 없이 장을 맞고 유배를 가니 필시 소인들이 뜻을 얻어 나라의 요직에서 정사를 어지럽히는 것이다. 우리가 어찌 이런 때에 과거에 응할 수 있는가? 길을 돌려 돌아가지 않을 수 있나?" 하였다. 홍섬이 수레 안에 누워 신음하다가 이 말을 듣고 마음과 정신이 시원해졌다. 이에 그 성명을 물으니 임형수(林亨秀)라고 하였다. 『동각잡기(東閣雜記)』에 나옴.

---

304) 「諸家雜記」는 이정형(李廷馨)이 지은 『동각잡기(東閣雜記)』와 허균의 『성수시화(惺叟詩話)』 가운데 임형수에 대한 기록을 뽑아 엮은 것이다.

嘉靖乙未年間, 洪忍齋 暹, 爲吏曹佐郎. 許沆·蔡無擇等, 方與金安老, 締結作威福. 沆力圖安老之子金禧薦銓郎, 暹不從, 語觸沆, 沆搆陷成獄, 鞫于殿庭, 杖幾死, 長流興陽. 金吾卒押行, 到公州錦江, 杖瘡甚, 鮮血糢糊衣裾, 見者避之. 時有科擧南方士子騈闐上京, 相値於津頭, 有一士年最少, 相貌堂堂, 揚言於衆中曰: "吾聞洪暹, 士流. 今者無罪杖流, 必是小人得志, 當國亂政也. 吾輩安用應擧於此時也, 盍相與回鞭乎?". 暹臥在轝呻痛中, 聞此語, 不覺心神灑然. 徐問其姓名, 乃林亨秀也. 【出『東閣雜記』】

정미년(1547) 9월 정언각(鄭彦慤)의 벽서 사건에 윤인경(尹仁鏡) 등이 죄에 해당되는 사람을 열거하여 써서 경중을 나누어 들어가 보고하였는데, 임형수·노수신(盧守愼)·정황(丁熿)·유희춘(柳希春)·김난상(金鸞祥)은 절도에 안치하기로 되어 있었다. 정언각이 홀로 들어가 (문정왕후에게) 아뢰기를, "임형수는 윤임(尹任)과 더불어 한 마을에 살면서 앞잡이가 되어 심복과 같고, 항상 말하기를, '윤원형(尹元衡)을 죽여야 한다.'고 하면서 많은 대중 가운데서 크게 말을 하니 윤임과 더불어 마음이 같은 것을 더욱 알 수 있습니다. 귀양만 보내는 것은 너무 가벼운 것 같습니다." 하니 문정왕후께서 정언각을 칭찬하면서 말하기를, "양재역의 벽서는 지나는 사람들이 그것을 본 자가 한 사람이 아니었는데 네가 홀로 와서 보고하니 신자(臣子)가 된 직분에 지당한 일이다. 임형수의 죄는 윤임 등과 같은데 벌은 다르니 내가 심히 이상하게 여겼다." 하고, 임형수에게 사사(賜死)를 명하였다.

정언각이 뒤에 경기감사가 되었는데 말에서 떨어져 한쪽 다리가 등자에 걸려 벗어지지 않고 말이 달려가면서 발로 차서 머리와 골절이 부서져 죽으니 사람들이 모두 통쾌하게 여겼다. 『동각잡기(東閣雜記)』에 나옴.

丁未九月, 鄭彦慤壁書之禍, 尹仁鏡等, 列書應罪人, 分輕重入啓, 林亨秀・盧守愼・丁熿・柳希春・金鸞祥絶島安置. 彦慤獨啓, "林亨秀與尹任, 同里閈如瓜牙腹心, 每曰'尹元衡當殺', 大言於衆庶之中, 其與尹任同心, 尤可知矣. 只爲竄謫似歇". 慈殿褒之曰: "良才壁書, 行人見之者非一, 而爾獨來啓, 於臣子職分, 至當矣. 林亨秀罪同罰異, 予甚怍焉", 命賜林亨秀死. 彦慤後爲京畿監司, 落馬一脚掛鐙不脫. 馬且奔且踢, 頭腦骨節, 破碎而斃, 人咸快之.【出『東閣雜記』】

임형수(林亨秀)가 제주목사로 있다가 파직되어 나주의 본집으로 돌아왔다가 얼마 안 가서 사사되었으므로, 금부도사가 본주(나주)에 이르렀다. 전례에는 그 고을의 관장이 함께 나가 형을 집행하는 일에 참관하였는데 이때에 마침 나주 목사와 판관이 다른 일이 있어 사문(斯文) 양희(梁喜)가 이 고을의 교수가 되어 나가게 되었다. 임형수가 금부도사 앞에 나가 무릎을 꿇고 전교(傳敎)를 듣고서 들어가 부모에게 인사를 하고 나와 죽기를 청하니 도사가 민망하게 여겨 허락하고, 이미 들여보낸 뒤에는 작별 인사를 하기 어려워 시간이 지연될까 염려하여 사람을 시켜 들어가 보게 하였더니, 형수는 안으로 들어가지 못하고 다만 마당 가운데서 두 번 절하고 나왔다. 그의 아들이 나이가 열 살도 안 되었는데 불러 경계하며 말하기를, "글을 배우지 말라." 하고, 조금 있다가 다시 말하기를, "만약 글을 배우지 않으면 무식한 사람이 되니 글은 배우되 과거에는 응하지 않는 것이 좋겠다." 하고 죽었다.

형수는 젊어서 과거에 합격하여 문장에 능하고 활쏘기를 잘 하였다. 풍모가 아름답고 기개가 남과 달라 당시에 '국기(國器)'라고 하였다. 홍문관 수찬으로 있다가 회령 판관에 임명되어서는 때로는 이틀에 한 끼씩 먹기도 하고 혹 하루에 몇 사람의 식사를 겸하여 먹으면서 말하기를, "장수가 된 자는 이와 같은 습성을 기르지 않아서는 안 된다." 하였다. 국경 가까이 있는 호인(胡人)들을 편안하게 어루만져 그들의 환심을 얻었다. 그 뒤에 지사(知事) 강섬(姜暹)이 북경으로 조회를 가다가 도중에 공물을 바치러 가는 호인을 만났는데 대개 그들은 우리나라의 국경 가까이 사는 자들이었다. 통사(通事)에게 묻기를, "너의 나라의 임형수는 어디에 있는가?" 하였다. 통사가 미처 대답하지 못했는데 호인이 말하기를, "임형수는 좋은 사람이다. 너희 나라에서 죽였다는 말을 들었는데 그런가 아닌가?" 하자 통사가 대답을 하지 못하였다. 『동각잡기(東閣雜記)』에 나옴.

林亨秀以濟州牧使, 罷歸羅州本家, 未幾賜死, 禁府郎馳至本州. 前例, 州官同進莅殺, 時, 適牧使判官皆有故, 梁斯文喜爲州教授進去. 林亨秀出跪, 聽傳教, 請入辭父母而死, 愍而許之, 既入, 難於訣別, 致延晷刻, 使人視之, 則亨秀不復入內,只於庭中再拜而出. 其子年未十歲, 召戒之曰: “勿學”, 旣而, 復語之曰: “若不學書, 則爲無識之人, 學書而不應擧, 可也", 乃死. 亨秀少登第, 能文章善射. 美風儀, 氣岸卓犖, 時稱國器. 以修撰出拜會寧判官, 有時併日而食, 或日兼數人之餐曰: "爲將者, 不可不如是習性也”. 撫綏藩胡, 得其心. 後姜知事暹朝京, 路遇進貢胡人, 盖近我國居者也. 問通事曰: “爾國林亨秀何在?”. 未及對, 胡曰: “亨秀好人也. 聞爾國殺之, 然否?”, 通事無以應. 【出『東閣雜記』】

금호 임형수는 풍류가 호탕하여 그 시도 또한 나는 듯하였다. “고개 숙인 꽃은 술에 취한 옥녀의 얼굴이고, 끊어진 산은 바닷물 마시는 푸른 용의 허리로다.[花底玉女酣觴面, 山斷蒼虯飮海腰]” 라는 시는 지금까지 사람들의 입에 오르내린다. 퇴계 선생이 이를 매우 사랑하여 만년까지도 문득 생각하며 말하기를, “어찌하면 임사수(林士遂)와 더불어 서로 대면할 수 있을까? 하였다.[305]

林錦湖 亨秀, 風流豪逸, 其詩亦翩翩, “花低玉女酣觴面, 山斷蒼虬飮海腰”之句, 至今膾炙人口. 退溪先生酷愛之, 晩年輒思之曰: “安得與林士遂相對乎?”.

퇴계 선생이 매양 임형수의 사람됨을 탄식하며 말씀하기를, “참으로 기이한 남자다. 죄가 없는데도 죽었으니 원통하도다.” 하면서 탄식을 마지않았다. 권충정공(權忠定公: 權徵)이 귀양살이

305) 이 글은 허균(許筠)의 『惺所覆瓿稿』 권 25, 說部 四, 「성수시화(惺叟詩話)」에 나온다.

하던 곳에서 임형수가 죽었다는 소식을 듣고 술을 청해 잔에 가득 붓게 하고 몇 잔을 마시면서 통탄하여 말하기를, “이 사람이 또 죽었도다.”하고 실성을 하고 울었다.

사람됨이 마음이 넓고 훤칠하며 기개가 한 세상을 덮을 만하였다. 일찍이 퇴계 선생과 더불어 서당에 들어가 술에 취하여 문득 노래를 부르고 시를 짓고 퇴계 선생의 자를 부르면서 말하기를, “그대가 또한 남자의 기이하고 장대한 일을 아는가? 나는 알고 있노라.” 하였다. 선생이 웃으면서 말하기를, “말을 해 보라.” 하였다. 임형수가 말하기를, “많은 눈이 산에 가득할 때 검은 담비가죽 옷을 입고 허리에는 백우장전(白羽長箭)[306]을 차고 어깨에는 백 근의 각궁(角弓)[307]을 메고 철총마를 타고 채찍을 두르면서 산 계곡으로 들어가면 긴 바람이 골짜기에서 생기고 만 그루의 나무가 진동합니다. 갑자기 큰 멧돼지가 있어 놀라 일어나 길을 잃고 달아나면 재빠르게 화살을 빼어 힘껏 당겨 쏘아 넘어뜨리고 말에서 내려 칼을 빼서 죽여 늙은 상수리나무를 쪼개어 태우면서 긴 꼬챙이에 고기를 꼬여 구우면 기름과 피가 뚝뚝 떨어집니다. 이 때 호상(胡床)에 걸터앉아 썰어 씹으면서 큰 은주발에 술을 가득히 부어 쾌하게 마시면서 얼근히 취하여 우러러 산을 보면 계곡의 구름이 눈이 되어 조각조각 솜이 되어 날아 취한 얼굴에 달라붙게 됩니다. 이런 재미를 그대가 어찌 알겠는가? 그대가 능한 것은 다만 글이나 짓고 글씨

306) 백우장전(白羽長箭): 새의 흰 깃으로 깃을 단 긴 화살. 李白 〈北風行〉. “中有一雙白羽箭”.

307) 각궁(角弓): 짐승의 뿔로 장식한 활. 『詩經』 小雅 角弓. “騂騂角弓”.

쓰는 한낱 작은 기능이다." 하고 무릎을 치면서 크게 웃었다. 선생께서는 매양 그 사람됨을 칭찬하고 반드시 그 말을 외우기를 이처럼 하였다.

죽을 때 도사(都事)가 사약을 주고 문에 이르러 재촉하니 드디어 조용히 가사를 처치하면서 말씀하기를, "종은 울리고 파루는 끝났는데 명이 경각에 있다[鍾鳴漏盡, 命在頃刻]는 것이 바로 이런 때의 일을 말한 것이다." 하고 웃으면서 죽었다.

退溪先生, 每歎林亨秀之爲人曰: "眞奇男子也. 死非其罪, 寃哉寃哉", 咄咄不已. 權忠定在謫所, 聞亨秀死, 呼酒滿酌, 痛飮數椀曰: "此子亦死也", 失聲而哭. 爲人牢落軒昂, 氣盖一世. 嘗與退溪同入書堂, 醉輒呼歌賦詩, 呼退溪字曰: "君亦知男子奇壯事乎? 我則知之矣". 先生笑曰: "第言之". 曰: "大雪滿山, 被黑貂裘, 腰帶白羽長箭, 臂掛百斤角弓, 乘鐵驄馬揮鞭, 馳入澗壑, 則長風生谷, 萬木震動. 忽有大豕驚起, 迷路而走, 輒拔矢引滿射殪, 下馬拔劍屠之, 仍斫老櫟焚之, 長串貫其肉煮之, 膏血點滴. 踞胡床切而啗之, 以大銀椀滿酌快飮, 飮至醺然, 仰看壑雲成雪, 片片如綿, 飄泊醉面. 此中之味, 君豈知之? 君之所能者, 只是翰墨小技耳", 遂擊節大笑. 先生每稱其爲人, 必誦其言如此. 死時, 都事受賜藥到門而促, 遂從容處置家事曰: "鍾鳴漏盡, 命在頃刻者, 正道此時事也", 莞爾而出就死.

제현수창

諸賢酬唱[308]

금호 예조좌랑 임형수에게 주다 – 중국 사신 설정총

錦湖贈林禮曺亨秀 – 天使薛廷寵

동국의 아름다운 사람 채란(采蘭)[309]을 노래하니
남호의 전장(田庄)에 금수(錦水)의 물결이 오고 가네.
복사꽃 버들꽃 계곡에 피어나고
노란 새 흰 새는 때로 여울을 다투네.
한성에 아직 배를 돌리지 못했는데
맑은 꿈은 분명 날개가 돋아 고향에 가네.
내가 만약 뗏목 타고 금호(錦湖)로 떠가면
그대를 위하여 광려산(匡廬山)[310]을 빌어 집을 짓고 만나리라.

'爲君'은 『황화집(皇華集)』[311]에 '乍當'으로 썼다.

---

308) 「諸賢酬唱」은 중국 사신 薛廷寵·華察과 金安國·李滉·金麟厚·蘇世讓 등으로부터 받은 시를 모은 것이다.

309) 채란(采蘭): 부모를 봉양함을 이르는 말. 곧 금호공의 부모가 살아계심을 뜻하는 말이다. 『文選』 束晳 補亡詩 南陔. "循彼南陔, 言采其蘭, 眷戀庭闈, 心不遑安".

310) 광려산(匡廬山): 여산(廬山)의 다른 이름. 광속(匡俗)이란 사람의 형제 7인이 선인이 되어 진나라 말기에 이곳에서 은거하여 살았다고 한다. 여기서는 설정총이 임형수의 고향에 은거하여 함께 살고 싶다는 말이다. 『後漢書』 郡國志.

311) 황화집(皇華集): 우리나라에 온 중국 사신이 우리나라 사람과 주고받은 시를 모아 만든 책.

東國佳人歌采蘭, 南湖別業錦斕珊.
桃花柳花相出洞, 黃鳥白鳥時爭湍.
漢城未得返舟楫, 淸夢分明生羽翰.
我若乘槎泛湖去, 爲君借作匡廬看.
【爲君, 『皇華集』 作乍當】

시를 지어 임좌랑에게 주다. 서문을 함께 쓰다 - 중국 사신 화찰
詩贈林佐郎 竝序 - 天使華察

예조좌랑 임형수는 젊은 나이에 재주가 많았다. 내가 처음 조선에 들어올 때 의순관에서 맞았고, 다시 강가에서 송별할 때 나는 그의 수고를 감사하게 생각하여 시를 지어 주었다. 집이 금호(錦湖)에 있어 인하여 스스로 호를 한 것이라고 하기 때문에 시에 그런 말을 한 것이다.

禮曹佐郎林子亨秀, 少年多才. 予初入朝鮮, 逆於義順, 歸復送之江滸, 予憫其勞, 乃贈之詩. 家在錦湖, 因以自號, 故詩詞及焉.

난초와 혜초(蕙草)의 자질로 나이는 젊어
서로 만나 새벽에 이별할 것을 걱정했네.
압록강 머리에 작별의 자리는 화려한데
글자가 흠이 되는 시로 하루를 마쳤네.

蘭姿蕙質齡方妙, 相逢憶自離亭曉.
鴨綠江頭敞別筵, 字欠詩逋一日了.

전라도에 봄바람은 차갑고
영산포 입구에 급한 여울 많다네.
중화의 자사(刺使)가 건실한 말을 사서
구름 같은 수레에 흰 발굽의 말 벽옥(碧玉)으로 안장을 장식했네.

全羅道上春風寒, 營山浦口多驚湍.
華州刺使市健馬, 雲轂雪蹄碧玉鞍.

금호의 풍월은 사람을 오래 머물게 하는데
각기 분주한 나랏일로 피로하기만 하네.
다리의 푸른 버들 갠 모래에선 고기를 잡고
별원의 노란 꾀꼬리 예쁜 소리를 전해 주네.

錦湖風月留人久, 各因王事疲奔走.
河橋綠柳罩晴沙, 別院黃鸝逞嬌口.

일생동안 만나고 헤어짐이 잠깐 사이라
작별에 임하여 술을 잡으니 근심이 생기네.
풍광은 포성역(褒城驛)만 못하지 않아
손님이 오면 가는 듯 갔다가 다시 돌아오네.

百年聚散須臾間, 臨岐把酒生愁顔.
風光不下褒城驛, 賓至如歸往復還.

장부는 사방에 몸을 허락해야 하니
시골의 별서(別墅)를 찾지 말게.
상국(上國: 중국)을 관광하는 것은 때에 맞게 함이 귀하니
우리 문에 오려 한다면 나는 허여하리라.

丈夫四方應自許, 莫向湖山尋別墅.
觀光上國貴及時, 欲進門墻吾所與.

임도감과 더불어 작별하다 – 중국 사신 장승헌
與林都監爲別 – 天使張承憲

중화의 사절로 보내지 않았다면
오활한 내가 어떻게 조선에 왔을까?
종일토록 달려옴에 말의 힘이 번거롭지만
타국의 산수는 족히 놀만한 곳이었네.
고국에 돌아갈 일 삼추(三秋)의 뒤인가 의심했는데
이별함에 두 젊은이의 현명함이 부끄러웠네.
이번에 가면 어느 날에 그대를 만날까?
바닷가 하늘에 이별의 정이 아득하구나.

不因天遣皇華節, 迂跡何緣到海壖.
盡日馳驅煩馬力, 異鄉山水足遊邊.
思歸已訝三秋後, 送別眞慙二妙賢.
此去逢君定何日, 海天離思各茫然.

회령 임통판에게 받들어 올리다. 편지도 아울러 주다. – 모재 김안국
奉贈會寧林通判 並書 – 慕齋 金安國[312)]

누가 파목(頗牧)[313)]으로 하여금 반양(班楊)[314)]의 문장을 겸하게 하였나?
붓을 던지고 활을 잡아도 거리낌이 없었네.
본래 자상하여 피로하고 병든 자를 회생시키고
무용과 위세에 관계없이 날뛰는 자를 두렵게 하였네.
채색 구름은 아득히 봉래산의 색채를 상상하겠고
흰 달처럼 멀리 옥서(玉署)[315)]의 빛을 나누어 가졌네.

---

312) 김안국(金安國 1478~1543): 조선시대 문신・학자. 본관은 의성. 자는 국경(國卿), 호는 모재(慕齋). 조광조(趙光祖)・기준(奇遵) 등과 함께 김굉필(金宏弼)의 문인으로 도학에 통달하여 지치주의(至治主義) 사림파의 선도자가 되었다. 사대부출신 관료로서 성리학적 이념에 의한 통치의 강화에 힘썼으며, 중국문화를 수용, 이해하기 위한 노력에 평생 동안 심혈을 기울였고, 시문으로도 명성이 있었다. 시호는 문경(文敬)이다.

313) 파목(頗牧): 염파(廉頗)와 이목(李牧). 모두 전국 시대 유명한 장수이다.

314) 반양(班楊): 반고(班固)와 양웅(楊雄). 모두 한나라 때 문장가. 반고는 전한서(前漢書)를 짓고 양웅은 사부(詞賦)에 능하였다. 곧 금호의 재주가 문과 무예에 능하였다는 말이다.

관아가 고요하여 조두(刁斗)에 놀랄 일 없으면
책[黃卷]을 읽으며 황왕(皇王)[316]의 치적을 연구하였네.

誰令頗牧駕班楊, 投筆鳴弓亦不妨.
本爲慈祥蘇困瘵, 非關威武怵跳梁.
彤雲杳想蓬山彩, 皓月遙分玉署光.
刁斗不驚鈴閣靜, 耽將黃卷究皇王.

일전에 저를 찾아주심에 여러 가지로 부끄럽게 되었습니다. 저는 쇠하고 병든 몸으로 겨우 출퇴근[卯酉][317]을 하고 한 번도 나가 인사를 드리지 못하였으니 결례가 되었습니다. 늙어 근무하는 일에 피곤하여 갑자기 글을 짓고 쓰는 일을 팽개쳤다가 겨우 서투른 말을 엮어 책임을 막으니 더욱 부끄럽습니다. 바라건대 관아[鈴軒]가 한가할 때 한 번이 시를 펴보시고 얼굴을 펴소서. 듣건대 오늘 길을 떠나신다고 하는데, 저는 (나라의 제사에) 향을 받들어야 하고, 헤아려 보니 예를 행하는 데 구애가 될까 봐 교외에 나가 전송 할 계획을 이루지 못하니 더욱 마음을 저버려 부끄러움이 깊습니다. 용서하소서.

---

315) 옥서(玉署): 달 속에 있다는 궁전. 옥궁(玉宮). 곧 금호공의 인품이 옥궁의 빛을 나누어 가진 흰 달과 같다는 말이다. 王勃 〈九成宮東臺山池賦〉. "若夫金臺妙境, 玉署仙居".

316) 황왕(皇王): 옛 성왕을 이르는 말. 『詩經』 大雅 文王有聲. "四方攸同, 皇王維辟".

317) 출퇴근[卯酉]: 조선 시대의 관리들은 卯時에 출근하고 酉時에 퇴근하였다. 『光海君日記』 4年4月 辛巳. "各司官員, 卯仕酉罷".

日者，蒙辱枉，千萬愧荷.【國】衰病之身，僅供卯酉，未能一進修謝，缺禮缺禮. 困於老宦，頓廢筆硯間事，僅綴蕪語塞望，增愧增愧. 惟希鈴軒閑寂中，一披破顔. 聞今日啓程，擎香而發，慮礙展禮，又未爲出郊奉餞計，深深槐負. 雅恕.

임판관이 회령부에 부임함을 받들어 보내다 - 사재 김정국
奉送林判官赴會寧府 - 思齋 金正國[318)]

젊은 나이의 문예는 누가 으뜸을 다툴까?
홍문관[瀛洲]에 나는 듯이 걸어감에 길이 활짝 열렸네.
서액(西掖)[319)]에서 잠시 글을 다루는 솜씨를 쉬고
북방의 국경에서 산융(山戎)을 다루는 재주를 시험하네.
응당 오리(汚吏)들은 공을 맞아 (부정한 일을) 멈출 줄을 알 것이고
다시 야인(野人)들은 의리를 사모하여 올 것을 상상하겠네.

318) 김정국(金正國 1485~1541): 조선 중기의 학자・문신. 본관은 의성. 자는 국필(國弼), 호는 사재(思齋). 아버지는 예빈시참봉(禮賓寺參奉) 연(璉)이며, 안국(安國)의 동생이다. 김굉필(金宏弼)의 문인이다. 기묘사화로 삭탈관직 되어 고양(高陽)에 내려가 팔여거사(八餘居士)라 칭하고, 학문을 닦으며 저술과 후진교육에 전심, 많은 선비들이 문하에 모여들었다. 1537년에 복직, 다음해 전라도관찰사가 되어 수십조에 달하는 편민거폐(便民去弊)의 정책을 건의, 국정에 반영하게 하였으며, 그 뒤 병조참의・공조참의를 역임하고, 경상도관찰사가 되어 선정을 베풀었다. 성리학과 역사・의학 등에 밝았다. 시호는 문목(文穆)이다.

319) 서액(西掖): 본래는 중서성(中書省)의 별칭인데 우리나라에서는 의정부를 이르는 말. 금호공이 의정부의 사인(舍人)이 된 적이 있었다.

직책이 중하고 가벼움으로 내직·외직을 혐의하지 말게
가슴에는 여러 별 자리 나열하여 두 자리의 대직(臺職)[320]을 접하였네.

妙年文藝孰爭魁, 飛步瀛洲路豁開.
西掖甃休揮翰手, 北垣聊試馭戎才.
端知汚吏迎風戢, 更想胡人慕義來.
莫以重輕嫌內外, 羅胸列宿接二台.

구월에 홀로 서당의 뒷산 푸른 숲에 올라 임사수에게 부치다. 4수 – 퇴계 이황
九月, 獨登書堂後翠微, 寄林士遂 – 退溪 李滉[321]

들국화 보며 생각이 많이 떠올라
술통 앞에서 작은 가지를 따서 띄웠네.
술잔과 소반이 짝하여 있고
풍악소리 어찌 이에 따르나.
먼 곳 바라봄에 창자가 끊어지는 듯하고
높은 곳에 오름에 병든 다리 위태하네.

---

320) 두 자리의 대직(臺職): 금호공은 회령 판관으로 부임하기 전에 사헌부 장령과 사간원 사간을 지낸 경력이 있다.
321) 이황(李滉 1501~1570): 조선 중기의 문신·학자. 본관은 진보(眞寶). 자는 경호(景浩), 호는 퇴계(退溪)·퇴도(退陶)·도수(陶叟).

돋는 흥에 한 번 취하게 되니
잠깐 춤추는 데 누구를 위하여 손을 늘어뜨릴까?[322)]

野菊猶多思, 尊前小摘枝.
杯盤眞偶設, 歌管豈曾隨.
望遠愁腸斷, 登高病脚危.
陶然成一醉, 短舞爲誰垂.

성주께서 동관(東觀)[323)]을 여니
장차 세상의 상서로운 문풍(文風)을 기대함일세.
부끄럽게 저력(樗櫟)의 산목(散木)[324)]으로 욕되게 일을 하면서
봉황과 이무기가 어지럽게 섞인 것을 기쁘게 보겠네.[325)]
즐거운 일을 청명한 세상에서 얻었고
그윽한 향은 작은 자리에서 맡았네.
고향은 천산의 밖에 있어

---

322) 누구를 위하여 손을 늘어뜨릴까?: 손을 늘어뜨린다는 말은 춤을 잘 추는 것을 이르는 말. 곧 여기에서 누구를 위하여 춤을 잘 추어야 하는가? 라는 말이다. 蘇軾 〈戲贈〉. "小樓依舊斜陽裏, 不見樓中垂手人".

323) 동관(東觀): 후한 때 낙양의 남궁에 있던 누각 이름. 명제 때 반고 등에게 이곳에서 한기(漢記)를 편수하게 하였다. 장제와 화제 때는 궁중의 장서를 보관하였고 뒤에는 국사를 편수하는 곳의 별칭으로 사용되었다. 『後漢書』 安帝紀.

324) 저력(樗櫟)의 산목(散木): 저력은 가죽나무와 상수리나무. 둘 다 질이 나빠 쓸모없는 나무이다. 따라서 재능이 낮은 사람을 비유하는 말로 쓰인다. 『莊子』 逍遙遊.

325) 봉황과 이무기가 어지럽게 섞인 것을 기쁘게 보겠네: 봉황과 이무기는 훌륭한 인재를 이르는 말. 곧 동관에 인재가 많음을 기쁘게 보았다는 말이다. 韓愈 〈岣嶁山〉. "鸞飄鳳泊挐虎螭".

취한 눈으로 돌아가는 구름을 보냈네.

聖主開東觀, 將期瑞世文.
愧添樗櫟散, 欣覩鳳鵷紛.
樂事淸時得, 幽香小坐聞.
故鄕千岫外, 醉眼送歸雲.

그대 그리운 마음 어찌 잠시인들 느긋할까
취하여 국화를 잡고 누구와 함께 기뻐할까?
새 달은 사람에게 아첨하여 손에 들어올 듯하고
긴 바람은 객을 속여 또 갓에 불어오네.[326)]
수많은 미인들 의의히 벌여 있고
길 위에 얇은 비단 입은 사람 서로 모여 추워하네.
사물은 그런대로 묵은 자취 쉽게 되니
급하게 그림으로 그려 그대와 함께 보고 싶네.

思君那得暫時寬, 醉把黃花誰共歡.
新月媚人還入手, 長風欺客且吹冠.
千重眉黛依依列, 一道氷紈湛湛寒.
景物隨緣易陳迹, 急須摹取與君看.

---

326) 긴 바람은 객을 속여 또 갓에 불어오네: 진(晉)나라 때 맹가(孟嘉)는 중양절에 용산에서 술에 취하여 바람에 모자가 떨어지는 것을 모르고 있었다. 여기서도 산에서 노는 데 가을바람이 불어온 것으로 보인다. 『晉書』 孟嘉傳.

고금은 아득하여 흘러가는 냇물 같은데
산에 오르니 아름다운 경관은 옛날 같구나.
책상을 함께 한 자 알지 못하니 어찌 귀한 일 아닌가?[327)]
온 세상이 서로 흠을 잡아도 또한 전하는 것이 있네.
말로 인한 함정에 어찌 제향의 대열 속에 용납할까
근심은 국화 앞에 달라붙기 어렵네.
석양에 돌아가는 까마귀 모두 그림이 되니
누워 동호(東湖)의 거울 같은 하늘을 보네.

今古茫茫似逝川, 登臨佳景故依然.
同牀不識寧非貴, 擧世相疵亦有傳.
語穽豈容樽俎裏, 愁城難着菊花前.
歸鴉落日都成畵, 臥看東湖玉鏡天.

327) 책상을 함께 한 자 알지 못하니 어찌 귀한 일 아닌가?: 후한의 이고(李固)는 젊어서 학문을 좋아하여 책을 지고 서울로 가서 매양 태학에 이르러 남들이 모르게 아버지 합(郃)이 근무하는 관아에 들어가 아버지에게 정성(定省)의 예를 하니 같이 공부하는 학생들이 합의 아들임을 알지 못하였다. 여기서는 금호의 효성이 지극함을 말한 것이다. 『後漢書』 六十三, 〈李杜列傳〉 注.

다른 사람의 시에 차운하여 김응림·임사수가 동호에 있으면서 보내온 시에 답하다. 2수

갑진년 봄에 두 사람이 시를 부쳐왔다. 계묘년 겨울에 나는 시골에 내려와 병으로 인하여 조정에 돌아가지 못하였다.

次韻, 答金應霖·林士遂在東湖見寄

甲辰春, 兩君寄詩來. 癸卯冬, 余下鄉, 病未還朝

눈 녹고 꽃 피었는데 병으로 시골에 누우니
사라지지 않고 남은 것은 시혼(詩魂) 뿐일세.
영화와 쇠고(衰枯)가 굴러옴에 두 바퀴가 도는 것 같고
화복[倚伏][328]이 오는 일 아득히 궁궐[九閽] 속에 막혀 있네.
영지와 삽수로 몸을 보양함에 얼굴은 더욱 예스럽고
연하가 골수에 들어옴에 말이 번거롭지 않네.
산중의 재미를 그대는 아는가
세상일은 도무지 한 구절도 논할 것이 없네.

雪盡花開病臥村, 消磨未盡只詩魂.
榮枯輾轉回雙轂, 倚伏冥茫隔九閽.
芝朮養生顏益古, 烟霞入骨語無煩.
山中風味君知否, 世事都無一句論.

---

328) 화복[倚伏]: 화는 복이 의지한 곳이고 복은 화가 엎드려 있는 곳이라고 하였다. 『老子』 五十八章.

김군의 시는 소악(韶樂)[329]을 연주함에 봉황이 와서 춤추는 듯 하고
임군은 장수로서도 백보(百步)의 위엄[330]이 있네.
고향의 봄바람은 병든 객을 머물게 하고
주고받는 서찰은 가시 사립에 이르렀네.
반쯤 세워진 산 속 집은 서툴게 지었고
완전히 시골에 떨어져 삶에 일은 어그러지네.
내가 재주 없음은 그대가 가장 잘 아니
회계(會稽)로 돌아감[331]을 용서할 수 없을까?
이때에 김응림이 전랑이 되었기 때문에 퇴계 선생이 외직으로 나갔다.

金君韶奏鳳來儀, 林子兼將百步威.
故國春風留病客, 神交書札到柴扉.
半成山屋謀曾拙, 全落湖海事太違.
知我不才君最甚, 可無容得會稽歸.
【時應霖爲銓郎, 故屬以外補】

---

329) 소악(韶樂): 순임금의 음악. 순임금의 음악이 너무 고아하여 연주함에 봉황이 와서 춤을 추었다고 한다. 『書經』 益稷. “簫韶九成, 鳳凰來儀”.

330) 백보(百步)의 위엄: 범을 이르는 말. 범은 백보 앞에 있는 동물에게 위엄을 보인다. 韓愈 〈猛虎行〉. “正晝當谷眠, 眼有百步威”.

331) 회계(會稽)로 돌아감을: 회계는 절강성 소주에 있는 군 이름. 진(晉) 나라 때 극음(郄愔)은 서주(徐州)·연주(兗州)의 자사가 되었는데 아들 초(超)가 글을 올려 한가한 곳으로 보내주기를 원하니 환온(桓溫)은 기뻐하면서 회계태수로 보냈다. 여기서는 김응림이 이조전랑으로 있었기 때문에 퇴계 선생이 지방관으로 가기를 은근히 원한 말이다. 『退溪集』 頭注.

압구정 뒷산에 올라 사수를 그리워하다
登狎鷗亭後岡, 憶士遂

멀고 가까운 봉우리 저 하늘에 꽂혀 있고
물빛은 빗겨 흐르고 저문 하늘 멀리 보이네.
함께 지난 해 일을 이야기할 사람 없어
날마다 외로이 읊으며 푸른 봉우리에 오르네.
지난 해 임군과 함께 이곳에 올랐다.

遠近峰巒揷彼蒼, 水光橫帶暮天長.
無人共說年前事, 日日孤吟上翠崗.
【去年與林君共登此】

사수가 시를 보내와서 그 시에 차운하다
士遂寄詩, 次韻

옛 친구가 남쪽 바다에 있으면서
편지를 잉어의 뱃속에 전해왔네.[332)]
명월주 같은 시를 편지에 봉하여
나에게 주기를 주저함이 없었네.

---

332) 편지를 잉어의 뱃속에 전해왔네: 이 말은 진(晉)나라 육기(陸機)의 악부(樂府)에서 온 말이다. 편지가 왔다는 말을 이렇게 표현한 것이다. 陸機「樂府」. "客從遠方來, 遺我雙鯉魚, 中有尺素書, 長跪讀素書, 書中竟如何, 上有加餐食, 下有長相憶".

나를 위로하여 병든 학 같다 하니
이 한 말이 나의 뜻에 만족하네.
나는 지금 백 가지에 쓸 곳이 없어
술잔 속에 뱀이 있는 의혹에 걸렸네.[333)]
임금의 은혜는 하늘이 만물을 적시는 것 같은데
신의 자질은 시든 갯버들[蒲彫][334)] 같습니다.
선성(宣城: 예안의 옛 이름)의 들에서 농사를 하고
밤낮으로 신음을 하네.
어떻게 하면 문득 이 몸이 변하여
바람을 타고 큰 날개로 하늘을 등지고 날까?[335)]
(그리하여) 그대를 십주(十洲)[336)]에서 보게 되면
여러 신선들이 도의(導儀)의 의식[337)]을 꾸미리라.

---

333) 술잔 속에 뱀이 있는 의혹에 걸렸네: 진(晉)나라 때 두선(杜宣)이란 사람이 친구 집에 가서 술을 마실 때 술잔 속에 뱀이 있는 것을 보고 두려워했지만 그대로 마셨다. 그 뒤에 병이 나서 여러 가지로 치료했지만 낫지 않았다. 얼마 뒤에 술을 준 친구가 지나다가 그를 찾으니 두선의 말이 자네 집에서 술을 마실 때 뱀이 술잔 속에 있는 것을 보고 마신 뒤 병이 생겼다고 하였다. 술을 준 친구는 벽 위에 활이 잔에 비추어 있던 것을 알고 함께 집으로 가 그 자리에 술잔을 놓고 다시 마시니 과연 그러하였다. 두선은 곧 깨닫고 병이 나았다. 여기서는 퇴계 선생이 병이 생겼다는 말이다.

334) 시든 갯버들[蒲彫]: 蒲는 갯버들. 彫는 凋와 통용. 고열지(顧悅之)가 간문제(簡文帝)와 동갑인데 머리가 먼저 하얗게 되었다. 간문제가 말하기를, "그대는 어찌하여 먼저 늙습니까?" 하니, 대답하기를, "갯버들의 자질로 가을이 되면 잎이 먼저 떨어집니다."라고 하였다. 『詩經』 王風 揚之水. "揚之水, 不流束蒲".

335) 바람을 타고 큰 날개로 하늘을 등지고 날까?: 북해에 곤(鯤)이란 고기는 붕새로 변하여 바람을 타고 큰 날개로 몇 천리를 날라 간다고 한다. 여기서는 퇴계 선생도 몸이 붕새처럼 변하여 날고 싶다는 말이다.

336) 십주(十洲): 신선이 산다는 바다 가운데의 열 개의 섬.

337) 도의(導儀)의 의식: 선인들의 여러 가지 의식. 우개(羽蓋)・예정(霓旌)・

낭원(閬苑)338)에서 반도(蟠桃)339)를 따오고
부상(扶桑)340)에서 뜨는 해를 보리라.
지극한 도로 적송자(赤松子)341)와 왕교(王喬)342)에게 읍을 하니
남은 일은 두보(杜甫)와 이백(李白)을 따르는 일이라.

故人在南溟, 尺素傳鯉魚.
緘封明月珠, 贈我無所需.
慰我如病鶴, 一言意太足.
我今百無用, 纆此杯蛇惑.
聖恩極天涵, 臣質垂蒲彫.
爲農宣城野, 呻吟晝連宵.
安得忽變化, 培風負大翼.
見君十洲中, 群仙導儀餙.
閬苑摘蟠桃, 扶桑看出日.
至道揖松喬, 餘事追甫白.

운병(雲軿)·풍어(風御) 등의 의식이 있다고 한다. 곧 퇴계 선생이 몸이 변화하여 신선이 산다는 십주에서 금호를 보게 된다면 선인들이 이런 의식을 꾸밀 것이라고 가상적으로 말한 것이다. 『退溪集』 頭注.

338) 낭원(閬苑): 낭풍전(閬風巓)에 있는 신선이 산다는 곳.

339) 반도(蟠桃): 선경에 있다는 복숭아. 삼천 년에 한 번씩 열린다고 한다.

340) 부상(扶桑): 해가 뜨는 곳. 전설에서 해가 부상 아래에서 나와 가지를 스치고 떠오른다 하여 부쳐진 이름이다. 『楚辭』 九歌 東君.

341) 적송자(赤松子): 상고 시대의 전설적인 선인. 『史記』 留侯世家.

342) 왕교(王喬): 전설상의 선인. 주영왕(周靈王)의 태자 진(晉)을 말한다. 피리로 봉황의 소리를 내고 도사 부구공(浮丘公)과 만나 숭산에 올라가 학을 타고 하늘로 올라갔다고 한다. 『事文類聚』 前集 仙佛部.

임사수가 영조사 종사관으로 의주에 부임함을 보내며. 3수
送林士遂以迎詔使從事赴義州

시 짓는 노인[343]이 서쪽으로 조사의 행차를 맞으니
한 때의 종사관은 모두 호걸과 영걸일세.
병으로 누워[漳濱][344] 임금의 은혜를 받으니
낮이나 밤이나 부질없이 감개한 정이 많았네.
황(滉)도 이번 행차에 선발되었는데 병으로 성상의 윤허를 얻어 면했다.

詩老西迎詔使行, 一時從事盡豪英.
漳濱獨荷天恩重, 日夕空多感慨情.
【滉亦忝是行恩許病免】

시단에서 부지런히 애쓰는 두 늙은 신하[345]이니
요조(繞朝)가 말채찍을 주었으니 사람이 없다고 말할 수 있나?[346]

---

343) 시 짓는 노인: 시를 잘 짓는 노인. 이때 낙봉(駱峰) 신광한(申光漢)이 영조원접사(迎詔遠接使)가 되었다.

344) 병으로 누워[漳濱]: 장빈은 장수(漳水)의 물가. 삼국 때 진임(陳琳)이란 사람이 장빈에서 병으로 요양한 적이 있었다. 이 때 퇴계 선생도 종사관으로 선발되었는데 병으로 갈 수 없음을 신청하여 성상의 윤허를 받았다.

345) 두 늙은 신하: 정사룡(鄭士龍)과 신광한(申光漢).

346) 요조(繞朝)가 말채찍을 주었으니 사람이 없다고 말할 수 있나?: 요조는 춘추 시대 진(秦)나라 사람. 진(晉)나라 대부 사회(士會)가 죄를 짓고 진(秦)나라에 와 있었는데 진(晉)나라에서 그를 유인해 오려고 수여(壽餘)를 보내어 술수를 써서 진(晉)나라에 가게 하니 사회가 떠날 때 요조가 말채찍을 주면서 말하기를, "진나라에 사람이 없다고 말하지 말라." 하니 요조는 수여의 술수로 인하여 사회가 진(晉)나라로 감을 알고 있었다. 여기서는 원접사로 가는 사람들을 퇴계 선생이 잘 알고 있다는 말이다. 『左傳』 文公 十三年.

칠종칠금(七縱七擒)[347]을 귀신처럼 한 곳에
일만 마병(馬兵)과 먼저 충돌한 것은 웃음거리가 됨을 알았네.

仡仡騷壇兩老臣, 繞朝贈策可無人.
料知擒縱如神處, 一笑先衝萬馬塵.

숲 사이에서 비를 부르는 비둘기 소리 셀 수 없이 많은데
우리나라에 쌍조(雙鳥)[348]가 있어 천추에 일어섰네.
달을 다듬는 도끼[月斧][349]를 신묘한 장인(匠人)이 휘두르는 것을 보니
손가락에 피가 나서 한쪽의 머리도 들기 어렵네.[350]

不數林間喚雨鳩, 海東雙鳥起千秋.
爭看月斧揮神匠, 血指應難擄一頭.

---

347) 칠종칠금(七縱七擒): 제갈공명이 남중(南中)에서 싸울 때 맹획(孟獲)이란 적장을 일곱 번 잡았다가 일곱 번을 놓아 준 일. 곧 맹획이 마병의 전진 속에 먼저 뚫고 들어옴을 제갈공명이 웃었다는 말이다. 다시 말하면 여기서 원접사로 가는 사람도 중국 사신을 잘 다루는 적수가 될 줄을 알 것이라는 말이다. 『三國志』 蜀志 諸葛亮傳.

348) 쌍조(雙鳥): 두 마리의 새. 한유(韓愈)가 쌍조의 시를 지었는데 이백과 두보를 두고 지은 시라고도 하고 또 자기와 맹교(孟郊)를 비유하여 지은 것이라고도 한다. 여기서는 원접사 신광한과 정사룡을 이르는 말로 보인다. 韓愈 〈雙鳥〉.

349) 달을 다듬는 도끼[月斧]: 전설에 달은 칠보(七寶)로 이루어져서 8만 2천호가 늘 이를 다듬는다고 하였다. 뒤에 문장을 잘 짓는 것을 비유하는 말로 쓰였다. 이 도끼를 신통한 장인이 휘두른다는 말은 능통한 문장을 이르는 말이다. 여기서는 원접사와 종사관이 문장에 능하다는 말이다. 『酉陽雜俎』.

350) 손가락에 피가 나서 한쪽의 머리도 들기 어렵네: 이때 퇴계 선생도 원접사로 임명되었는데 병이 나서 함께 가지 못하였다. 곧 자기는 서투른 솜씨로 손을 다쳐 신통한 목공이 재목을 다듬는데 한쪽 머리도 들지 못함을 비유하여 이른 말이다.

임사수의 관서행록 뒤에 쓰다. 2수
題林士遂關西行錄[351]後

패합(捭闔)[352]의 기이한 계책은 한나라 자방(子房)[353] 같아

당년에 일찍이 황석공(黃石公)[354]의 방술을 받았네.

용정(龍庭)[355]의 소굴을 뒤집지 않고

먼저 우리나라[鰈海][356]의 간성이 되었네.

절역에서 병이 침공하니 하늘이 공을 애쓰게 하는 것이요[357]

거친 성의 우렛소리는 귀신도 놀랄 만하였네.

백 수의 호방한 시 뛰어난 기세는

묘한 글귀로 철석같은 심장에 잘 어울리네.

---

351) 관서행록(關西行錄): 책 이름. 금호공이 원수종사관(元帥從事官)에 임명되어 관서 지방으로 출장 가서 군사들을 점검하는 임무를 띠고 있을 때의 일을 기록한 업무일지로 보인다.

352) 패합(捭闔): 전국 시대 유세객이 상대를 포섭하거나 유세시키는 유세술.

353) 자방(子房): 한나라 장량(張良)의 자. 그는 원수를 갚기 위해 역사를 구하여 방랑사에서 진시황을 저격하였으나 실패하고 황석공(黃石公)으로부터 태공의 병법을 전수 받고 한고조 유방(劉邦)의 모신이 되었다. 『史記』 五十五.

354) 황석공(黃石公): 진말(秦末)의 은사. 장량에게 태공의 병법을 전했다고 한다. 『史記』 留侯世家.

355) 용정(龍庭): 흉노 선우(單于)가 천지와 조상에게 제사지내던 곳. 여기서는 여진족의 소굴을 말한 것이다. 『後漢書』 竇憲傳.

356) 우리나라[鰈海]: 접해는 우리나라를 뜻하는 말. 우리나라 바다에 가자미가 많이 난다고 하여 이른 말이라고 한다. 『星湖僿說』 萬物門 鰈域.

357) 절역에서 병이 침공하니 하늘이 공을 애쓰게 하는 것이요: 주석에 보면 공이 관서의 신도(薪島)에서 말을 타다가 병을 얻어 거의 죽게 되었다가 다시 살아났고 황주에 도착하였는데 천둥과 큰 비를 만난 적이 있었다. 불란(拂亂)은 뜻에 어긋나게 하고 어지럽게 한다는 말로 공을 큰 인재로 만들기 위하여 하늘이 이렇게 애를 먹게 하여 심신을 단련하게 하였다는 말이다. 『孟子』 告子 下. "行拂亂其所爲".

捭闔奇謀漢 子房, 當年曾受石公方.
未翻巢窟龍庭界, 先作干城鰈海疆.
絶域病攻天拂亂, 荒城雷鬪鬼驚忙.
豪吟百首淩雲氣, 妙句何妨鐵石腸.

미친 호족이 요동의 변방에서 달을 쏘니[358]
장사들은 낙랑의 터[359]에서 군사를 모았네.
신령한 위세로 지시하고 돌보면서 호표(虎豹: 적)를 몰고
풍류와 담소는 시경과 서경에서 나왔네.
바닷가에서 병이 남에 용왕의 약[360]을 얻었고
강가 누각에서 읊은 시는 제자(帝子)의 옛 강토임을[361]를 알겠네.

---

358) 달을 쏘니: 이민족이 난동을 일으킨다는 말. 곧 해는 존귀한 것으로 보고 달은 비천한 것으로 본 것이다. 진(晉) 나라 여기(呂錡)가 언릉(鄢陵)의 싸움에서 꿈에 달을 쏘아 맞추고 진흙 속에 빠졌다. 점을 치니 "희성(姬姓)은 해이고 이성(異姓)은 달이니 필시 초왕일 것이다. 쏘아 맞추고 물러와 진흙에 빠지니 꼭 죽을 것이다."라고 하였다. 여기서는 비천한 여진족이 요동에서 난동을 피운다는 말이다. 『左傳』 成公 十六年 六月.

359) 낙랑의 터: 낙랑은 우리나라에 한무제가 세운 군 이름. 오늘의 평안도에 해당된다.

360) 용왕의 약: 신기한 약을 이르는 말. 어떤 사람이 뗏목을 타고 바다에 이르렀는데 마침 병이 생겼다. 꿈에 어떤 체구가 큰 사람이 나타나 말하기를, "나는 용왕이다. 그대가 바닷바람에 병이 드니 어떤 섬 가운데로 가면 돌이 있고 그 무늬가 뼈와 같은 것이 있을 것이니 이를 복용하면 즉시 낫는다."고 하였다. 그 사람이 돌을 찾아 그것을 복용하니 병이 곧 낫다고 한다. 여기서는 금호공이 섬에서 병을 얻어 기이한 약을 복용하고 곧 나았다는 말이다. 『太平記載』.

361) 제자(帝子)의 옛 강토: 제자는 천제(天帝)의 아들. 금호공이 관서에 있다가 서울로 올 때 황주에 도착하였는데 큰 비와 천둥이 쳐서 장관을 이룬 적이 있었다. 황주는 옛 고구려의 땅으로 고구려의 시조 고주몽(高朱蒙)이 일찍이 나는 천제의 아들이라고 한 적이 있었다. 황주는 고주몽의 옛 강토란 말이다.

애써 세운 공명은 연함(燕頷)[362]에게 돌아가
태평을 노래하며 어초(漁樵)에 늙으리라.

> 狂胡射月遼東塞, 壯士搜兵樂浪墟.
> 指顧威靈驅虎豹, 風流談笑發詩書.
> 海航病得龍王藥, 江閣吟窺帝子居.
> 唾手功名歸燕頷, 太平容我老漁樵.

이 때 나라에서는 중국 천자의 명령으로 군사를 동원하여 여진족을 토벌하는 일을 도우라고 하니, 사수(士遂)가 원수 종사관으로 관서지방에 가서 군사를 점검할 적에 신도(薪島)에 들어가 말을 달리다가 병을 얻어 위태한 경지에 이르렀다가 다시 살아났다. 돌아올 때 황주에 이르러 큰 비와 우레를 만나 시를 지었는데 아주 장관임을 말하였다.

【時國家將以朝命出兵助討胡, 士遂以兀帥從事官, 點兵關西, 入薪島驅馬, 得病幾死乃甦. 還抵黃州, 遇大雷雨, 有詩極道其壯觀.】

---

362) 연함(燕頷): 제비의 턱과 비슷한 턱. 위엄이 있고 귀하게 될 골상을 이른다. 후한의 반초(班超)가 턱은 제비 머리는 범과 비슷하여 관상가로부터 만리후(萬里侯)가 될 상이라고 말하더니 뒤에 과연 그렇게 되었다. 여기서는 금호공이 귀한 인상으로 큰 공을 이룰 것이란 말이다. 『後漢書』 班超傳.

임사수에게 주다

與林士遂書[363)]

어제 밖에 나갔다가 저녁에 돌아와 명함을 두고 간 것을 보고 비로소 헛되게 말을 타고 와서 공교롭게 만나지도 못한 줄을 알았으니 옛 사람도 탄식한 바라 어쩔 줄을 몰라 스스로 실망했습니다. 보내주신 행록 뒤에 쓴 시는 잘 받고 스스로 생각하기를, '쌍남금(雙南金)[364)]을 주고 백붕(百朋)[365)]을 주어도 이보다 과할 수는 없다'고 생각하였습니다. 열어 읽어보다가 망연하게 부끄러움만 더했으니 내가 그대에게 바라던 바와는 달랐습니다. 군자가 한 마디의 말로 지혜롭다 할 수 있고 한 마디의 말로 지혜롭지 못하다고 할 수 있으니 어찌하여 족하(足下)[366)]께서 나를 속이고 장난치십니까? 어찌하여 족하는 스스로 말을 아끼지 않고 경솔하게 말을 하십니까? 큰 종은 작은 대 가지[寸筳][367)]의 음악을 위하여 소리를 낼 수 없고 천균(千鈞)의 쇠뇌[弩

---

363) 퇴계 선생이 『영남관동행록』이란 책을 썼는데 금호공이 그 뒤에 44구의 장편시를 쓰면서 칭찬하는 말이 많았다. 이 편지는 나는 감당하기 어려운 칭찬이라고 퇴계 선생이 지적한 내용이다.

364) 쌍남금(雙南金): 가격이 두 배로 비싼 구리. 후세에 귀한 보물을 이르는 말로 쓰였다. 杜甫 〈題省中壁〉. "許身愧比雙南金".

365) 백붕(百朋): 많은 화폐를 이르는 말. 붕은 화폐의 단위. 『詩經』 小雅 菁菁者莪. "旣見君子, 錫我百朋".

366) 족하(足下): 윗사람이나 같은 또래를 일컫는 말. 우리나라의 족하라는 말과는 전혀 다르다. 『韓非子』 難 三. "今足下雖强, 未若知氏".

367) 작은 대 가지[寸筳]: 작은 대 가지로 만든 악기를 뜻하는 말. 곧 큰 종은 작은 대로 만든 피리나 퉁소 따위의 작은 규모의 음악을 위하여 함께 연주할 수 없다는 말이다. 금호공 같은 큰 문장(금호공의 문장을 비유)은 나처럼 졸렬한 문장(퇴계의 겸양어)을 평할 것이 못 된다는 말이다.

砲는 생쥐를 잡으려고 쏘아서는 안 됩니다.

족하께서는 진실로 병든 나를 어떤 사람으로 여기며 나의 졸렬한 시를 어떤 말로 여기기에 칭찬하기를 이렇게 극진하게 하는 데까지 이릅니까? 이는 족하께서 재주가 호탕하고 필적이 좋아 착운(窄韻)[368]을 얻어 영기를 발한 데 불과하니 나의 시가 썩 공교로움은 보기 어렵지만, 평하여 생각하기를 여유 있게 달려감이 마치 '바람을 만난 돛대 같고 전쟁터에서 달리는 말'과 같아 한 번 손을 씀에 그칠 줄을 몰라 마음속으로 스스로 생각하여 말하기를, 모(某: 퇴계 선생을 지칭)에게는 이런 말을 할 수 없지만 나는 다만 속마음을 펴 스스로 위로해 주고 기이한 말을 내어 장난삼아 하였다고 하면 족하가 나를 대하는 것이 너무 거리가 먼 것이 아닙니까? 오직 나를 대함이 그럴 뿐 만 아니라 족하께서 자처하심도 매우 어설픕니다. 옛날의 군자는 자기의 처신과 사람을 대함이 아마도 이와 같지는 않았을 것입니다.

또 초명(鷦螟)[369]을 들어 큰 붕새에게 비교함에 다만 초명의 작은 것만 보고 모모(嫫母)[370]를 잘 꾸며 서시(西施)[371] 곁에 나가게 하여 더욱 모모의 추한 모습만 나타나게 하니 나는 부끄

---

368) 착운(窄韻): 시운에서 글자 수가 적은 운부(韻部). 이런 운자는 시를 짓기가 매우 어렵다.

369) 초명(鷦螟): 아주 작은 곤충. 『文選』 張華 鷦鷯賦.

370) 모모(嫫母): 전설상 황제의 넷째 비. 얼굴이 몹시 못생겼다고 한다. 후세에 못생긴 여자를 일컫는 말로 쓰인다. 『荀子』 賦. "嫫母, 力父, 是之喜也".

371) 서시(西施): 춘추 시대 월나라의 미인. 범려에 의해 오왕에게 바쳐졌으며 오나라가 망한 뒤에 범려와 함께 오호(五湖)에서 배를 타고 놀았다고 한다. 『吳越春秋』.

럽고 두려워 술에 취한 듯 깬 듯 3일 동안이나 깨지 않은 것 같았습니다. 아무튼 군자는 감히 당해내지 못할 곳에는 또한 잠시도 거처해서는 안 되니 곧바로 가져다 드리고 싶지만 돌아보건대 그 탁월한 말씀과 빛나는 문사(文詞)는 읊고 외우면 더 읊고 싶고 맛보고 씹어도 싫지 않아 감히 몽매함을 무릅쓰고 여기에 보관하여 두니 아! 어리석음이 많습니다.

다시 한 말씀 드릴 것이 있으니 시인의 말은 이것으로 인하여 저기에 나타남이 있고 남을 위하여 지은 작품은 스스로 나타나는 것이니 족하께서 사물을 이끌어 유와 연결시킴에 칭찬하고 드날리는 아름다움이 극진하니 내가 보건대 나에게 비교되는 것은 열에 두 가지 세 가지도 없고 족하에게 비교되는 것이 열에 여덟 가지 아홉 가지나 됩니다. 문장이 "봄 동산의 붉은 꽃 푸른 잎과 같고 곤양(昆陽)의 전투[372]에서 승리한 장수[貔虎][373]와 같고 오릉(五陵)[374]에 조각한 부용과 같고 아홉 구비의 길에 달리는 말 같고 바다에 달리는 돛대와 같고 하늘 높이 솟는 고니와도 같고 맛 좋은 술과도 같고 난초와도 같고 송골매와도 같다"는 말은 모두 족하에게 능한 것입니다. 비록 족하가 스스로를 진술한 것이라고 하여도 가하고, "곤륜산 옥의 빛남과

---

372) 곤양(昆陽)의 전투: 왕망의 군대와 후한 광무제의 군대가 싸운 전투. 광무제의 작은 군대가 왕망의 대군을 무찌른 것으로 유명하다. 광무제는 이 싸움에서 범·표범·물소·코키리 등의 맹수를 몰아내어 위세를 더욱 높였다. 『後漢書』 光武帝紀 上.

373) 승리한 장수[貔虎]: 비호는 본래 맹수와 범인데 후세에 용감한 장수와 장병을 이르는 말로 쓰임. 『後漢書』 光武帝紀. "尋邑百萬, 貔虎爲群".

374) 오릉(五陵): 한 고조의 장릉(長陵)·혜제의 안릉(安陵)·경제의 양릉(陽陵)·무제의 무릉(茂陵)·소제의 평릉(平陵). 수요(繡褥)는 부용을 조각한 의물. 『退溪集』 頭註.

같다"는 데 이르러서는 나는 그런 빛깔도 없는데 하물며 그런 덕이야 말해 무엇합니까?

안기생(安期生)[375]이 세상일과 인연을 끊은 일은 나도 그것을 원함이 있는데 그 방법을 모릅니다. 명검이 풍성(豐城)에서 나온 일[376]은 옛일은 확실하지만 그 광채가 나의 문장 같다는 말은 그렇지 않고, "일만 계곡에서 얼음이 나오는 듯하다"는 말은 차가운 것은 사실이지만 깨끗하고 맑다는 것은 나는 그렇지 못합니다. "파리한 모습은 쌀을 먹지 않는 신선 같고 슬픈 감회는 두견새가 우는 것 같고[377] 깨끗하기는 갈매기가 물위에 뜬 것 같다"고 한 말씀은 내가 진실로 행록(行錄)을 짓느라고 애는 썼지만 모두 나에게 가까운 점은 없으니 이를 가지고 미루어보면 나머지도 알 것입니다. 족하께서 나를 끌어올려 미루어 함께 하면서 스스로 아름다운 장점은 지니지 않고 또 남이 거기에 미치지 못함을 안타깝게 여기지도 않고 다만 붓이 가는대로 뒤섞어 썼으니 이상한 일이 아닙니까?

하물며 역대의 풍류를 잘하는 원로들을 들어 나의 아랫사람

375) 안기생(安期生): 진한 시대 사람. 노자의 학설을 배우고 동해에서 약을 팔았다. 진시황이 동유할 때 함께 이야기를 나누고 금백을 내렸으나 받지 않았다. 뒤에 진시황이 그를 찾으려 하였으나 찾지 못하였다. 『史記』 封禪書.

376) 명검이 풍성(豐城)에서 나온 일: 풍성은 강서성에 있는 지명. 진(晉) 나라의 장화(張華)가 천문을 보고 풍성 지방의 감옥 밑에 묻혀 있는 명검을 얻었다고 한다. 葉適 〈送孫偉夫〉. "遠尋豐城劍".

377) 두견새가 우는 것 같고: 두견새는 촉나라 망제(望帝)의 혼이라고도 하고 망제가 쫓겨날 때 "不如歸, 不如歸"하고 울었다고도 한다. 망제는 자기 신하 별영(鱉靈)의 아내를 간음하여 왕위에서 사실상 쫓겨난 왕이다. 곧 슬픈 감정이 느껴지기도 하다는 말이다. 『蜀王本紀』.

으로 소속시키려 하니, 하루살이 같은 사람에게 큰 나무를 흔들게 하는 것이니 감내하지 못할 뿐 만 아니라 도리어 피곤하기만 하니 이렇게 되면 족하와 내가 함께 후세의 군자들에게 죄를 짓는 것입니다. 이는 두려운 바가 아닙니까? 그러나 족하께서는 나이도 젊고 힘이 있으니 혹 나의 말로 인하여 발분하여 스스로 성공하기를 도모하면 그 이르는 경지는 반드시 옛사람보다 우수할 것이니 나는 장차 눈을 비비고 기다리겠습니다. 나 같은 사람은 노쇠한 자질로 질병까지 합쳐져 진보하는데 바랄 것이 없으니 또한 날로 퇴보할 뿐입니다. 내 몸을 어루만지면서 크게 탄식할 뿐입니다.

昨出外夕還, 見留刺, 始知虛枉騶騎, 乖逢之巧, 昔人所歎, 倀倀然自失也. 惠來行錄後題詩, 得之, 自以爲雙金之贈, 百朋之錫, 無以過也. 及披而讀之, 茫然增愧赧, 與僕之所望於左右者異矣. 君子一言以爲智, 一言以爲不智, 何足下之欺我而玩我耶? 何足下不自惜而輕出語耶? 洪鍾不爲寸筳而發音, 千鈞之弩, 不爲鼷鼠而發機. 足下眞以病夫爲何如人, 拙詩爲何等語, 而稱道之盛, 至此極耶? 是不過足下才豪筆快, 得窄韻逞英氣, 因難以見巧, 汪洋橫鶩, 如風檣陣馬, 一放手而不知止, 於心自計曰, 某也固不足語此, 我但攄懷而自遣, 出奇以爲戲云爾, 則足下之所以待我者, 不亦遠乎? 非唯所以待我者爲然, 足下之自處, 亦甚疎矣. 古之君子, 其自處與待人, 恐不如是也. 且抗鷦螟而擬大鵬, 祇見鷦螟之微, 餙嫫母而就西施, 益彰嫫母之陋, 僕所以忸怩怔營, 如醉如醒, 三日而不瘳也. 第君子於其所不敢當者, 亦不敢須臾處, 卽當持而納之, 顧其卓卓之辭, 燁燁之華, 諷誦之不足, 咀嚼之不厭, 乃敢冒昧而留之, 噫! 亦擬之過也. 抑又有一說焉, 詩人之辭, 固有因彼而著此, 爲人之作, 適足以自見者, 凡足下之引物連類, 極褒揚之美者, 以吾觀之, 可擬於僕者十無一二, 而可擬於足下者十居八九. "如春苑之紅綠, 昆陽之貔虎, 五陵之繡褥, 九折之駿馬, 駕海之帆, 沖漠之鵠, 酥也蘭也鶻也", 皆足下之能事. 雖謂之足下自述而陳之, 可也, 至於"崑玉之璀璨", 僕無其色, 而況其德乎? 安期之絶世, 僕有其願, 而迷其方也. 劍發豊城, 古則古矣, 光燄則吾未也, "氷出萬壑", 寒則寒矣, 淸澈則吾未也. "瘦如絶粒, 哀如鵑哭, 淨如鷗泛", 僕固嘗辛苦, 而皆莫之近者, 執此而推之, 餘可知矣. 足下乃欲引而躋之, 推而與之, 不自有其美, 不恤人之不及, 徒信筆而混施之, 不亦異乎? 況擧歷代風騷諸老, 而欲吏屬之臣僕之, 蚍蜉撼大樹, 不唯不勝, 而反以自困, 是足下與我俱當得罪於後世之君子矣. 斯非可懼之甚耶? 雖然, 足下年富而力强, 或者因吾之言, 圖所以發憤自致, 則其所至必過於古人, 吾將刮目而待之矣. 如僕衰朽之質, 加之以疾病, 無望於日進, 則亦日退而已. 爲之撫躬而浩歎也.

장난삼아 사수에게 주다. 2수 – 하서 김인후

戲贈士遂 – 河西 金麟厚[378]

반궁(頖宮)[379]에서 즐기던 4년의 정은

하늘에 머리를 돌려보면 만 리의 앞길이었네.

석 자 쌓인 먼지는 나의 늙음을 용납해 주고

한 자리의 푸른 눈[靑眼][380]은 선생을 고마워하였네.

소나무 사이에서 누가 양유기(養由基)의 과녁[381]을 부러워할까?

탑(榻) 위에서 서치(徐穉)의 이름을 들었네.[382]

---

378) 김인후(金麟厚 1510~1560): 조선 중기의 유학자・문신. 본관은 울산. 자는 후지(厚之), 호는 하서(河西) 또는 담재(湛齋). 열 살 때 김안국(金安國)에게서 『소학』을 배웠고, 1531년에 성균사마시에 합격하여 성균관에 입학, 이황(李滉) 등과 교우가 두터웠다. 시문에 능하여 10여권의 시문집을 남겼으나 도학에 관한 저술은 많지 않다. 그러나 성리학 이론은 유학사에 있어서 중요한 위치를 차지하고 있는데, 당시 이항(李恒)과 기대승(奇大升)사이에 논란되었던 태극음양설에 대하여 이항의 태극음양일물설(太極陰陽一物說)을 반대한 기대승에 동조하여, 인심과 도심은 다 그 동처(動處)를 두고 이른 말임을 주장함으로써, 후일 기대승의 주정설(主情說)형성에 깊은 영향을 미쳤다고 할 수 있다. 천문・지리・의약・산수・율력(律曆)에도 정통하였다. 제자로는 정철(鄭澈)・변성온(卞成溫)・기효간(奇孝諫)・조희문(趙希文)・오건(吳健) 등이 있다. 시호는 문정(文正)이다.

379) 반궁(頖宮): 서주(西周) 시대 제후가 둔 학궁. 오늘의 성균관이다. 『禮記』 王制. "天子日辟雍, 諸侯日頖宮".

380) 푸른 눈[靑眼]: 마음이 통하는 절친한 벗을 이르는 말. 진(晉) 나라 완적(阮籍)은 죽림칠현의 한 사람으로 자유분방하게 살았다. 그는 예의를 차리는 사람을 보면 흰자위가 많은 눈으로 보고 술을 즐기고 놀기를 좋아하는 사람을 보면 푸른 눈으로 대하였다고 한다. 선생은 누구를 말함인지 알 수 없다. 『晉書』 阮籍傳.

381) 양유기(養由基)의 과녁: 양유기는 춘추 시대 초나라 대부. 활의 명수였다. 그는 백 보 밖에서 버들잎을 명중시켰다고 한다. 여기서는 금호공이 활을 짤 쏘아 이런 말을 한 것이다. 『漢書』 枚乘傳.

382) 탑(榻) 위에서 서치(徐穉)의 이름을 들었네: 탑은 사람이 앉는 걸상. 서치(徐穉)는 후한 남창 사람. 자는 유자(孺子). 훌륭한 고사(高士)였다. 태수

잎 떨구는 서풍에 나 또한 취하니
옛날 아이의 살쩍이 어느덧 눈 맞은 머리 되었네.

頖宮行樂四年情, 回首雲霄萬里程.
三尺紅塵容老子, 一場靑眼謝先生.
松間誰羨養由的, 榻上應聞徐穉名.
落葉西風吾亦醉, 昔時兒鬢雪添莖.

말없이 서로 옛날의 정을 떠올려 보니
호남과 한수 북쪽의 먼 길이 막혀있네.
시원한 가을 개인 빛 숲가에 비추고
초저녁 가벼운 연기 처마 밖에서 생기네.
은대(銀臺)[383]에서 글을 지음에 그대는 걸음을 떨쳤고
연방(蓮榜)[384]의 은택을 입어 나와 이름을 함께 했네.
시를 읊는 사이에 가장 다정하게 되니
왼손으로 잔을 잡으면서 나물 안주를 씹었네.

脈脈相看昔日情, 湖南 漢北是長程.
高秋霽景林邊照, 薄暮輕烟簷外生.
染翰銀臺君振步, 霑恩蓮榜我連名.
吟餘最是多情思, 左手持杯嚼菜莖.

진번(陳蕃)이 탑을 걸어놓았다가 서치가 오면 내려앉게 하였다고 할 만큼 융숭한 대우를 받았다. 여기서는 하서(河西) 선생이 탑에 앉은 금호공의 명성을 잘 들었다는 말이다. 『高士傳』 下.

383) 은대(銀臺): 승정원의 다른 이름.

384) 연방(蓮榜): 진사시의 방. 곧 진사시에 합격하는 일이다.

사수에게 주다

贈士遂

평생에 나를 알아주는 사람 적은데
눌재(訥齋)[385]는 나의 자기(子期)[386]와 같네.
말의 암수를 알 수 없으니
어찌 노랑말인지 검은 말인지를 물을까?
경인년에 부음을 들었고[387]
묘에 술을 올린 지 이미 4년 되었네.
그대 이름 들은 지 오래 되어
오늘에 와서 새로 아는 벗 되었네.
선생을 위하여 슬픈 생각나니
십년 동안 눈물이 흐르려 하였네.

---

385) 눌재(訥齋): 박상(朴祥 1474~1530)으로 조선 중기의 문신이다. 본관은 충주(忠州). 자는 창세(昌世), 눌재(訥齋)는 호이다. 1496년(연산군 2) 진사가 되고, 1501년 식년문과에 을과로 급제하여 1505년 외직으로 전라도사(全羅都事)를 지냈다. 1515년 순창군수 김정(金淨)과 함께 상소하여 중종반정으로 폐위된 단경왕후 신씨(端敬王后愼氏)의 복위를 주장하고, 또한 박원종(朴元宗) 등 3훈신(勳臣)이 임금을 협박하여 국모를 내쫓은 죄를 바로잡기를 청하다가 중종의 노여움을 사서 오림역(烏林驛)으로 유배되었다. 청백리(淸白吏)에 녹선(錄選) 되었으며, 성현(成俔)・신광한(申光漢)・황정욱(黃廷彧) 등과 함께 서거정(徐居正) 이후 4가(四家)로 칭송된다. 저서로는 『눌재집』이 있다. 시호는 문간(文簡)이다.

386) 자기(子期): 종자기(鍾子期)를 이르는 말. 춘추 시대 초나라 사람. 거문고를 잘 타는 백아(伯牙)의 친구로 그의 연주를 가장 잘 이해하였다. 종자기가 죽자 백아는 세상에서 자기의 음률을 알아줄 사람이 없다하여 거문고의 줄을 끊었다고 한다. 여기서는 절친한 친구를 말하는 것이다. 『呂氏春秋』 本味.

387) 경인년에 부음을 들었고: 경인년은 박상(朴祥)이 죽은 해인 1530(중종 25)년이다.

시험 삼아 이천(黟川)의 먹을 갈아
잠시 박명한 시를 썼네.

生平少知遇, 訥齋吾子期.
不知馬牝牡, 安問黃而驪.
聞訃庚寅年, 酹墓已四朞.
君名聽亦久, 今日是新知.
感愴爲先生, 十載淚欲垂.
試磨黟川墨, 暫寫薄命詩.

사수가 성문을 떠나려 할 때 작별의 시를 요구하여 써주다
士遂將出城, 求別詩

나의 벗 임동년(林同年)[388]은
시를 요구함이 어찌 이리 급한가?
어제 와서 원망하는 말이 있었는데
나에게 물은 일 어찌 잊었단 말인가?
가끔 그대의 시를 보면
이별의 시장(詩章)에 흩어져 있었네.
홀로 나에게는 아무런 말을 주지 않았으니

388) 임동년(林同年): 동년은 같은 해에 함께 과거에 급제한 사람을 이르는 말. 금호공이 하서 김인후와 함께 과거에 급제하였다.

이 뜻은 자상하게 알기 어렵네.
내가 말하기를 (시를 요구함이) 어찌 어려움이 있을까?
그대가 일찍이 요구하지 않았기 때문이지.
견여(肩轝)로 찾으려 함에 밤새도록 흥취가 솟았는데
갑자기 찾을 방향을 헤매는 듯하네.
오늘 아침 내가 홀로 취하니
시상이 어찌 갈수록 미쳐가는가.
잠깐 취중의 뜻을 써서
이것으로 서로 이별의 장을 위로하였네.
삼청동에서 문득
그대와 함께 말머리를 날린 일 생각나네.
가을바람이 소매 속에 들어올 때
이조의 좌랑(佐郞)으로 허리를 굽힌 일[折腰][389] 있었지.
이어 오는 여러 동년(同年)의 형들은
벌여 섬에 엄연히 항렬을 이루었네.
석 잔 넉 잔의 술을 마시고
중당에서 붓을 던져버렸지.
술에 취하여 문밖에 나오니
거동은 어찌 그리도 급했던가?
끝내 스스로 몸을 살피지 못하고
훈도방(薰陶坊)으로 거꾸로 실려 왔었지.
이제 와 이미 4년이 되었으니

---

389) 허리를 굽힌 일[折腰]: 절요는 몸을 굽혀 남을 섬기는 일. 곧 금호공이 이조 좌랑으로 허리를 굽히고 근무했다는 말이다. 『晉書』 隱逸傳 陶潛. "吾不能爲五斗米折腰".

만남은 적고 작별의 한만 기네.
어찌하면 또 서로 만나보고
다시 이 그리운 마음을 돌릴 수 있을까?
바람과 서리가 겨울의 추위를 핍박하니
초목은 산빛을 마르게 하네.
헤어진 뒤에 산천이 서로 막혀
먼눈으로 보면서 부질없이 방황하였네.

吾友林同年, 求詩何太忙.
昨來有怨語, 問余何相忘.
往往見君詩, 播在離別章.
獨不贈我言, 此意其難詳.
我云亦何難, 在君求未嘗.
訪肩聳終夕, 忽忽如迷方.
今朝我獨醉, 詩思何顚狂.
暫寫醉中意, 慰此相別場.
忽憶三淸洞, 與君鑣齊揚.
秋風入懷袖, 折腰吏部郎.
繼來諸年兄, 列立儼成行.
飮酒三四鍾, 落筆於中堂.
酩酊出門外, 擧止何倉皇.
終然不自省, 倒載薰陶坊.
于今已四載, 會少別恨長.
如何又相見, 復此回愁腸.
風霜逼冬寒, 草木凋山光.
解手隔山川, 睇視空徊徨.

관서로 가는 사수를 보내며
送士遂關西之行

네 낭관이 바닷가에 놀던 곳이요
두 사람이 고사리를 캐던 터일세.
길은 고려 왕공의 성곽(개성)을 지나고
지방은 기자(箕子)가 살던 곳을 만났네.
가을이 깊음에 모래톱은 멀리 있고
성곽이 오래 됨에 나무 그늘이 드물게 있네.
만 리에 가는 그대 행차 늦어가는데
서리바람은 이별의 소매를 스치네.

四郎游海地, 二子採薇墟.
路歷王公郭, 邦遭箕子居.
秋深沙渚遠, 城古樹陰疎.
萬里君行晩, 霜風動別裾.

사수가 설산으로 가는 나의 행차를 작별하면서 주상을 잊지 말고 직무를 욕되게 하지 말고 술을 절제하고 글 읽기를 좋아하라는 말로 써주었다. 병오년 여름에 장성에 집을 정하고 우연히 그 시를 꺼내 보다가 감회가 있어 그 시에 화운하다. 4수

士遂別我雪山之行, 以不忘君不忝職節飮好讀爲贈. 丙午夏, 家居長城, 偶閱而有感, 因依其韻和之

군왕의 총애와 어버이 은혜는 하늘의 은덕을 함께 받는 것이지만
한 몸으로 충효의 두 가지를 온전히 하기 어렵네.
고향 가까운 경지에 돌아가 부모를 봉양하고
일월의 남은 세월 수연(壽筵)에 가득했네.
고당에서 음식을 올림에 영광이 극진하고
두 임금이 돌아가시니 아픈 마음이 이어졌네.
성상을 받들 길이 끊어져[攀髥][390] 남쪽 지방 멀리 가니
해바라기[葵藿]의 작은 정성[391]이 병 속에 치우쳤네.

君寵親恩共昊天, 一身忠孝兩難全.
湖山近境便歸養, 日月餘光滿壽筵.
一餉高堂榮已極, 兩宮仚馭慟相連.
攀髥路絶南荒遠, 葵藿微誠病裡偏.

---

390) 성상을 받들 길이 끊어져[攀髥]: 반염은 제왕의 붕어를 뜻하는 말. 먼 옛날 황제가 형산 아래에서 솥을 주조하고 용을 타고 하늘로 올라갈 때 여러 신하와 후궁이 따라갔는데 용을 타지 못한 신하들이 용의 수염을 잡고 늘어지자 용의 수염이 빠지면서 황제의 활과 함께 떨어졌다고 한다. 『史記』 封禪書.
391) 해바라기[葵藿]의 작은 정성: 규곽은 임금 또는 위 사람을 사모하는 마음을 뜻하는 말. 『三國志』 魏志 陳思王植傳. "若葵藿之傾葉".

벼슬살이는 무심히 가파른 산에 이르렀는데
게으른 나에게는 나라의 안위(安危)가 매이지 않았네.
세 조정에서 녹을 먹으니 은총이 이었고
한 번 병으로 관사(官事)를 쉬면서 세월을 보냈네.
힘을 헤아려 일을 함에 후회가 없음을 알겠고
마땅한 방법을 따름에 도리어 경영하는 일이 기쁘네.
지난 일을 추억하면 참으로 우습기만 하니
인선(麟楦)[392]의 당년에 몇 번이나 자리만 지켰나?

宦路無心巧抵巇, 疎慵況不繫安危.
三朝食祿承恩寵, 一病休官歷歲時.
量力方知無悔吝, 隨宜還喜省營爲.
追思往事眞堪笑, 獜楦當年位幾尸.

만고의 한가한 회포를 어느 곳에 쏟을까?
백년의 세월은 광풍과도 같았네.
성인은 일찍이 헤아릴 수 없이 마신 일 있고[393]
선인들은 오히려 술 빚는 방법을 보존하고 있네.
마음은 복희·신농을 따라 소박한 데로 돌아왔고

392) 인선(麟楦): 나귀에게 기린 형상의 가죽을 씌우는 일. 곧 겉과 속이 다름을 비유한 말이다. 여기서는 자신이 속에 찬 것도 없이 벼슬자리만 지키고 있었음을 겸양하여 이른 말이다. 『太平廣記』 二百六十五. “每見朝官, 目爲麒麟楦許怨”.

393) 성인은 일찍이 헤아릴 수 없이 마신 일 있고: 공자는 술을 좋아하고 많이 마셨지만 취하여 혼미한데까지는 이르지 않았다. 『論語』 鄕黨. “惟酒無量, 不及亂”.

일은 사냥이나 여색을 탐하여 음탕한 데로 나갔네.
조용히 수작하는 일 방법이 없는 것 아닌데
일상생활 주선함에 무엇 때문에 바쁘기만 한가?

萬古閑懷何處瀉, 百年浮景似風狂.
聖人曾有無量飮, 仙客猶存作酒方.
心逐羲農回素朴, 事殊禽色趁淫荒.
從容酬酢無非道, 日用周旋有底忙.

성상의 세대에 우연히 미나리[芹曝][394]를 팔아 올리니
영주(瀛洲)[395]의 옥난간에 기대어 재주 없음을 부끄러워하였네.
한 말이 나라의 마방간에서 사육함에 익숙지 못하였고
가죽나무가 어찌 나라의 정원에 배양함이 마땅할까?
소문이 실제보다 크니 빗물에 고인 물이 부끄럽고[396]
공부는 착실하게 하지만 일과는 녹이 쓸 지경일세(封苔).[397]
가지를 찾고 잎을 땀은[398] 한가한 일이나

---

394) 미나리[芹曝]를 팔아: 근폭은 말린 미나리. 보잘 것 없는 선물을 이르는 말이다. 곧 하서 선생이 보잘 것 없는 글을 지어 과거에 합격한 것을 겸양하는 말로 쓴 것이다. 劉克莊 〈居厚弟和七十四吟 再賦詩 二〉.

395) 영주(瀛洲): 독서당을 이르는 말. 당태종이 문학관을 설치하고 두여회·방현령 등 18학사를 선발하여 임명한 데서 유래하였다. 하서 선생은 금호공과 함께 독서당에서 글을 읽은 적이 있다.

396) 빗물에 고인 물이 부끄럽고: 빗물에 고인 웅덩이는 오래 버티지 못하고 금방 증발한다. 이와 같이 빈 명예는 오래 가지 못한다는 말이다. 『孟子』 離婁下.

397) 일과는 녹이 쓸 지경일세(封苔): 봉태는 녹이 쓰는 일. 곧 공부는 착실하게 하지만 일과에 녹이 쓴다는 말이다.

398) 가지를 찾고 잎을 땀은: 사소한 곳에만 마음을 기울이는 일. 嚴羽의 『滄浪詩話』 詩評.

배움을 좋아하기는 누항(陋巷)의 안회(顔回)[399]라 들었네.

聖代偶售芹曝獻, 瀛洲倚玉愧非才.
駑駘未慣天閑養, 樗櫟寧宜禁苑培.
聲譽過情慙集雨, 工夫着實課封苔.
尋枝摘葉渾閑事, 好學吾聞陋巷回.

금년 가을에 판관 임군 사수가 나에게 작별을 고하기에 시를 부쳐주기로 약속하였다가 지금 회령부백(會寧府伯) 유군(柳君)의 부임행차에 써서 보낸다. 내가 임군에게 시를 써 주는 일은 어려운 점이 있으니 감히 할 수 있는 일일까 마는 전날 약속한 말을 실천할 뿐이다 – 홍상 언필

今年秋, 判官林君士遂告別於僕, 僕約以寄詩, 今因府伯柳公之行, 書以送之. 吾於君也, 投詩難矣, 其敢也, 用以踐吾前言耳 – 洪相彦弼[400]

---

399) 안회(顔回): 공자가 가장 아끼던 제자의 이름. 자는 자연(子淵). 가난하게 살면서도 배우기를 좋아하였다.

400) 홍언필(洪彦弼 1476~1549): 조선 중기의 문신. 본관은 남양(南陽). 자는 자미(子美), 호는 묵재(默齋). 1504년(연산군 10) 문과에 급제하였으나, 갑자사화에 연루되어 진도로 귀양 갔다가 중종반정 이후 사면되었다. 1519년 병조에서 참지·참의를 지내고, 우부승지에 재임 중 기묘사화가 일어났다. 이때 조광조(趙光祖)와 내외종간이기 때문에 그 일파로 지목되어 옥에 갇혔으나, 영의정 정광필(鄭光弼)의 변호로 풀려났다. 1545년(인종 1) 영의정이 되어 영중추부사·영경연사를 겸하였으며, 명종이 즉위하여 문정왕후(文定王后)가 수렴첨정하자 윤원형(尹元衡)이 윤임(尹

산산(蒜山)에 작게 은거하면서 즐기고 살아
일찍이 파선(坡仙)[401]과 함께 친분이 깊었네.
옛날 송나라의 이두(李杜)[402]라 칭하고
우리나라 오늘에 다시 소세양과 임사수(林士秀)를 칭하네.
중화의 사신과 문예를 다툴 때 함께 성루(城壘)를 갈았고
연막(蓮幕)[403]에서 운주(運籌)할 때 홀로 옷깃을 끌었네.
두 곳의 풍류의 회포 서로 막히지 않았으니
냄새는 난초 같고 예리함은 쇠와 같네.

蒜山小隱堪爲樂, 早與坡仙契分深.
大宋昔年稱李杜, 我東今日更蘇林.
皇華戰藝齊磨壘, 蓮幕籌邊獨曳襟.
兩地風懷知不阻, 臭如蘭馥利如金.

任)·유관(柳灌)·유인숙(柳仁淑) 등을 제거하려고 을사사화를 일으키니, 이에 가담하여 추성위사홍제보익공신(推誠衛社弘濟保翼功臣) 1등에 책록되고, 익성부원군(益城府院君)에 봉하여졌다. 시호는 문희(文僖)이다.

401) 파선(坡仙): 본래는 소동파를 이르는 말. 여기서는 소세양(蘇世讓)의 성이 우연히 소동파와 같고 문장이 뛰어나 소세양을 이르는 말로 보인다.

402) 송나라의 이두(李杜): 이소(李韶)와 두범(杜範). 두 사람은 모두 청렴하기로 이름이 났다.『宋史』李韶傳.

403) 연막(蓮幕): 군막을 아름답게 이르는 말. 남제의 왕검(王儉)이 막부를 찬미하여 연화지라고 한 데서 유래되었다.『南史』分杲之傳.

회령부에 부임하는 임판관을 보내며. 서문을 함께 쓰다 – 양곡 소세양

送林判官赴會寧府 竝序 – 陽谷 蘇世讓[404]

임군 사수가 홍문관 수찬에서 회령부 통판(通判)[405]이 되니 대체로 조정의 여론 때문이었다. 우리나라의 북쪽 지방이 해마다 자주 흉년이 들어 백성들이 서로 유리함에 변방의 지방관이 된 자는 법도를 따르지 않고 그들을 해치는 일이 많았다. 조정의 의론이 이를 걱정하여 왕의 측근에 이름 있는 신하로 지방관의 직무를 주어 도내의 탐학 하는 자로 하여금 깨우쳐 중지하는 바가 있게 하였다. 이리하여 임군이 제일 먼저 그 선발에 응하게 되었다. 조정에서 벼슬하는 자들이 함께 그가 가는 것을 애석하게 여겼지만 만류하지는 못함에 시와 노래를 지어 그가 임지로 가는 행차에 부쳐주었다.

내가 생각건대 선비의 이름이 한 가지가 아니다. 머리가 희도록 경서를 연구하면서 창 아래에서 죽는 자는 장구(章句)나 연구하는 선비이다. 산수 간에서 글을 지으면서 고치는 뜻을 오로

---

404) 소세양(蘇世讓 1486~1562): 조선 전기의 문신. 본관은 진주(晋州). 자는 언겸(彦謙), 호는 양곡(陽谷)·퇴재(退齋)·퇴휴당(退休堂). 1504년(연산군 10) 진사시에 이어 1509년(중종 4) 식년문과에 을과로 급제하였다. 1537년 형조·호조·병조·이조판서를 거쳐 우찬성이 되었고, 이듬해 성주사고(星州史庫)가 불타자 왕명에 따라 춘추관(春秋館)의 실록을 등사, 봉안하였다. 1545년(인종 1) 윤임(尹任) 일파의 탄핵으로 사직하였고, 이해 명종이 즉위한 후 을사사화로 윤임 등이 몰락하자 재기용되어 좌찬성을 지내다가 사직하고 익산에 은퇴하였다. 문명이 높고 율시(律詩)에 뛰어났으며, 글씨는 송설체(松雪體)를 잘 썼다. 시호는 문정(文靖)이다.

405) 통판(通判): 판관(判官: 종 5품)을 중국식으로 부르는 말.

지 하는 자는 문자만을 짓는 선비이다. 조정에 들어가서는 제왕의 문장을 화려하게 지어주고 외방에 나가서는 한 구역을 잘 어루만져 조정으로 하여금 교화를 빛나게 하고 백성들로 하여금 은택을 입게 하는 것은 참된 선비의 쓰임이다.

군은 약관에 과거에 합격하여 재주가 온 세상을 덮으니 마땅히 문장으로 쓰일 터이지만 이번에 이런 부임이 있으니 후일에 참된 선비의 책임을 맡길 자는 그대가 아니고 누구이겠는가? 나는 늙어 헛된 이름으로 성상의 은혜를 그르치고 앉아 영화와 녹봉만을 누리면서 평생 동안 북쪽의 한 고을에도 달려가 엿보지 못하다가 오늘에 그대의 행차를 바라보니 더욱 느끼는 바가 있다.

지난봄에 내가 화찰(華察)과 설정총(薛廷寵) 두 조사(詔使)를 압록강에서 맞이하고 보내는 일로 최연지(崔演之)·엄계소(嚴啓昭)와 그대도 함께 하였으니 사실은 종사관이었다. 사신을 접대하는 일을 주선하면서 나의 허물을 면하게 한 자는 모두 공 등의 힘이었다. 지금 멀리 작별함을 당하여 말을 아니 할 수 없어 우선 이것으로 써 보낸다.

林君士遂以弘文修撰, 出爲會寧府通判, 盖用廷議也. 北路歲比不登, 民胥流離, 而受邊寄者, 不遵軌度, 多以賊敗. 朝議有憂之, 請以經幄名臣, 間授字牧之任, 俾一道貪饕有所警戢. 於是, 林君首應其選. 朝中搢紳之士, 咸惜其去而不可留也, 則作爲歌詩, 以贐其行. 余惟儒之名非一. 皓首窮經, 老死牖下者, 章句儒也. 吟哦山水, 專意敲推者, 文字儒也. 入以黼黻皇猷, 出以鎭撫區域, 使朝廷熙化, 民物蒙澤者, 眞儒之用也. 君弱冠登第,才華盖一世, 宜以文章致用, 而乃有是行, 他日任眞儒之責者, 非子而誰歟? 余則老矣, 虛名誤恩, 坐享榮祿, 平生不窺走北路一面, 今日望君之行, 益有所感矣. 去春, 余以迎送華薛兩詔使于江上, 子與崔演之・嚴啓昭, 實從事焉. 周旋儐接, 免余過愆者, 皆公等之力也. 玆當遠別, 不可以無言, 姑以是贈之.

조정에서 근일에 변방의 관새(關塞)를 중히 여겨
지방 수령을 뛰어난 인재[玉笋][406]로 뽑았네.
맑은 지조는 진실로 삭방의 읍[朔野]을 놀라게 하고
위세의 성망(聲望)은 먼저 산융(山戎)의 산야에 떨치네.
세상에 나가고 물러섬을 신망 있게 함에 마음에 누됨이 없고
세운 공적은 수염이 얼룩지기 전에 세웠음을 보겠네.
성대(聖代)에 돌아올 일[賜環][407] 머지않았으니
동호의 풍물은 잠시 한가하겠네.

朝廷近日重邊關, 牧守還從玉笋班.
淸節固應驚朔野, 威聲先已振胡山.
行藏自信心無累, 勳業當看鬢未斑.
聖代賜環終不遠, 東湖風物暫時閑.

---

406) 뛰어난 인재[玉笋]: 옥순은 죽순을 아름답게 부르는 말인데 후세에 뛰어난 인재를 이르는 말로도 쓰였다. 『新唐書』 李宗閔傳. "若唐沖・薛庠・袁都等, 世謂之玉笋".

407) 돌아올 일[賜環]: 사환은 외지로 나간 신하가 소환됨을 이르는 말. 환은 동구란 고리로 된 옥으로 돌아와 만날 뜻으로 주는 선물이다. 『荀子』 大畧. "與之環則還, 與之玦則絶".

수찬에서 회령판관으로 부임하는 처조카 임사수를 보내며 – 기재 신광한

送妻姪林士遂從修撰出佐會寧 – 企齋 申光漢

너의 집에서 일찍이 생남[弄璋]의 경사[408]를 볼 때
무릎 위의 기린(麒麟)[409]은 기특한 인물임을 알았네.
이미 시와 서에 거벽임을 허락했고
남아가 태어남에 화살[弧矢]을 쏘아[410] 축하하였네.
옥당과 금마문(金馬門)[411]에 있을 때 구름이 발에서 생겼고
북방의 변경 음하(陰河)[412]에 눈이 깃발을 비추네.
산은 동서가 합하여 장상(將相)의 인재를 기대하니
한 몸이 문무의 재주 있어 함께 기대가 크네.

渠家曾見弄璋時, 膝上麒麟識絶奇.
已許詩書成巨擘, 不妨弧矢作男兒.
玉堂金馬雲生步, 紫塞陰河雪暎旗.
山合東西須將相, 一身文武與爲期.

---

408) 생남[弄璋]의 경사: 농장은 아들을 난 것을 이르는 말. 고대에 아들을 낳으면 장(璋)을 노리개로 준 데서 유래한 말이다. 『詩經』 小雅 斯干.

409) 기린(麒麟): 상서로운 동물. 여기서는 '天上石麒麟'을 이르는 말이다. 보지(寶誌)란 스님이 업혀 있는 서릉(徐陵)의 인품이 뛰어남을 보고 '천상석기린'이라고 칭찬한 데서 온 말이다. 『南史』 徐陵傳.

410) 화살[弧矢]을 쏘아: 고대에 제후의 세자가 태어나면 쑥대 화살을 메기어 천지 사방에 쏘아 원대한 뜻을 갖도록 기대하던 일. 『禮記』 內則.

411) 금마문(金馬門): 학사들이 황제의 조명(詔命)을 기다리는 문. 옥당과 함께 선비들이 가장 선망의 대상이 되는 곳이다. 때문에 신선처럼 구름이 발에서 생겼다고 하였다. 『史記』 滑稽傳.

412) 음하(陰河): 북방에 있는 하수. 곧 두만강을 이르는 말로 보인다.

제주목사 임형수를 보내며
送濟州牧林亨秀

나이는 젊고 마음 너그러움에 흰 머리인 내가 상심되니
바다 하늘 어느 곳으로 나는 듯한 배를 보내는가?
험한 물결 고래 등은 구름 속에 검고
귤 열매는 따뜻한데 눈 내린 뒤에 노랗구나.
물건이 풍부하니 모두 배율(排律)의 시 속에 들어오고
맑은 회포는 오래도록 술을 끌어 부쳤네.
한 집안의 악기[管鑰][413]가 남북으로 나뉘어지니
두 곳의 경관은 사랑을 받으리라.

年少寬心白首傷, 海天何處送飛艎.
鯨鯢浪惡雲中黑, 橘柚林暄雪後黃.
物象盡輸排句壯, 淸懷都付引杯長.
一家管鑰分南北, 兩地風烟接寵光.

413) 악기[管鑰]: 관약은 생황 퉁소 따위의 관악기. 금호공은 신광한의 처질이었기 때문에 한 집안이라 말하고 관약은 이들이 둘 다 풍류가 뛰어나 관약으로 비유한 말로 보인다. 『孟子』 梁惠王 下. "管籥之音".

오산[회령]으로 가는 통판[판관] 임사수를 삼가 전송하다 - 호음 정사룡

奉送林通判士遂還鰲山 - 湖陰 鄭士龍[414]

모수(毛遂)의 송곳과 큰 칼도 가볍게 여길 만하니[415)]
세상을 다스리는 경륜은 한 사람의 경상이 될 만하네.
빈하(邠夏)의 총융(摠戎)은 원래 학사였고[416)]
서량(西凉)[417)]의 상장군은 본래 서생이었네.

---

414) 정사룡(鄭士龍 1491~1570): 조선 중기의 문신·문인. 본관은 동래(東萊). 자는 운경(雲卿), 호는 호음(湖陰). 1514년 사가독서(賜暇讀書) 하였고, 1516년 황해도도사로서 문과중시에 장원하였으며 사간을 거쳐 1523년 부제학이 되었다. 일찍이 중국에 사신으로 가서 문명을 떨쳤을 뿐만 아니라 여러 번 중국 사신을 접대하는 동안 중국인과 주고받은 시가 많았다. 특히 칠언율시에 능하였으며, 당시 문단에서 그와 신광한(申光漢)을 쌍벽으로 꼽기도 하였다. 관료적인 시인으로 시문·음률에 뛰어났고 글씨에도 능했으나 탐학하다는 비난을 받았다. 저서로는 『호음잡고』·『조천록』 등이 있다.

415) 모수(毛遂)의 송곳과 큰 칼도 가볍게 여길 만하니: 모수는 전국시대 조나라 사람 평원군의 식객. 조나라의 도읍 한단(邯鄲)이 진군에게 포위되자 자진하여 평원군을 따라 초나라에 가서 초왕을 설득하여 양국이 연합하여 진나라를 치는 합종의 협약을 맺게 하고 돌아왔다. 처음 평원군에게 자진하여 가기를 청하니 평원군은 말하기를, "선비가 세상에 처하는 데는 송곳이 주머니 속에 처한 것 같아 조금만 움직여도 끝이 보이는데 그대는 아무런 특점이 없다."고 모수를 달게 여기지 않자, 모수는, "제가 주머니 속에 처하면 자루까지 보이게 하겠다."고 하고 따라가 초왕 앞에서 칼을 어루만지며 앞으로 나가 기어이 합종의 협약을 성공시켰다. 여기서는 금호공이 모수와 같은 사람도 가볍게 볼 수 있다는 말이다. 『史記』 七十六.

416) 빈하(邠夏)의 총융(摠戎)은 원래 학사였고: 빈(邠)은 주(周)나라의 선조 공유(公劉)의 나라 이름. 빈하는 주나라를 뜻하는 말로 보인다. 총융은 군대의 총수. 주무왕이 폭군 주왕(紂王)을 정벌할 때 군대의 총 책임자는 강태공이었다. 강태공은 원래 장수가 아니고 학사였다. 여기서는 금호공이 문무를 겸한 신하였기에 이렇게 말한 것으로 보인다.

총령(葱嶺)[418]에서 공을 이루려 붓을 던지고 갔고
연주에 경보가 급함에 따르던 일을 멈추었네.
다만 우리 무리도 붉은 띠를 이마에 띠기를 기다리니[419]
삭방의 백성과 산융(山戎)이 모두 이름을 알리라.

毛遂大劍可相輕, 理世經綸足一卿.
邠夏摠戎元學士, 西涼上將本書生.
功收葱嶺投毫去, 警急延州輟從行.
但待吾曺紅抹額, 朔方民虜盡知名.

417) 서량(西涼): 진말 오호십육국 때의 나라 이름. 이고(李暠)가 세운 나라. 상장은 누구인지 알 수 없다. 여기서도 금호공이 문무를 겸하여 서량의 상장군으로 비유한 것이다. 『十六國春秋』.

418) 총령(葱嶺): 중국의 파밀고원과 곤륜산맥 천산산맥을 아울러 이르는 말. 서역의 일부이다. 후한의 반초는 문학에 종사하다가 큰 뜻을 품고 무예에 종사하여 서역을 개척하여 큰 공을 세웠다. 여기서는 금호공도 이와 같기를 은근히 기대하는 말이다. 『後漢書』 七十七.

419) 우리 무리도 붉은 띠를 이마에 띠기를 기다리니: 당나라 누사덕(婁師德)은 서번(西蕃)을 칠 때 용사들이 이마에 붉은 띠를 띠고 와서 피아의 식별을 쉽게 하였다. 여기서는 금호공도 잊지 말고 피아를 잘 식별하라는 말이다. 『新唐書』 百三.

회령 군막에 부임하는 사수를 보내며 - 인재 홍섬

送士遂赴會寧幕 - 忍齋 洪暹[420]

금란전(金鑾殿)[421]에서 아울러 당년의 일을 기억하니
종이에 찬 주옥같은 시는 스스로 지은 것일세.
도기(陶器)는 부질없이 주옥 곁에 있음이 부끄럽고
관반(官班)을 대함에 나는 술 찌꺼기 앞에 있음이 부끄럽네.
군막으로 가니 갑자기 3년 동안 얼굴을 못 보겠고
시를 요구함에 부질없이 오색의 종이만 번거롭게 했네.
위수(渭樹)와 강동의 구름[422] 정이 어찌 다할까?
맑은 시름 안고 다시 가을 매미 소리 듣네.

金鑾幷直記當年, 滿紙珠璣咳唾邊.
瓦礫空慚珪璧側, 官班自愧粃糠前.
從戎遽隔三年面, 乞語空煩五色牋.
渭樹江雲情豈盡, 淸愁況復聽秋蟬.

---

420) 홍섬(洪暹 1504~1585): 조선 중기의 문신. 본관은 남양(南陽). 자는 퇴지(退之), 호는 인재(忍齋). 영의정 언필(彦弼)의 아들이다. 조광조(趙光祖)의 문인이다. 1528년(중종 23) 사마시에 합격하고, 1531년 식년문과에 병과로 급제, 정언을 지낸 뒤 1535년 이조좌랑으로서 김안로(金安老)의 전횡을 탄핵하다가 그 일당인 허항(許沆)의 무고로 흥양에 유배, 1537년 김안로가 사사(賜死)된 뒤 3년 만에 석방되었다. 그 뒤 수찬·부제학·경기도관찰사·대사헌을 거쳐, 1552년(명종 7) 청백리(淸白吏)에 녹선(錄選)되었다. 1571년(선조 4) 좌의정이 되어 궤장(几杖)을 하사받고 영의정에 승진되어 세 번이나 중임하였다. 문장에 능하고 경서에 밝았으며 검소하였다. 시호는 경헌(景憲)이다.

421) 금란전(金鑾殿): 당나라 때 문인 학사들이 천자의 조명을 기다리던 곳. 여기서는 궁중을 이르는 말로 보인다. 李白 〈贈從弟南平太守之遙〉.

422) 위수(渭樹)와 강동의 구름: 친구를 그리워하는 말. 두보가 이백을 그리워하며 지은 시다. 杜甫 〈春日憶李白〉. "渭北春天樹, 江東日暮雲".

회원[회령]의 좌막(佐幕)으로 가는 임사수를 보내며 – 송강 조사수

送林士遂佐幕會原 – 松崗 趙士秀[423)]

이월에는 중국의 사신을 따랐고
가을이 오면서 또 북쪽으로 가네.
시명은 중국에까지 알려졌고
장한 지략은 조정을 움직일 만 하였네.
이광(李廣)[424)]은 비장군(飛將軍)이란 말을 들었고
종동(終童)[425)]은 가장 어린 나이였네.
선우는 가까이 하지 말라
청평(青萍)[426)]이라는 용검을 가지고 있다.

二月隨華使, 秋來又北征.
詩名聞上國, 壯略動王庭.
李廣能飛射, 終童最妙齡.
單于莫須近, 龍劍有青萍.

---

423) 조사수(趙士秀 1502~1558): 조선 중기의 문신. 본관은 양주(楊州). 자는 계임(季任), 호는 송강(松岡). 1531년(중종 26) 식년문과에 갑과로 급제하여 정언·교리·보덕 등을 역임하고, 1539년 경차관(敬差官)으로 파견되어 성주사고의 화재 원인을 조사하기도 하였다. 그 뒤 제주목사·이조참판 등을 거쳐, 대사성·대사간·대사헌·경상도관찰사 등의 직책을 두루 역임하였으며, 다시 이조·호조·형조·공조의 판서를 거쳐, 지중추부사·좌참찬에 이르렀다. 시호는 문정(文貞)이다.

424) 이광(李廣): 한나라 사람. 무제 때 북평 태수가 되었고 활을 잘 쏘았다. 군사들을 사랑하여 용맹을 떨치자 흉노가 비장군이라고 불렀다. 『史記』 百九.

425) 종동(終童): 종군(終軍)을 이르는 말. 자는 자운(子雲). 벼슬은 알자급사중. 남월에 사신으로 갔다가 남월의 재상 여가(呂嘉)에게 살해되니 나이 겨우 20세였다. 세상 사람들이 종동이라고 불렀다. 『漢書』 六十四.

426) 청평(青萍): 보검 이름.

임사수를 보내며 – 석천 임억령
送林士遂 – 石川 林億齡[427]

우리 임금께서 지금 북쪽의 백성을 보살핌에
그대가 사신을 접대하는 일 거두었네.
흰 옥으로 칼집을 장식하였고
황금으로 말의 굴레를 새겼네.
용의 수염은 변방의 병졸이 괴이하게 여기고
원숭이처럼 긴 팔은 들에 있는 아이들이 놀라네.
진유(陳留)의 우(瑀)로 하여금
천추에 홀로 명예를 독차지하게 하지 말라.

吾君方北顧, 之子輟西淸.
白玉裝刀琫, 黃金鏤馬纓.
虬鬚邊卒怪, 猿臂野童驚.
莫使陳留瑀, 千秋獨擅名.

---

427) 임억령(林億齡 1496~1568): 조선 중기의 문신. 본관은 선산(善山). 자는 대수(大樹), 호는 석천(石川). 박상(朴祥)의 문인이다. 1516년(중종 11) 진사가 되었고, 1525년 식년문과에 병과로 급제하였다. 1545년(명종 즉위년) 을사사화 때 금산군수로 있었는데 동생 백령(百齡)이 소윤 일파에 가담하여 대윤의 많은 선비들을 추방하자, 자책을 느끼고 벼슬을 사퇴하였다. 뒤에 다시 등용되어 1552년 동부승지·병조참지를 역임하고, 이듬해 강원도관찰사를 거쳐 1557년 담양부사가 되었다. 그는 천성적으로 도량이 넓고 청렴결백하며, 시문을 좋아하여 사장(詞章)에 탁월하였으므로 당시의 현인들이 존경하였다. 저서로는 『석천집』이 있다.

회령으로 가는 임사수를 보내며 – 면앙 송순
送林士遂歸會寧 – 俛仰 宋純[428]

영웅은 예부터 재주 많음이 걱정이라
사람의 일이 누군들 다 쾌하기만 할까?
잠시 주상의 근신이 됨에 은혜가 무거웠고
오래도록 부모를 떠나 노는 자식 한을 누르기 어렵네.
어제 저녁 가을바람이 뜰의 나무를 놀라게 했는데
내일 아침엔 말안장에 올라 오랑캐가 있는 군막에 부임하리.
조서를 초하는 일 그대의 손을 빌리리니
봉지(鳳池)[429]에 응당 일찍 돌아오리라.

英雄自古患多才, 人事誰能盡快哉.
蹔借近臣恩荷重, 久違遊子恨難裁.
秋風昨夜驚庭樹, 鞍馬明朝赴虜臺.
草詔在今推子手, 鳳池應得早歸來.

---

428) 송순(宋純 1493~1582): 조선 중기의 문신. 면앙정가단(俛仰亭歌壇)의 창설자, 강호가도(江湖歌道)의 선구자. 본관은 신평(新平). 자는 수초(遂初) 또는 성지(誠之), 호는 기촌(企村) 또는 면앙정(俛仰亭). 1519년(중종 14) 별시문과에 을과로 급제, 승문원권지부정자를 시작으로 1520년 사가독서(賜暇讀書)를 마친 뒤 1524년 세자시강원설서(世子侍講院說書)가 되고 1527년 사간원정언이 되었다. 이후 전주부윤과 나주목사를 거쳐 70세에 기로소에 들고, 1568년(선조 1) 한성부좌윤이 되어 『명종실록』을 찬수하였다. 송순은 성격이 너그럽고 후하였으며, 특히 음률에 밝아 가야금을 잘 탔고, 풍류를 아는 호기로운 재상으로 일컬어졌다. 일찍이 박상(朴祥)과 송세림(宋世琳)을 사사하였고, 교우로는 신광한(申光漢)·나세찬(羅世纘)·이황(李滉)·송세형(宋世珩)·홍섬(洪暹)·임억령 등이 있다. 문하인사로 김인후·임형수(林亨秀)·노진(盧禛)·박순·기대승·고경명·정철(鄭澈)·임제 등이 있다.

429) 봉지(鳳池): 궁중에 있는 못. 남북조 때 봉황지 곁에 중서성이 있어 중서성을 이르는 말로 쓰였다. 『晉書』 荀勖傳.

회령에 부임하는 사수공과 작별하다 – 임호신

奉別士遂公赴會寧 – 任虎臣[430]

젊은 관료[棨戟][431]들이 문에 모이니

궁한 집의 모습[瘡瘢][432]을 살리기 위함일세.

산융(山戎)에 구름이 해를 가려 가을에도 어둡고

바다에 비가 바람과 함께 내림에 여름에도 춥네.

뜻이 장대하여 명주 조각을 버리니[433] 글이 배에 가득하고

재주가 웅대하여 격문을 씀에 머리가 갓을 찌르리라.[434]

---

430) 임호신(任虎臣 1506~1556): 조선 전기의 문신. 본관은 풍천(豊川). 자는 무백(武伯). 1531년 식년문과에 병과로 급제, 예문관검열・대교, 1533년에 세자시강원설서가 되어 동지사인 아버지의 서장관으로 북경에 다녀와서 예문관봉교가 되었으나 권신 김안로(金安老)에 의하여 황간현감으로 좇겨났다. 1545년 우부승지에 경연참찬관을 겸하고, 1546년에 우승지・도승지・가선대부(嘉善大夫)에 올랐다. 1551년에 성절사(聖節使)로 명나라에 다녀오고 이때 청백리에 녹선(錄選)되었다. 시호는 정간(貞簡)이다.

431) 관료[棨戟]: 계극은 관료들의 의장. 『後漢書』 輿服志 上. "縣長二人, 皆帶劍, 持棨戟前列".

432) 모습[瘡瘢]: 창반은 종기의 흉터. 여기서는 궁한 집의 모습을 살리기 위함이라는 뜻으로 보인다. 『後漢書』 馬廖傳.

433) 뜻이 장대하여 명주 조각을 버리니: 명주 조각[繻]은 중국 사람들이 관문을 통과할 때 관리가 옷에 달아주는 신표. 한나라의 종군(終軍)은 18세에 관문을 통과할 때 관리가 명주 조각을 달아주자 이를 버리고 가면서 말하기를, "남자가 뜻을 세워 서울에 가서 뜻을 이루지 못하면 두 번 여기를 통과하지 않을 것이니 이 신표는 어디에 쓰겠나?" 하였다. 뒤에 종군이 알자(謁子)가 되어 지방을 순시할 때 이 관문을 통과하니 전날의 관리가 보고 전날 신표를 버리고 간 자가 아닌가라고 하였다. 『蒙求』.

434) 재주가 웅대하여 격문을 씀에 머리가 갓을 찌르리라: 연 태자 단(丹)이 역수에서 자객 형가를 보낼 때 형가의 머리가 치솟아 관을 찔렀다. 여기서는 금호공이 임지에서 군사를 모으려고 격문을 쓸 때 기개가 있어 머리가 관을 찌른다는 말로 보인다. 駱賓王 〈易水歌〉. "此地別燕丹, 壯士髮衝冠".

북쪽 오랑캐의 마음과 담을 놀라게 할 것을 멀리서 알겠으니
군중에서 두 사람의 한씨(韓氏)[435]가 있다고 다투어 말하리라.

年少門施棨戟攢, 爲因窮閻活瘡瘢.
蠻雲滯日秋還暝, 海雨隨風夏尚寒.
志壯棄繻書滿腹, 才雄題檄髮衝冠.
遙知北虜驚心膽, 爭道軍中有二韓.

삼가 임사수가 편지로 보낸 시운에 잇다 - 간재 최연
謹賡林士遂簡寄詩韻 - 艮齋 崔演[436]

담력은 참으로 조자룡(趙子龍)[437] 같고

---

435) 두 사람의 한씨(韓氏): 한유(韓愈)와 한기(韓琦). 한유는 당 나라 사람으로 문장에 뛰어났으며 한기는 송나라 사람으로 인품이 훌륭하여 정승에 이르렀다. 여기서는 금호공이 두 사람처럼 문장도 훌륭하고 인품도 훌륭하다는 말이다.

436) 최연(崔演 1503~1549): 조선 중기의 문신. 본관은 강릉(江陵). 자는 연지(演之), 호는 간재(艮齋). 1519년(중종 14) 사마시를 거쳐 1525년 식년문과에 을과로 급제하여 예문관검열이 되고, 이어 저작에 올랐다가 사가독서(賜暇讀書)를 하고 설서·사서를 거쳐 1531년에 김안로(金安老)의 전횡을 고변하고 홍문관수찬에 올랐다. 을사사화가 일어나자 이기(李芑)·임백령(林百齡) 등 소윤에 가담하여 위사공신(衛社功臣) 3등에 책록되고 동원군(東原君)에 봉해졌으며 가의대부에 올랐다. 1548년 지중추부사·겸지의금부사(兼知義禁府事)를 거쳐, 이듬해 동지사(冬至使)로 명나라에 가던 중 평양에 이르러 병사하였다. 시문에 능하여 국가에서 주관하는 교서·책문을 주로 담당하였고, 어제시(御製詩)에 항상 수석 또는 차석을 차지하여 왕의 총애를 받았다. 시호는 문양(文襄)이다.

437) 조자룡(趙子龍): 삼국 때 촉의 조운(趙雲). 자가 자룡이다. 봉호는 영창정후. 시호는 순평(順平)이다. 공손찬을 따르다가 유비에게 귀의하여 익군

봉의 깃털[鳳毛][438]은 지금 사초종(謝超宗)[439]임을 알았네.
새로 임명된 은택에 천리 밖으로 가니
매양 서울을 바라보며 구중궁궐 생각하리.
오래도록 꿈속에서 그대의 얼굴을 찾겠고
교제의 친분은 겸공(鶼蛩)[440]이 의탁함과 같네.
그대는 괴롭게 어버이를 그리는 눈물을 뿌릴 것이니
노래자(老萊子)[441]의 옷이 다 낡아지면 누가 기워줄까?

膽氣眞如趙子龍, 鳳毛今識謝超宗.
新銜恩命歸千里, 每望京華憶九重.
長把夢魂尋面目, 謾將交契托鶼蛩.
知君苦洒思親淚, 綻盡萊衣孰補縫.

장군에 올라 많은 전공을 세웠다. 『三國志』 三十六.

438) 봉의 깃털[鳳毛]: 자손이 그 부조의 훌륭한 재주를 이음을 이르는 말. 『世說新語』 容止. "南朝人, 通稱人子才, 似其父者, 爲鳳毛".

439) 사초종(謝超宗): 사령운(謝靈運)의 손자. 문사가 뛰어나 황문랑에 올랐으나 재주를 믿고 주사(酒邪)를 부리다가 좌천되었다. 『南史』 十九.

440) 겸공(鶼蛩): 두 가지의 동물 이름. 겸이란 새는 암수 모두 눈과 날개가 하나씩 있어 짝을 이루지 못하면 보지도 못하고 날지도 못한다는 전설상의 새. 비익조(比翼鳥). 공이란 짐승은 북해에 사는데 업기를 잘하지만 엎드려 풀을 뜯지 못하고 궐(蟨)이란 짐승은 달아나지 못하여 항상 풀을 뜯어 공에게 먹인다고 한다. 어쩌다 천적을 만나면 공이 궐을 등에 업고 도망쳐 둘이 함께 위험을 면하면서 살아간다고 한다. 곧 겸공은 둘이 함께 결합하여야 생명을 유지하는 것으로 절친한 우정을 이르는 말이다. 『山海經』 海外北經.

441) 노래자(老萊子): 초나라의 은사. 절세의 효자였다. 그는 70세가 되어도 채색 옷을 입고 부모 곁에서 놀았다. 여기서는 금호공이 효자이기 때문에 노래자처럼 채색 옷을 만들어 입었는데 먼 국경지대에서 이런 옷이 낡으면 누가 기워주겠느냐? 라는 말이다. 『高士傳』.

회령판관으로 부임하는 임학사 사수를 보내며 - 십성헌 엄흔
送林學士士遂赴會寧判官 - 十省軒 嚴昕[442]

평생을 책 속에서 성인의 법을 대하더니
무슨 일로 활을 당겨 북녘 오랑캐를 막으러 가나?
사막에서 횡행함은 기이한 남자요
필묵에만 종사하면 미천한 장부일세.
먼 곳을 진정시킨 공명은 국사로 칭찬 받고
능연각(凌烟閣)[443]에 비치한 그림은 반은 참된 선비일세.
후일에 나라에 출입하면 (이력이) 경중에 관계되리니
문과 무의 유래가 어찌 길이 다를까?

黃卷平生對聖謨, 彎弓何事北防胡.
橫行沙漠奇男子, 齷齪毛錐淺丈夫.
定遠功名多國士, 凌烟圖畵半眞儒.
他時出入關輕重, 文武由來豈異途.

---

442) 엄흔(嚴昕 1508~1543): 조선 중기의 문신. 본관은 영월(寧越). 자는 계소(啓昭), 호는 십성당(十省堂). 1528년 식년문과에 갑과로 급제하여 홍문관 정자에 임명된 뒤 검열을 거쳐 호당(湖堂)에 들어갔다. 그 뒤 저작·부수찬·전한·이조좌랑·사인 등을 역임하고, 1530년에는 지방관의 비행을 적발하기 위하여 지방에 파견되었다. 1541년 홍문관전한으로 있을 때 대간이 대신의 뜻에 맞추기 위하여 서경(署經)을 마음대로 바꾸는 행위를 비판하였다. 시문에 능하였고, 저서로 『십성당집』이 있다.

443) 능연각(凌烟閣): 공신을 표창하기 위하여 세운 누각. 당태종이 정관 17년에 공신의 초상을 그려 보관하게 하였다. 『大唐新語』 褒錫.

북쪽의 국경으로 가는 임사수를 보내며 - 석벽 홍춘경
送林士遂赴北 - 石壁 洪春卿[444]

북쪽 땅에 부신(符信)을 나누는 사람은 모두 무신이라
왕의 은혜를 펼 때 명유의 명예를 얻으리라.
만 리의 산하에 웅대한 시를 간직하고
천여 명의 오랑캐들은 장대한 계책에 흩어지리.
변경 옛 성의 바람과 서리는 나그네의 늙음을 재촉하고
일신의 마음은 성상을 향하여 바쳤네.
옥당에 자리를 비우고 기다림이 오래지 않을 것을 알겠으니
누가 마운령[445]이 서울을 막았다고 한을 하나?

北地分符盡武夫, 布恩時或輟名儒.
山河萬里籠雄句, 胡虜千群落壯圖.
古塞風霜催客老, 一身肝肺向君輸.
玉堂虛席知非久, 誰恨磨雲隔洛都.

---

444) 홍춘경(洪春卿 1497~1548): 조선 중기의 문신. 본관은 남양(南陽). 자는 명중(明仲), 호는 석벽(石壁). 1528년 식년문과에 을과로 급제하여 저작·정자를 지내고, 1536년 문과중시에 장원하여 사성·보덕·집의를 거쳐 예조참의에 올랐다. 1541년 성절사(聖節使)로 명나라에 다녀왔다. 그 뒤 좌승지·한성부우윤·이조참의를 지내고, 1545년(인종 1) 중종의 지문(誌文)을 짓기도 하였다. 글씨에 뛰어나 김생체(金生體)에 능하였다.
445) 마운령: 함경남도 이원군에 있는 고개 이름.

회령판관으로 부임하는 사수를 작별하다 - 소재 노수신

別士遂赴會寧判官之任　－ 蘇齋 盧守愼[446]

일찍이 듣기에 나라에 충정을 허락했다고 하니
젊은 나이에 서북에서 일을 하였네.[447]
마침내 신해년의 일을 주관함에
오랑캐들도 지금까지 시끄러운 말이 적어졌네.
찬란하게 일의 공적이 나타나서
역사책[汗竹]에 빛이 비추도다.
조정에서는 사수를 얻어
조석으로 호걸로 기대했네.
선발하여 회령부의 일을 돕도록 하니
서둘러 시급한 일을 도왔네.
잠깐 추매(鄒枚)의 붓[448]을 수레에 싣고 가니

---

446) 노수신(盧守愼 1515~1590): 조선 중기의 문신·학자. 본관은 광주(光州). 자는 과회(寡悔), 호는 소재(蘇齋)·이재(伊齋)·암실(暗室)·여봉노인(茹峰老人)이다. 1543년 식년문과에 장원한 뒤로 전적(典籍)·수찬(修撰)을 거쳐, 1544년에 시강원사서(侍講院司書)가 되고, 같은 해 사가독서(賜暇讀書)를 하였다. 1545년 명종이 즉위하고 소윤(小尹) 윤원형(尹元衡)이 을사사화를 일으키자 이조좌랑의 직위에서 파직, 1547년 순천으로 유배되고, 이어 양재역벽서사건(良才驛壁書事件)에 연루되어 죄가 가중됨으로써 진도로 이배되어 19년간 섬에서 귀양살이를 하였다. 그 동안에 이황(李滉)·김인후(金麟厚) 등과 서신으로 학문을 토론하였다. 1578년에 좌의정을 거쳐 1585년에 영의정에 이르렀다. 시·문·서예에 능했으며 경일(敬一) 공부에 주력할 것을 강조하고 양명학(陽明學)을 깊이 연구하였으므로 주자학파의 공격을 받았다. 온유하고 원만한 성격을 가진 문신이자 학자로서 사림의 중망을 지녔으며, 특히 선조의 지극한 존경과 은총을 받았다. 시호는 문의(文懿)이며, 뒤에 문간(文簡)으로 고쳤다.

447) 서북에서 일을 하였네: 금호공이 의주에서 중국 사신을 맞고 보내는 일을 많이 하여 이른 말로 보인다.

양두(羊杜)[449]의 계책을 베풀기 위함일세.
그대는 장성(長城)・수의(繡衣)[450]와도 같으니
황복(荒服)[451]도 황제의 힘을 입음을 알았네.
선후로 처리함이 마땅히 있을 것이니
백성들 우는 모습을 얼마나 볼까?
사모(四牡)[452]를 재촉하여 급히 달려가니
그 모습은 혹 신선과도 같고 물새와도 같네.
규합(閨閤)에 누워 식사를 많이 하길 권하니
일신이 나라의 중한 사람이기 때문일세.
후생이 진실로 두려우니
응당 덕이 있는 자에게 자리를 양보하리라.
맑은 밤에 창을 열고 보면
그곳과 이곳의 달빛은 한가지리라.

嘗聞許忠貞, 早年事西北.
竟主辛亥擧, 胡兒迄喙息.

---

448) 추매(鄒枚)의 붓: 한나라의 추양(鄒陽)과 매승(枚乘)은 재주가 있고 언변에 뛰어났다. 여기서는 금호공이 추양과 매승의 재주와 언변을 싣고 임지로 갔다는 말이다. 『水經注』 睢水.

449) 양두(羊杜): 진(晉)나라의 양호(羊祜)와 두예(杜預). 두 사람 모두 양양(襄陽)에서 덕정을 베풀어 백성들의 칭송을 받았다. 蘇軾 〈襄陽樂〉 三.

450) 수의(繡衣): 수의직지(繡衣直指)를 이르는 말. 어사대부 소속의 임시 벼슬. 왕의 특명으로 부정이 있는 지방관을 조사하여 징계하는 권한을 주었다.

451) 황복(荒服): 경사로부터 2천리에서 2천 5백 리의 거리에 있는 국토. 여기서는 국토의 변경 지대를 말한 것으로 제왕의 힘이 이렇게 먼 지방에도 미친다는 말이다. 『書經』 禹貢.

452) 사모(四牡): 수레를 끄는 네 마리의 수말. 여기서는 타고 가는 말을 뜻한다. 『詩經』 衛風 碩人.

彬彬著事功, 炳炳照汗竹.
朝廷得士遂, 朝夕期俊宅.
簡佐會寧府, 汲汲護時急.
暫載鄒 枚筆, 爲煩羊 杜策.
長城又繡衣, 荒服知帝力.
先後自有宜, 幾何見民泣.
駸駸促四牡, 或仙或鸂鶒.
臥閤勉加食, 一身重王國.
後生信可畏, 許相應避德.
淸宵試開窓, 彼此月一色.

임금호(林錦湖)의 오산가(鰲山歌) 뒤에 쓰다 – 현헌 신흠
書林錦湖鰲山歌後 – 玄軒 申欽[453)]

오산가는 임금호가 회령판관으로 있을 때 지은 것이다. 그 가

453) 신흠(申欽 1566~1628): 조선 중기의 문신. 본관은 평산(平山). 자는 경숙(敬叔), 호는 현헌(玄軒)·상촌(象村)·현옹(玄翁)·방옹(放翁). 1585년(선조 18) 진사시와 생원시에 차례로 합격하고 1586년 승사랑(承仕郞)으로서 별시문과에 병과로 급제하였다. 1589년 춘추관 관원에 뽑히면서 예문관봉교·사헌부감찰·병조좌랑 등을 역임하였다. 그는 일찍이 부모를 여의었으나 학문에 전념하여 벼슬하기 전부터 이미 문명을 떨쳤고, 벼슬에 나가서는 서인인 이이와 정철을 옹호한 것으로 인하여 동인의 배척을 받았으나, 장중하고 간결한 성품과 뛰어난 문장으로 인하여 선조의 신망을 받으면서 항상 문한직(文翰職)을 겸대하고 대명외교문서의 제작, 시문의 정리, 각종 의례문서의 제작에 참여하는 등 문운의 진흥에 크게 기여하였다. 이정구(李廷龜)·장유(張維)·이식(李植)과 함께 조선 중기 한문학의 정종(正宗) 또는 월상계택(月象谿澤)으로 칭송되었다. 시호는 문정(文貞)이다.

사를 읽고 나면 가히 그 사람을 상상할 수 있으니, 영걸한 풍모와 명랑한 기개가 참으로 한 세상을 덮을 만하다. 이 오산가는 그가 읊은 것 중의 하나이지만, 비유하자면 구림낭간(球琳琅玕: 아름다운 옥)이 손에 들어오면 모두 보물이 되는 것과 같으니, 아! 참으로 재주가 있는 사람이 지은 작품이다. 아깝도다, 문 앞에 있는 난초가 자귀나 호미에 싹이 망가져버렸으니 지금까지도 유림이나 지식이 많은 자들이 가슴을 만지며 눈물을 흘리기를 마지않는 것이 어찌 홀로 금호 한 사람의 불행뿐이랴? 또한 세상을 맡은 자의 경계가 될 만하다.

鰲山歌, 乃林錦湖通判會寧時作. 讀其歌, 可想其人, 英風爽槩, 眞可以盖一世. 此眞咳唾之餘爾, 而譬如球琳琅玕, 入手皆寶, 吁亦才矣. 惜乎, 當門之蘭, 不免於斧鋤爾, 至今儒林曠識, 抆心雪涕, 不能止者, 豈獨錦湖之不幸? 抑亦當世者之戒.

제가잡기 습유
諸家雜記拾遺

금호가 임종할 때 형관에게 청하여 말하기를, "조정에서 자진(自盡)하라는 명을 주심에 우러러 약을 마시고 죽을 필요가 없으니 차라리 목을 매어 죽기를 허락해 주시오."라고 하였다. 형관이 그 말을 들어주니 금호공이 방에 들어가 벽을 뚫고 나졸을 시켜 밖에서 당기도록 하였다. 조금 있다가 나졸이 방에 들어가 보니 베개를 벽에 붙이고 금호가 한 구석에 누워 허벅다리를 만지면서 웃고 말하기를, "평생 내가 장난을 잘 하였는데 오늘에 마치려한다." 하고 목을 매었다.

문순공(퇴계 선생)과 함께 호당(湖堂)에 있을 때 장난을 하고 농담을 하는 일이 못할 것이 없었다. 문순공은 항상 말하기를, "그만 하라."고 하였다. 곁에 있는 사람이 말하기를, "저쪽에서는 감내하지 못하는데 어찌 이렇게까지 하는가?" 라고 하니, 금호가 말하기를, "내가 이렇게 하지 않으면 누가 감히 이렇게 하겠소. 그러나 나는 끝내 경호(景浩: 퇴계의 자)가 간사하다고는 생각지 않으니 어찌 소동파보다 낫지 않은가?" 하니 한 자리에 있던 사람들이 크게 웃었다. 모두 우재(尤齋)의 기록에서 나왔다.[454)]

錦湖臨命時, 請於刑官曰: "朝廷賜以自盡, 不必仰藥, 寧許就經也". 刑官聽之, 遂入室穿壁, 使羅卒自外引之. 旣而, 羅卒入見, 則一枕貼壁, 而錦湖偃臥於一隅, 拊髀而笑曰: "平生善

---

454) 『宋子大全』 권 75, 〈答李彜仲〉 別紙.

謔，今日欲終竟矣"， 遂就經.

與文純公，同在湖堂，侵狎談謔，無所不至. 文純每只曰: "反消". 傍人曰: "彼所不堪，何乃至此"，錦湖曰: "非我如此，則其孰敢焉. 然吾終不謂景浩爲奸邪，豈不賢於東坡耶?"，一座大笑. 【幷出尤齋所錄】

금호유고 습유

칠보산 대장굴에 쓰다
題七寶山大藏窟

옥처럼 다듬은 기둥과 보가 백 길이나 되는데
푸른 처마 붉은 벽 높은 숲 밖으로 나왔네.
분명 창문은 안개 속에 보이는데
스님의 염불 소리 들리지 않네.

玉棟瓊樑擬百尋, 碧簷丹壁出高林.
分明窓戶烟中見, 不聽山僧梵唄音.

위 시에 차운하다 – 청음 김상헌
次韻 – 淸陰 金尙憲455)

455) 김상헌(金尙憲 1570~1652): 조선 인조・효종 때의 상신(相臣). 본관은 안동. 자는 숙도(叔度), 호는 청음(淸陰)・석실산인(石室山人)・서간노인(西磵老人). 1590년(선조 23) 진사가 되고 1596년 전쟁 중에 보인 정시문과에 병과로 급제, 권지승문원부정자(權知承文院副正字)에 임명되었으며, 이후 부수찬・좌랑・부교리를 거쳤다. 1608년(광해군 즉위년) 문과중시에 급제, 사가독서(賜暇讀書)한 후 교리・응교・직제학을 거쳐 동부승지가 되었으나 이언적(李彦迪)과 이황(李滉) 배척에 앞장선 정인홍(鄭仁弘)을 탄핵하였다가 광주부사(廣州府使)로 좌천되었다. 대사간・이조참의・도승지・부제학을 거쳐, 1626년(인조 4) 성절 겸 사은진주사(聖節兼謝恩陳奏使)로 명나라에 다녀왔으며, 이후 육조의 판서 및 예문관・성균관의 제학 등을 지냈다. 1645년 특별히 좌의정에 제수되고, 기로사에 들어갔다. 효종이 즉위하여 북벌을 추진할 때 그 이념적 상징으로 대로(大老)라고 존경을 받았다. 윤근수(尹根壽)의 문하에서 경사(經史)를 수업하고, 성혼(成渾)의 도학에 연원을 두었으며, 이정구(李廷龜)・신익성(申翊聖)・이경여(李敬輿)・김집 등과 교유하였다. 시호는 문정(文正)이다.

우뚝한 높은 표상을 어디에서 찾을까
북녘 사람들은 임금호(林錦湖)를 다투어 칭찬하네.
지금 와서 처음으로 현판의 시를 읽으니
고상한 시가[風雅] 속에 올바른 풍류를 보겠네.

落落高標何處尋, 北人爭道錦湖林.
今來始讀楣間句, 風雅之餘見正音.

공의 시문을 산재한 나머지에서 주워 모아 편집하여 책을 만들고 인쇄에 부쳐 후세에 전하도록 하였는데, 어떤 나주의 스님 한 분이 일찍이 칠보산에 가서 놀다가 공의 〈유산기(遊山記)〉와 〈제대장굴(題大藏窟)〉의 절구와 청음 김공이 차운(次韻)한 시를 얻어 궤 속에 넣어 보관하였다. 그 뒤 공의 유고를 인쇄한다는 말을 듣고 가지고 와서 보이니 유산기는 이미 문집 속에 실렸고 이 한 절구는 공의 작품임이 의심이 없었다. 버리고 전하지 않으면 불가하겠기에 드디어 다시 새겨 책의 끝에 부친다.

【公之詩文, 皆收拾於散軼之餘, 旣編次成帙, 剞劂垂訖, 而有一羅州僧, 嘗遊七寶山, 得公遊山記及題大藏窟一絶與淸陰 金公次韻詩, 藏去篋中. 聞公遺稿入梓, 持以來示, 遊山記, 則已載集中, 此一絶, 其爲公作, 亦無疑. 不可棄而不傳, 遂追刻以附卷末云.】

금호유고발

내가 젊어서부터 금호 임공이 위대한 인물이요 호걸스러운 선비란 말을 들었다. 항상 퇴계 이선생이 공과 함께 주고받은 시를 읽고 생각하기를, 공은 평생에 희롱을 잘하여 선생의 기상과 다른 점이 있었지만 서로 좋아함이 이와 같았으니 이는 반드시 같지 않은 속에 같은 점이 있는 것이었다. 그 뒤에 더욱 듣지 못한 바를 듣고 보니 사람으로 하여금 경의의 뜻을 세움이 많았다. 가장 감명이 있는 것은 그가 죽음에 임하였을 때 편한 마음으로 평지를 밟는 것과 같이 하였으니 비록 유기지(劉器之)456)의 종소리를 듣는 기개로도 여기에 지나지는 않았을 것이다.

대저 죽고 사는 일은 큰 것이다. 양대년(楊大年)457)은 정위지(丁謂之)458)가 내공(萊公)459)을 축출할 때를 당하여 다른 일로

456) 유기지(劉器之): 이름은 안세(安世). 송나라 사람 시호는 충정(忠定)이다. 사마광의 제자. 바른 말을 잘하여 전상호(殿上虎)라고 하였다. 동문관옥사(同文館獄事)가 일어나자 장돈(章惇)이 그를 죽이려고 매주(梅州)로 귀양을 보낸 다음 그 지방의 토호를 전운판관으로 승진시켜 매주로 보낼 때 매주수령이 이를 알고 자진하라고 권하였으나 그는 얼굴빛을 변하지 않고 태연하게 객과 술을 마시고 즐겼다. 밤중에 종소리가 들려와 토호가 물으니 안세는 피를 토하고 죽었다고 하였다. 『鶴林玉露』.

457) 양대년(楊大年): 이름은 억(億). 송나라 사람. 시호는 문(文). 11세에 태종의 부름을 받아 비서성 정자가 되고 한림학사가 되었다. 이상은의 시를 전범으로 삼아 서곤체를 형성하였다. 『宋史』 三百五.

458) 정위지(丁謂之): 이름은 위(謂). 송나라 사람. 태종 때 진사가 되고 사부상서(四部尙書)를 거처 중서문하평장사가 되었다. 『中國歷代人名大辭典』.

459) 내공(萊公): 이름은 구준(寇準). 자는 평중(平仲). 시호는 충민(忠愍). 벼슬은

양대년을 불렀는데 얼굴에는 사람의 얼굴빛이 없고 오줌을 질질 쌌으며 소자첨(蘇子瞻)은 어떤 일로 체포 되었는데 두 다리에 힘이 빠져 거의 걷지를 못했다고 하였다. 대저 두 사람(양대년·소자첨)의 문장과 기개는 평소에 스스로 남에게 보임이 어떠하였는데 도리어 이와 같이 하였으니 소양의 지킨 바가 바르지 못하고 수양된 것이 깊지 못하여 그런 것이 아닐까 한다. 소선생(邵先生)이 임종할 때도 해학을 하였는데 명도선생(程顥)이 말하기를, "성인의 입장에서 보면 옳지 않다."고 하였다. 그러나 공의 웃음과 해학은 성인의 도로 대조하면 진실로 논할 바가 있지만 양대년·소동파 같은 사람에 비교하면 어찌 현격한 차이가 있지 않을까?

대저 그의 지킨 바와 소양이 이와 같았으니 퇴계 이선생의 좋아함이 여기에 있지 않은 것인가? 공은 후사가 없어 평생 지은 작품이 흩어져 없어졌는데 외손 유군 응수(柳應壽)가 마음을 다하여 수집하여 책으로 편집하였고, 드날리는 것은 문곡(文谷: 金壽恒) 상공(相公)의 손에서 나왔고, 이공 이중(李彛仲)이 또 이를 위하여 인쇄하고 서문[玄晏][460]을 써서 거듭 드날려 진술하니 남은 유감은 없게 되었다.

대저 그 몇 편의 시와 문은 양대년·소동파와 비교할 때 바다

동중서문하평장사가 되어 거란과 전연(澶淵)의 맹약을 맺었다. 내국공(萊國公)에 봉해졌다. 황태자를 보필하던 정위지(丁謂之)에게 참소하였다는 죄명을 뒤집어쓰고 좌천되었다가 뇌주로 유배되어 죽었다. 『宋史』二百八十一.

460) 서문[玄晏]: 현안은 진(晉)나라 황보밀(黃甫謐)의 호. 그는 일찍이 삼도부(三都賦)의 서문을 지어 좌사(左思)의 부가 세상에 유명하게 되자 남의 서문을 짓는 일을 현안이라고 하였다. 錢起 〈過曹鈞隱居〉.

와 시내의 차이 뿐 만이 아닌데, 두 사람이[김수항과 이민서] 이와 같이 사랑한 이유는 대체로 감화를 받음이 있기 때문이니 이는 이를 아는 사람이라야 함께 말할 수 있는 것으로 태사공(太史公)[461]의 평온하고 통달함과 같다. 여기에 함께 부친 『관해고(觀海稿)』에서도 임씨 문중의 어진 사람이 많은 것을 볼 수 있다.

숭정 신유년 맹하 일 은진 송시열은 발문을 쓰다.

錦湖遺稿跋

余自少, 則聞錦湖 林公是偉人豪士. 每讀退溪 李先生所與酬唱, 而以爲公平生善謔以戱, 與先生氣象不同, 而其相好若是, 是必於其不同之中, 有所同者存焉. 其後益聞其所未聞, 則令人起立者多有焉. 最其臨命之際, 坦然如履平地, 雖劉器之之聞鍾, 未或過是. 夫死生大矣. 楊大年當丁謂之逐萊公也, 以他事召之, 則面無人色, 便液俱下, 蘇子瞻之被逮, 兩足俱軟, 幾不能行. 夫以二公之文章氣槩, 平日自視爲如何, 而乃反如此, 豈非以所守非其正, 所養不能深而然也. 邵先生臨終, 只是諧謔, 明道先生 以爲自聖人觀之, 則亦未是. 況公之笑傲戱劇, 律之以聖人之道則誠有可論者, 而比之楊 蘇諸人, 則豈不大相懸乎? 夫其所守所養如是, 李先生之好之也, 其不在是耶? 公無嗣, 平生所作, 散落殆盡, 其外玄孫柳君應壽, 殫心收葺, 而其編摩發

461) 태사공(太史公): 한나라 사마천(司馬遷)을 이르는 말. 그는 무제 때 낭중으로 벼슬길에 올라 태사령(太史令)을 지냈다. 그는 능통한 문장력으로 당시 이전의 역사를 정리함에 평온하고 통달하였다고 말할 수 있다. 『史記』 百三十.

揮, 則出於文谷相公之手, 李公彛仲, 又爲之登梓, 仍爲玄晏, 重其闡揚稱引, 殆無餘憾矣. 夫其寂廖詩文, 視楊 蘇不翅海川, 而二公之所以愛之如此者, 盖亦有所受之矣, 斯可與知者道矣, 柳君其亦太史公之平通乎. 所附『觀海稿』, 亦可見林氏之多賢也. 時崇禎重光作噩孟夏日, 恩津 宋時烈, 跋.

유평(柳玶)의 자는 화보(和甫)이고 호는 송암(松菴)이고 본관은 서산(瑞山)이니 광주에서 살았다. 을사 명신 설강(雪江) 사(泗)의 손자요 임금호(林錦湖) 형수(亨秀)의 외손이다. 공은 영특하고 헌칠하여 용력이 남보다 뛰어나 김충장공(金忠壯公) 덕령(德齡)과 함께 명예가 같았다. 선생의 문하에서 수업을 할 때 선생이 일찍이 효성과 우애가 순수하고 독실하다고 허여하였다. 광해군이 인목대비를 유폐시킬 때 과거공부를 폐기하고 학문에 힘쓰니 선생께서 글을 써주면서 권장하기를, "그대의 고상한 의리는 가히 은하수에 닿을 만하다."고 하였다.

인조반정이 일어나자 사마시에 합격하고 갑자년(1624) 이괄의 난에 의곡(義穀)을 모았고 정묘호란에 공을 양향유사(糧餉有司)로 불러 군량을 모으고 동궁을 호종하였다. 병자호란에 아들 명익(明翊)과 세익(世翊)을 거느리고 칼을 잡고 적진으로 가다가 청주에 이르러 청과의 강화를 듣고 통곡을 하고 돌아와 세상의 일을 끊고 산 언덕에 집을 짓고 '대명천지(大明天地) 숭정일월(崇禎日月)'이란 8자의 글씨를 써 걸고 충분의 뜻을 부쳤다. 태릉(泰陵) 참봉에 제수되었으나 나가지 않으니 사림들이 대명처사(大明處士)라고 칭하여 경열사(景烈祠)에 배향하였다. ○이상은『사계전서』거의록(擧義錄)에 나옴.

【柳玶字和甫號松菴 瑞山人, 居光州. 乙巳名臣雪江 泗之孫, 林錦湖某之外孫也. 公英發魁梧, 勇力絶人, 與金 忠壯 德齡齊名. 受業先生之門, 先生嘗許以孝友純篤. 光海廢母之時, 棄擧業講劘學問, 先生書以獎之曰: "子之高義, 可薄雲漢". 仁廟改玉, 中司馬, 甲子适亂, 募聚義穀, 丁卯亂, 辟公以粮餉有司, 遂募集兵粮, 扈東宮. 丙子亂, 率子明翊·世翊, 杖劍赴陳, 至淸州, 聞媾成, 慟哭而歸, 謝絶世事, 築室山阿, 書揭大明天地崇禎日月八字, 以寓忠憤. 以薦除泰陵參奉, 不就, 士林稱之以大明處士, 享景烈祠. ○右出『沙溪全書』中「擧義錄」.】

금호임공이 화를 당한 것이 지금으로부터 백 삼십여 년이 되었다. 그러나 학사(學士)와 대부들이 공의 죽음에 대하여 말을 하게 되면 기가 막히고 속이 끓어 심하면 눈물이 흘러내리는 데까지 이르니 어찌 그 화가 참혹하고 그 사람이 아깝기 때문이 아닐까? 이 때문에 그가 지은 시[咳唾]의 남은 것도 사람들이 아끼고 보배로 여기기를 길광(吉光)[462]의 털로 여길 뿐만이 아니었으니 비록 낡고 남은 원고라도 세상에 꼭 전하게 하였다. 돌아보건대 공은 후손이 떨치지 못하고, 세상에는 또 의를 사모하고 어진 사람을 좋아하는 선비들이 그를 위하여 힘쓰는 자가 없어 그 글이 사라져 오늘에까지 이르렀으니 이를 논하는 자가 마땅치 않게 여겼다.

내가 남쪽 지방에 와서 귀양살이를 할 적에 유생 응수(柳應壽)란 사람이 찾아오니 곧 공의 미생(彌甥)[463]이었다. 공의 시와 문한 책을 소매에서 꺼내 보이고 나에게 오자를 바로해달라고 부탁하고 또 공의 유사(遺事)를 엮어 책 끝에 부치니 나는 부끄럽

462) 길광(吉光): 신마(神馬)의 이름. 『海內十洲記』 鳳麟洲.

463) 미생(彌甥): 누이의 손자. 『左傳』 哀公 二十三年. "以肥之得備彌甥也. 杜預注: 康子, 父之舅氏, 故稱彌甥".

게도 그 임무를 할 만한 사람이 아니었지만 그렇다고 끝내 사양할 수 없었다. 마침 이공 민서(李敏敍)가 광주목사로 나와서 급하게 취하여 판각을 하고 또 글을 지어 그 머리에 부쳐 그를 드날리니 이공 같은 사람은 진실로 의리 있는 사람을 사모하고 어진 사람을 좋아하는 사람이다.

이 일을 마치고 유생이 또 나에게 한 말을 부탁하니 내가 하고 싶은 말은 이공 민서의 서문에 다 하였으니 내가 어찌 더할 말이 있겠는가? 나는 가만히 마음에 감동된 것이 있으니 공의 호방한 재주와 정직한 기운이 한 세상에 드러나 한 세상에서 서로 그를 애지중지한 자는 명현과 특이한 사람 아님이 없었다. 이에 부록의 여러 사람의 시와 문을 볼 적에 알 수 있으니 공의 죽음에 슬퍼하고 애석하게 여긴 것은 사실이다. 산융(山戎: 여진족)의 추한 자들까지도 오히려 그 은혜를 알고 그의 죽음을 탄식하였으니 또한 특이하고 기이한 일이 아닌가? 하물며 그가 죽어 간 지 백 수십 년의 오랜 뒤에도 오히려 기가 막히고 눈물이 나와 사라지고 남은 작은 원고라도 아끼고 완상하면서 반드시 세상에 전하려 하는데 그 또한 누가 그렇게 만든 것인가?

이는 다름이 아니라 윤리도덕을 좋아하는 마음이 같아서 풍속이 다르고 세상이 오래된 차이가 없기 때문이다. 이와 같다면 같은 조정에서 얼굴을 접하고 관복을 입고 시서를 외우면서도 도리어 원수처럼 보고 물여우가 엿보듯 하여 반드시 죽여 없애는 것으로 쾌하게 여기는 자는 홀로 무슨 마음일까? 아! 구양수(歐陽脩)의 말에 이르기를, "선비의 죽고 사는 일은 어찌 그 일신의 일 뿐인가?" 라고 하였으니, 공의 생사와 같은 것은 가히 세도(世道)에 관계가 되는데 그 살아서는 사랑하고 죽어서 애석하게 여기는 자는 특별히 공의 일신을 위하는 것만은 아니었다. 그런데 어진 사람을 원수로 여겨 화를 조장하는 무리에 이르러서는 악을 좋아하는 천성이 어찌 홀로 사람들과 다를까? 이는 오직 자기 일신의 사욕을 쾌하게 여기는 데에 급하고 다른 것은 돌아볼 여가가 없기 때문이니 한 생각의 작은 차이가 흘러 그 피해는 이런 데까지 이르렀으니 뒷날 이 문집을 보는 자는 그 경계해야 할 바를 알아야 한다.

또 나는 이로 인하여 거듭 개탄하는 바가 있으니, 공의 묘는 금수(錦水)의 위에 있는데 아직 몇 자 되는 비갈도 무덤 곁에 세우지 못하였으니 이는 길을 가는 사람도 탄식하는 바이다. 진실로 다시 의리를 사모하고 어진 사람을 좋아하기를 이공(이민서)과 같이 하는 자가 나와 비에 기록할 것을 계획하여 백 대의 뒷사람들로 하여금 충성스러운[化碧][464] 공의 묘가 여기에 있음을 알게 하면 어찌 더욱 좋은 명예를 일으켜 오는 세상을 밝게 하지 않을까? 이공이 앞에서 이끌었으니 뒤를 이을 자 어찌 없겠는가? 나는 앞으로 기대한다.

숭정 기원 무오(1678) 초가을 안동후인 김수항(金壽恒)은 삼가 발문을 쓰다.

錦湖 林公之遘禍，去今百三十有餘祀矣．然學士大夫，談及公死，猶氣塞中咽，甚至涕涔淫下者，豈不以其禍之憯而其人之

464) 충성스러운[化碧]: 화벽은 충신의 피가 3년 만에 푸른 옥으로 변했다는 말. 장홍(萇弘)의 고사에서 비롯하였다. 『莊子』 外物.

可惜哉. 是以, 其咳唾之遺, 人且愛而寶之, 不翅若吉光之羽, 則雖殘章斷藁, 不可使無傳於世也. 顧今嗣續零替, 世又無慕義好賢之士爲之致力者, 泯泯以至于今, 尙論者歎焉. 余纍居南荒, 有柳生應壽來過, 卽公彌甥也. 袖示公詩文一冊, 屬余正其淆訛, 且掇公遺事, 以附卷末, 余媿非其任, 而亦不敢終辭也. 會李公敏敍出牧光山, 亟取以鋟板, 又爲文冠其首, 以闡揚之, 若李公, 眞所謂慕義好賢者哉. 旣訖工, 柳生又要余一言, 余之所欲言, 李公之文盡之, 奚余言之贅. 抑余竊有感於心者, 公之豪才直氣, 聳拔一世, 一世之所相愛重者, 無非名賢勝流. 觀於附錄諸詩文, 可知焉則於公之死, 其哀之惜之, 固也. 至以戎落之醜類, 猶知懷其惠而嘆其死, 則不亦卓卓乎奇哉. 況去其死百數秊之久, 而猶中咽涕下, 以至殘章斷藁, 且愛玩之, 必欲傳於世者, 其又孰使之然耶. 此無他, 秉彝好德之同其心, 而無殊俗曠世之間也. 若是則彼接武同朝, 襲冠裳誦詩書, 而乃反仇視蜮同, 必揃刈之爲快者, 獨何心哉? 噫! 歐陽氏之言曰: "士之生死, 豈其一身之事哉?", 若公生死, 誠可謂關於世道, 而其生而愛之, 死而惜之者, 又非特爲公一身地也. 至於仇賢逞禍之輩, 其好惡之天, 亦豈獨殊於人哉? 唯急於快一己之私而不暇他顧也, 一念毫忽之差, 而其流之害, 遂至於此, 後之覽斯集者, 亦可以知所戒矣. 且余因此而重有嘅焉, 公之墓, 在錦水之上, 而尙未有數尺之碣揭諸阡隧, 此行路之所嗟惋也. 倘復有慕義好賢如李公者出, 而圖所以記載, 使百世之後, 知公化碧之藏在是, 則豈不益可以樹風聲昭來許哉? 李公旣倡之於前, 繼其後者豈無其人歟. 余將有待焉.

崇禎紀元戊午孟秋, 安東後人金壽恒, 謹跋.

역주 금호유고

저 자 : 임형수
역 주 : 임동철 · 이두희
발행처 : 충북대학교 출판부
발행인 : 김승택
주 소 : (361-763) 충북 청주시 흥덕구 내수동로 52
전 화 : (043) 261-2952, 3014
팩 스 : (043) 274-1256
이메일 : presscbu@chungbuk.ac.kr
등 록 : 제1983-2001-7호
초판1쇄: 2011.6.30
인쇄처 : 삼성디자인기획 042)221-3111

ISBN 978-89-7295-178-0 93810

값 20,000원